古典文獻研究輯刊

二六編

潘美月・杜潔祥 主編

第9冊

《周易》文本生成研究（下）

謝炳軍 著

國家圖書館出版品預行編目資料

《周易》文本生成研究（下）／謝炳軍 著 — 初版 — 新北市：
花木蘭文化事業有限公司，2018〔民107〕
目 2+184 面；19×26 公分
（古典文獻研究輯刊 二六編：第 9 冊）
ISBN 978-986-485-353-3（精裝）
1. 易經 2. 研究考訂
011.08   107001760

ISBN-978-986-485-353-3

9 789864 853533

古典文獻研究輯刊
二六編 第 九 冊   ISBN：978-986-485-353-3

《周易》文本生成研究（下）

作　　者　謝炳軍
主　　編　潘美月　杜潔祥
總 編 輯　杜潔祥
副總編輯　楊嘉樂
編　　輯　許郁翎、王筑　美術編輯　陳逸婷
出　　版　花木蘭文化事業有限公司
發 行 人　高小娟
聯絡地址　235 新北市中和區中安街七二號十三樓
　　　　　電話：02-2923-1455／傳眞：02-2923-1452
網　　址　http://www.huamulan.tw 信箱 hml810518@gmail.com
印　　刷　普羅文化出版廣告事業
初　　版　2018 年 3 月
全書字數　498163 字
定　　價　二六編 25 冊（精裝）新台幣 48,000 元

《周易》文本生成研究（下）

謝炳軍 著

目

次

第五章　《周易》卦序的生成

　　《周易》的卦序問題是研究《周易》文本生成的一個饒有趣味的研究課題。作爲有周一代甚具文本特色的《周易》，其卦序的排定是作者精心運思的結果，並非隨意爲之。作爲一代王官之筮典的卦序，其是編製與整理典籍的王官集體主流思想的體現。各種編排不一的卦序或多或少呈現著編排者對筮典文本的體認，反映著其用卦觀念。夏、商、周三代禮制有所因仍，但亦有不相襲者，如三代筮典的卦序。賈公彥云：「《連山》易，其卦以純《艮》爲首，艮爲山，山上山下，是名『連山』。雲氣出內於山，故名《易》爲《連山》。《歸藏》者，萬物莫不歸而藏於其中者，此《歸藏》易。以純《坤》爲首，坤爲地，故萬物莫不歸而藏於中，故名爲《歸藏》也。……以《周易》以純《乾》爲首，乾爲天，天能周市於四時，故名《易》爲『周』也。」[註1]賈氏等先達從文獻題名的角度尋索《三易》的首卦，得出三代王官之《易》卦序各異的結論。此爲精審之論斷。《周易》的卦序不同於前二代之《易》，表明了其編排的指導思想的差異。

　　因《周易》的文本自產生之時起，作爲王官之學的筮典《周易》文本的傳承未曾中斷，故今本《周易》卦序承自周代王官《周易》。其他的楚竹書、帛書《周易》文本中的卦序並非王朝官學的《周易》的眞實排纂，而是根據諸侯國或習《易》者的個體認知與需要編排，體現出私學的特徵。比勘馬王堆帛書《周易》經文本所載卦序，其與今本《周易》所見者不一。此種情況是官學與私學的性質問題所致。

〔註 1〕　《周禮注疏》卷二四《春官・大卜》，第 803 頁。

第一節　《周易》卦序生成的文化背景

　　起初，周族所用之筮法是八卦筮法，與殷代官學重卦筮法分路。新近刊布之清華簡《筮法》表明：即使在戰國中後期，楚國仍有沿用八卦占筮法的情況。此例意味著儘管周代王官重卦體系已經成爲王朝占筮的主流，但諸侯國或民間的八卦占筮法仍與重卦筮法並行於世。同理例之，周族所用八卦筮法與殷王朝所用重卦筮法並行不悖。傳世文獻已經表明周族重視龜卜，故其筮法並不發達，如《大雅・緜》載公亶父遷於岐山下，卜龜而居。周族稽疑方法依舊寶重龜卜。經周文王重卦後的周族易卦，亦並非題名爲《周易》，而是被名爲《易象》。《易象》所排纂的卦序及賴以排序的核心思想成爲後來王官完善《易象》文本，生成一代之易的寶貴資料。

　　《易象》是在以周公爲核心的王官隊伍整理夏、殷兩代留存的文籍及周族的要籍等思想成果的背景下產生的新的周族易占之書。《禮記・明堂位》載：「武王崩，成王幼弱，周公踐天子之位，以治天下。六年，朝諸侯於明堂，制禮作樂，頒度量，而天下大服。」〔註2〕此言周公攝政雖尙可商榷，但言周公組織諸侯等人力、物力而制禮作樂實屬可信。《詩》《書》《禮》《樂》等周代教本被編纂出來用以教國子、王子，用以宣明周一代之禮制文明。而整理、編輯及裒次成篇的文籍有一個取捨的標準，即其整理與編成典籍的核心指導思想。此可從《詩》《書》《禮》《樂》的形式與內容體現出的內涵得以探知。王官們編纂教本所灌注的「憂患意識」成爲教本的一個重要主題。此從教本篇章的編排次序亦可窺其一斑。

　　《詩》之《國風》以《關雎》爲首，是一篇君子思戀、追求淑女的詩歌。《關雎》主人公是「君子」與「淑女」，描寫對象的擇取顯示了此詩的示範意義，即君子要娶淑女爲妻、淑女要擇君子爲配。此種人倫關係對周族的生存與發展的意義，被周族表而出之。《詩・大雅・生民》載：「厥初生民，時維姜嫄。……載生載育，時維后稷。」〔註3〕此言姜嫄生后稷是周族之始。

　　《詩・大雅・緜》載：「古公亶父，來朝走馬，率西水滸，至于岐下。爰及姜女，聿來胥宇。」〔註4〕此言建造家室、娶妻大姜是周族得以發展的一個源泉。此種意義在周民那裡一直被堅守。《詩・大雅・大明》載：「摯仲

〔註2〕《十三經注疏下・禮記正義》卷三一《明堂位》，第1488頁。
〔註3〕《十三經注疏上・毛詩正義》卷一七之《大雅・生民》，第528頁。
〔註4〕《十三經注疏上・毛詩正義》卷一六之二《大雅・綿》，第510頁。

氏任，自彼殷商，來嫁于周，曰嬪于京，乃及王季，維德之行。大任有身，生此文王。」〔註5〕此暗示著王季娶大任生文王對周族的重大意義。《大明》又載：「文王初載，天作之合，在洽之陽，在渭之涘。文王嘉止，大邦有子。大邦有子，俔天之妹。文定厥祥，親迎于渭。……纘女維莘，長子維行。篤生武王，保右命爾，燮伐大商。」〔註6〕此言作為君子的文王迎娶淑女大姒及其生子武王的功績等情況。《大雅·思齊》則讚述周姜、大任、大姒，其云：「思齊大任，文王之母，思媚周姜，京室之婦。大姒嗣徽音，則百斯男。惠于宗公，神罔時怨，神罔時恫。刑于寡妻，至于兄弟，以御于家邦。」〔註7〕總之，《詩》將淑女、賢婦在家庭、邦國中的角色與地位加以圈點，《關雎》作為《詩·國風》之首將此種指導思想進行宣達，表明了《詩》的一個重要主題。

　　《關雎》之詩旨，習《魯詩》的司馬遷說：「周道缺，詩人本之衽席，《關雎》作；仁義陵遲，《鹿鳴》刺焉。」〔註8〕學《魯詩》的杜欽說：「后妃之制，夭壽治亂存亡之端也。跡三代之季世，覽宗、宣之饗國，察近屬之符驗，禍敗曷常不由女德？是以佩玉晏鳴，《關雎》歎之，知好色之伐性短年、離制度之生無厭，天下將蒙化，陵夷而成俗也，故詠淑女，幾以配上，忠孝之篤，仁厚之作也。」〔註9〕習《齊詩》的匡衡說：「臣又聞之師曰『妃匹之際，生民之始，萬福之原』。婚姻之禮正，然後品物遂而天命全。孔子論《詩》，以《關雎》為始，言太上者民之父母。后夫人之行不侔乎天地，則無以奉神靈之統而理萬物之宜，故《詩》曰：『窈窕淑女，君子好仇。』言能致其貞淑，不貳其操；情慾之感，無介乎容儀；宴私之意，不形乎動靜。夫然後可以配至尊而為宗廟主。此綱紀之首，王教之端也。自上世已來，三代興廢，未有不由此者也。」〔註10〕《薛君韓詩章句》屬《韓詩》，其說：「詩人言雎鳩貞絜慎匹，以聲相求，隱蔽于無人之處，故人君退朝，入于私宮，后妃御見有度，應門擊柝，鼓人上堂，退反宴處，體安志明。今時大人內傾于色，賢人見其萌，故詠《關雎》，說淑女、正容儀以刺

〔註5〕　《十三經注疏上·毛詩正義》卷一六之二《大雅·大明》，第507頁。
〔註6〕　《大明》，第507～508頁。
〔註7〕　《思齊》，第516頁。
〔註8〕　《史記》卷十四《十二諸侯年表第二》。
〔註9〕　《漢書》卷六十《杜周傳》。
〔註10〕　《漢書》卷八十一《匡張孔馬傳》。

時。」〔註 11〕《毛詩》說:「《關雎》樂得淑女以配君子,愛在進賢,不淫其色,哀窈窕、思賢才而無傷善之心焉,是《關雎》之義也。」〔註 12〕總四家《詩》之說,其通約之處是:詩人因憂慮君內傾於色、君妃佩玉晏鳴而敗國喪家,故作《關雎》之詩而讚美君子淑女之德行以期補救弊政。

今本《詩》雖是歷經王官隊伍的多次排纂,但《關雎》當在周王朝王官隊伍第一次制禮作樂之時被編入今本《詩》之《國風》,並被賦予了重要的教育意義。此種用意蘊含著深刻的憂患意識。此種意識亦被《尚書・周書》所印證。《牧誓》云:「古人有言曰:『牝雞無晨,牝雞之晨,維家之索。』今商王受惟婦言是用,民棄厥肆祀弗荅。」〔註 13〕《族獒》云:「不役耳目,百度惟貞。玩人喪德,玩物喪志。」〔註 14〕《召誥》云:「我不可不監于有夏,亦不可不監于有殷。」〔註 15〕《周官》云:「王若曰:『……今予小子,祗勤于德,夙夜不逮。……戒爾卿士,功崇惟志,業廣惟勤,惟克果斷,乃罔後艱。」〔註 16〕諸如此類的文辭在《尚書》中不尠,體現出《尚書》貫注的「憂患為政」、居安思危的立政思想。此種思想亦同樣貫穿於樂教之中。《樂記》載:「樂之隆,非極音也。食饗之禮,非致味也。清廟之瑟,朱弦而疏越,壹倡而三歎,有遺音者矣。大饗之禮,尚玄酒而俎腥魚,大羹不和,有遺味者矣。是故先王之制禮樂也,非以極口腹、耳目之欲也,將以教民平好惡而反人道之正也。」〔註 17〕在王官看來,極音致味易生驕侈之心,易沉湎於聲色犬馬之中,從而導致「玩人喪德,玩物喪志」,終致國祚衰微。監於商紂「使師涓作新淫聲,北里之舞,靡靡之樂」〔註 18〕荒淫無度而喪國,繼周公旦為核心的王官制作禮樂之後,周康王「三年定樂歌」〔註 19〕,修訂《樂》文本,其修編思想亦是出於推行周代禮制的需要,此可從《畢命》推知,其云:「惟十有二年,……王若曰:『……政貴有恒,辭尚體要,不惟好異。商俗靡靡,利口

〔註11〕《後漢書》卷三《明帝紀》李賢《注》,第 112 頁。
〔註12〕《毛詩正義》卷一之一《周南・關雎》,第 273 頁。
〔註13〕《尚書正義》卷一一《牧誓》,第 183 頁。
〔註14〕《尚書正義》卷一三《族獒》,第 195 頁。
〔註15〕《尚書正義》卷一五《召誥》,第 213 頁。
〔註16〕《尚書正義》卷一八《周官》,第 235~236 頁。
〔註17〕《禮記正義》卷三七《樂記》,第 2528 頁。
〔註18〕《史記》卷三《殷本紀》,第 135 頁。
〔註19〕〔梁〕沈約附注,〔清〕徐文靖統箋《二十二子・竹書紀年》卷八,上海古籍出版社,1986 年版,第 1077 頁。

惟賢，餘風未殄，公其念哉。』」〔註20〕此種「辭尙體要」的思想成爲王官修訂《詩》《書》《禮》《樂》的一個編撰原則。而此原則是「憂患意識」的直接產物。此尤其表現在對《樂》文本的表演層面及王官對樂舞的體認上，《樂記》云：「樂者非謂黃鍾、大呂、絃歌、干揚也，樂之末節也，故童者舞之。鋪筵席，陳尊俎，列籩豆，以升降爲禮者，禮之末節也，故有司掌之。樂師辨乎聲詩，故北面而弦。宗祝辨乎宗廟之禮，故後尸。商祝辨乎喪禮，故後主人，是故德成而上，藝上而下，行成而先，事成而後。」〔註21〕相對於商紂王沉迷於女聲、女子舞蹈，周康王警戒畢公要不懈勤政、不被商俗靡靡之樂所薰染。

總之，《易象》是在以周公旦、周成王等人爲核心的領導下的王官隊伍制禮作樂的文化背景下生成。《乾》卦取代殷易《歸藏》的《坤》卦，居於《易象》中的六十四卦之首位，其有重要的意義：第一，《乾》代表西北方，而周族是西北方之諸侯，周文王有「西伯」之稱，以《乾》卦代表周族；第二，《乾》居首，有周革殷命之義，又有居安思危的警示之意。《乾》卦被周文王、周公旦賦予了新義。「憂患致遠」的思想是《乾》卦的主題，並統領了卦序的運思與布局。此種卦序的生成與《詩》《書》《禮》《樂》的編排的指導思想一致，從而使《易象》具有了重要的教化意義，此成爲有周一代之易生成的可資借鑒、利用的寶貴資源。

第二節　周族八卦與《易象》的卦序

今本《周易》卦序的思想基礎是周族八卦的排序與《易象》的卦序。值得首先指出的是今本《周易》的版本問題，今本《周易》是王官所釐定的權威版本，並被王官世代保藏、傳習，在官學的傳授統緒鏈條中從未中斷；此外，私學如孔門的《周易》傳習亦是以官學《周易》爲經典教本，以確立其學問的正脈。簡而言之，王官集體所編定的有周一代之筮典《周易》在自古至今的傳承中未曾失眞。而具有周文王、周公旦思想光芒的《易象》爲王官編定筮典《周易》提供了寶貴的思想資源與權威來源。

《易象》的卦序與作爲殷代王官之學的《歸藏》的卦序有所區別：根據

〔註20〕《尚書正義》卷一九《畢命》，第244～245頁。
〔註21〕《禮記正義》卷三八《樂記》，第1538頁。

孔子搜尋殷代王官之占筮之書，得《坤》《乾》兩卦的文獻記載來看，孔子先稱《坤》後言《乾》，可知《歸藏》的卦序中《坤》在《乾》之前；又根據《左傳》所載，《易象》體現著周文王、周公旦的思想觀念，屬於「周禮」的範疇，與「殷禮」有著涇渭分明的界限，其將《乾》卦置於《坤》卦之前，是「周禮」、「殷禮」的差別之一端。有一點需拈出作比較的是，周族未經重卦之時的八卦的卦序與《歸藏》的八經卦的卦序，其差異情況亦是一個值得深入研究的問題。

《周禮》：「大卜……掌《三易》之灋。」干寶《注》曰：「『天地定位，山澤通氣，雷風相薄，水火不相射』，此小成之《易》也。『帝出乎震，齊乎巽，相見乎離，致役乎坤，說言乎兌，戰乎乾，勞乎坎，成言乎艮，此《連山》之《易》也。『初奭、初乾、初艮、初兌、初犖、初離、初釐、初巽，此《歸藏》之《易》也。」〔註22〕若干寶所見《三易》中八卦卦序為實，則《三易》八經卦的排序亦為互異。

羅蘋《注》云：

> 本乎陽者升而上，本乎陰者降而下。乾，純陽，天也，故正位乎南；坤，純陰，地也，故正位乎北。乾付正性於離，故中虛有日之象；坤付正性於坎，故中滿有月之象。日生乎東，故離正乎東；月生乎西，故坎正乎西。亦南方之火生於東之木，而北方之水產乎西之金也。今之上經，首乾坤而尾坎離，取四正之卦也。乾坤交而男女生，之乾下交坤，故三男之卦附於坤；坤上交乾，故三女之卦附於乾。乾一變為巽，居乾之左，再變為艮，故居坎之左，三變而之坤。坤一變為震，居坤之左，再變為兌，故居離之左，三變而之乾。艮為山，兌為澤，地勢高於西北，故艮位之；四瀆湊於東南，故兌處之；雷出乎地，故附坤之東南；風薄乎天，故附乾之西南。今之下經，以震艮巽兌為用，取四維之卦也。乾坤離坎，純一不變，故蒞乎四正；震艮迭成，巽兌互變，故蒞乎四維。此伏羲之所理乾坤變化自然之敘，故養生者有納甲之論，與此正合日月消長之理在焉。」〔註23〕

〔註22〕〔清〕徐文靖《管城碩記》卷二《易二》，范祥雍點校，中華書局，1998年版，第38頁。

〔註23〕〔宋〕羅泌《路史‧發揮一》（《四部備要》044《史部》），〔宋〕羅蘋注，〔明〕喬可傳校，上海中華書局，1937年版，第236頁。

依羅蘋之意，可繪圖如下：

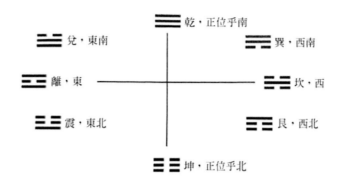

今本《周易》中八卦的順序爲：《上經》以乾坤坎離爲次，《下經》以震艮巽兌爲序。顯然，此卦序與《說卦》所列的其中一種八卦卦序「乾坤震巽坎離艮兌」異轍，亦與《連山》八卦卦序「震巽離坤兌乾坎艮」殊途，又與《歸藏》八卦卦序「初奭、初乾、初艮、初兌、初犖、初離、初釐、初巽」分路。每種八卦卦序皆蘊含著排序者的用意，暗示著其對八卦包括卦象所代表的事物的體認以及由八卦生成的一系列知識的運用。細讀「天地定位，山澤通氣，雷風相薄，水火不相射」，顯然，其展示的是事物之間的聯繫及其聯繫所產生的意義，除了「天地定位」含有「確定位置」的意義外，山澤、雷風、水火看不出有「方位」的意蘊。其實，「天地定位」亦未必與南北方位有關係。天地所確立的是人類生存與發展的空間與有此產生的生活、生產等條件。天地以一高一低的形式確立了人們視覺與由此形成的各種知識。「天垂象，見吉凶」即是天象與人們所體認的吉凶之間的聯繫。顯然，單從「天地定位」看不出方位的具體信息。

　　《三易》中八卦的卦序是易學研究中的一個疑難問題，《三易》重卦系統的卦序更是一個研究《周易》文本生成必須闡明的易學難題。而《易象》所排列的重卦卦序是《周易》文本卦序的基礎。經周文王、周公旦排序的《易象》，從其文獻的題名來看，「易象」的本義就是卦象，即周文王重周族之八經卦爲重卦所產生的卦象，以及經周文王、周公旦所體認、解說之卦象的意義。此外，「易象」是《周易》題名的重要借鑒，《周易》的題名異於《連山》《歸藏》的題名體式，意味著其蘊含著特殊的意義，而其所包含的意義並非來自從殷朝至於周文王左右的殷王職官，而是昉自具有特殊人生歷程的周文王、周公旦。

依據昭公二年《左傳》所載韓宣子對《易象》文本性質與內容的評判，可知《易象》屬於「周禮」的範疇，其內容體現了「周公之德」，貫穿著「周之所以王」的「如何得天下」的思想觀念。此種思想觀念是《易象》重卦排序的思想靈魂，體現著西伯周文王對人生與政治的體認與思考，亦體現著周公旦對周文王思想觀念的承繼與發展。

此外，根據《六經》文獻皆是周代王官根據一定的編纂思想袞次而成的認識，以及其時文獻主要以單篇的形式流播於社會，《易象》六十四卦的卦序亦並未行於各諸侯國，而是以文化珍寶的地位爲周王朝及魯國史官所司守，所以韓宣子在第一次見到《易象》之時，爲其布局及蘊含的意義而大爲讚歎。

綜上所述，周人八卦筮法的經卦卦序以及按照周文王、周公旦之體認排纂而成的《易象》，是今本《周易》卦序生成的重要借鑒，其經西周末年王官之追改而成爲今本卦序。

第三節　《周易》卦序排纂的象數、義理原則

今本《周易》卦序的編排有何原則？爲什麼有這些編排原則？「非覆即變」是 28 對相鄰卦的卦序排列原則，但對於相鄰卦而言，爲何前卦排於後卦之後，如屯卦排於蒙卦之後，爲何蒙卦不能排於屯卦之前？若按《易傳·卦序》所言「盈天地之間唯萬物，故受之以屯。屯者，盈也；屯者，物之始生也。物生必蒙，故受之以蒙。蒙者，蒙也，物之稚也」，卦序按事理產生、變化、發展、消亡等規律，一環扣一環，形成了一個完整的卦序鏈條。如此一來，卦序鏈條並非「非覆即變」的隨機排列而成的鏈條，而是卦的意義之串聯的鏈條。《卦序》對這一邏輯主線的揭示有利於我們更好地理解「非覆即變」的卦序原則與卦的命名，更具體而言，研究今本卦序不能單獨地考索排卦原則，還要結合卦的命名及其意義等方面，進行綜合地觀察卦序的生成。

對於今本《周易》卦序的編排原則，李尚信先生歸納爲六個原則，即：非覆即變原則，主卦統領從卦原則，陰陽平衡與變通互補原則，變通配四時原則，「參伍」「錯綜」原則，互卦用中原則〔註24〕。陳壯雄博士構擬「方陣」

〔註24〕李尚信《卦序與解卦理路》，巴蜀書社，2008 年版，第 9～56 頁。

新卦序，指出此卦序可能是今本《周易》卦序形成前期的卦序〔註25〕。皆偏重象數的理路詮釋《周易》卦序。蘇永利則認爲：《周易》六十四卦卦排序的基本原則只有一個，即陰陽〔註26〕。在先達時賢研究的基礎上，我們認爲《周易》卦序的生成研究，應當象數、義理兼顧，方可更好地探究卦序排纂之理路。

（一）鄰卦的排列原則

「二二相耦，非覆即變」的是今本《周易》相鄰兩卦的編排原則。此原則出自孔穎達等先儒之《疏》，其云：

> 今驗六十四卦，二二相耦，非覆即變。覆者，表裏視之，遂成兩卦，《屯》《蒙》《需》《訟》《師》《比》之類是也；變者，反覆唯成一卦，則變以對之，《乾》《坤》《坎》《離》《大過》《頤》《中孚》《小過》之類是也。且聖人本定先後，若元用孔子序卦之意，則不應非覆即變。然則康伯所云「因卦之次，託象以明義」，蓋不虛矣〔註27〕。

此指出了在孔子之前，今本卦序業已成形，《序卦》沿著卦編排的次序，依託卦畫，所以卦的意義得以闡明。

值得注意的是，《周易》卦序中有「《乾》《坤》」、「《小畜》《大畜》」、「《泰》《否》」、「《大過》《小過》」、「《損》《益》」、「《既濟》《未濟》」六組表示高低、小大等程度的別卦，其中「《乾》《坤》」、「《泰》《否》」、「《損》《益》」、「《既濟》《未濟》」相依爲次，「《小畜》《大畜》」、「《大過》《小過》」分開爲序。此表明了「二二相耦，非覆即變」的序卦原則的對卦序的編排的重要影響。

「二二相耦」而組成的鄰近兩卦，可稱爲「對卦」。「非覆即變」，既是「對卦」成卦的方式，又是「對卦」卦序編次的一個重要依據。值得指出的是，「非覆即變」標示了對卦中的兩卦相次的原則，但並未闡明兩卦誰先誰後的緣由，比如今本卦序爲何首卦爲乾，而不爲坤；坤卦之後不爲蒙，而爲

〔註25〕〔新加坡〕陳壯雄《「方陣」卦序的構擬及《周易》初始形態研究》，吉林大學博士研究生學位論文，2007 年。

〔註26〕蘇永利《從六十四卦排序看不同的易學思想》，《周易研究》2008 年第 1 期，第 32 頁。

〔註27〕《周易正義》卷九《說卦傳·疏》，上海古籍出版社，1999 年版，第 95 頁。

屯。「二二相耦，非覆即變」的序卦原則未能解決此問題。只有通觀卦畫、卦的命名、卦的卦爻辭等意義，並結合此序卦原則，卦序的編排問題才可能得以釐清。

（二）以王官作意排列鄰卦的先後

按照傳統的「《連山》首艮，《歸藏》首坤」之說，每一代筮典的卦序安排均會體現其時代的思想特質，反映王官在編撰一代筮典時編排思想與原則。若事先無有一個鉤貫全局的排列組合原則，隨機而成的卦序必會有雜亂無章之弊，亦無法體現王官或王者的教化理念及其思想觀念。今本《周易》卦序的編排是官方集體智慧的產物，其權威性主要有兩個來源：一是來源於對前代官學卦序排列原則的承繼，二是來源於周代王官集體的解說。而後者尤顯重要。

《周易乾鑿度》云：

> 易卦六十四分而為上下，象陰陽也。夫陽道純而奇，故上篇三十，所以象陽也；陰道不純而偶，故下篇三十四，所以法陰也。《乾》《坤》者，陰陽之根本，萬物之祖宗也，為上篇始者，尊之也。《離》為日，《坎》為月，日月之道，陰陽之經，所以終始萬物，故以坎離為終。《咸》《恒》者，男女之始，夫婦之道也。人道之興，必由夫婦，所以奉承祖宗為天地主也，故為下篇始者貴之也。《既濟》《未濟》為最終者，所以明戒慎而存王道〔註28〕。

此解說《乾》《坤》為上經之首、《坎》《離》為上經之末，《咸》《恒》為下經之首、《既濟》《未濟》為下經之尾的原因。其認為卦序作者先有排纂卦序的思想或原則，後方有卦序的排列。當然，此是《乾鑿度》作者依據今本卦序所作的一個解釋。作者意識到了上、下經首卦、尾卦在編排上可能蘊含的編者之意。李漁《閒情偶寄・詞曲・立主腦》云：「古人作文一篇，定有一篇之主腦。主腦非他，即作者立言之本意也。」〔註29〕借用李漁之言，卦序框架亦有主腦，即卦序作者通過卦序框架想傳達什麼樣的思想觀念。顯然，若僅僅以《周易》為占筮之書，其卦序對占筮結果並無什麼影響，甚至可以隨機

〔註28〕 〔漢〕鄭玄注《周易乾鑿度》卷上，《景印文淵閣四庫全書》經部第 53 冊，臺灣商務印書館，1986 年版，第 869 頁上～下。

〔註29〕 〔清〕李漁《閒情偶寄》卷一，《中國古典戲曲論著集成》第 7 冊，中國戲劇出版社，1959 年版，第 14 頁。

爲之。但今本卦序並非隨機排列的結果，而是經過王官精心編排的產物，它在象數、義理、卦義乃至在與卦爻辭的關係等方面皆當有兼顧。而在三代當中，一代有一代之筮典，其卦序框架的差異當是使一代筮典煥發異彩的一個重要方面。排卦之主腦的偏差是卦序框架各異的一個主因。

　　王官編排今本《周易》之時，卦畫、卦名、卦辭及爻辭四大《周易》文本構件已經生成〔註30〕，其時已存在《連山》《歸藏》之卦序，而周代王官改易夏殷筮典卦序，而以《易象》所編排的卦序爲主要借鑒，以及以或爲周文王所製撰的《乾》之爻辭所彰顯的憂患意識爲主腦，將《乾》〔註31〕《未濟》〔註32〕先選爲整個卦序的首尾卦。後根據「對卦」原則將《坤》《既濟》排於第 2、63 位。餘卦則在遵循第 1 條原則與此條原則的基礎上，再經由王官所創建的卦序基本框架插空而成。

（三）由卦序框架安插餘卦

　　探尋卦序框架的主腦或是解開卦序之謎的一把鑰匙。《乾鑿度》云：

　　　　孔子曰：「泰者，天地交通，陰陽用事，長養萬物也；否者，天地不交通，陰陽不用事，止萬物之長也。上經像陽，故以《乾》爲首、《坤》爲次，先《泰》而後《否》。損者，陰用事，澤損山而萬物損也，下損以事其上；益者，陽用事而雷風益萬物也，上自損以益下。下經以法陰，故以《咸》爲始、《恒》爲次，先《損》而後《益》。各順其類也。」〔註33〕

《乾鑿度》的作者認識到了「《乾》《坤》、《泰》《否》」、「《咸》《恒》、《損》《益》」八個卦在六十四卦中的特殊位置及其意義，此對我們研究今本《周易》卦序

〔註30〕陳仁仁稱：「卦序應該在卦名之先，應該不依卦名之義純依卦形的特點就可以排定卦序。」（陳仁仁《李尚信卦序與解卦研究的成就與不足》，《周易研究》2013 年第 4 期，第 70 頁）此說未慮及王官編撰王朝典籍的用意。作爲世代司守文化典籍並爲周王服務的王官，其編排今本《周易》卦序不會僅技術性地從卦畫的數學規律著手，而編就一個令後世難探尋其用意的卦序。

〔註31〕如前文所述，《乾》無論是方位意義，還是其與周文王的關係以及首《乾》替《坤》的象徵意義，其列於第一位爲其必然。

〔註32〕王官排列今本《周易》卦序遵循著「居危而惕」、「居安思危」的思想原則。《乾》爻辭是周文王被拘羑里時所作，其爻辭體現著憂惕，反映著作者未得脫離困境之時的精神面貌。《未濟》卦是餘卦中與《乾》所承載的意義最接近的卦，所以王官將之定爲尾卦，以與《乾》遙相呼應，以起警醒讀者之作用。

〔註33〕〔漢〕鄭玄注《周易乾鑿度》卷上，《景印文淵閣四庫全書》經部第 53 冊，臺灣商務印書館，1986 年版，第 869 頁下。

有啓發之功。《乾》《坤》位於上經卦序的第1、2位，《泰》《否》位於卦序的第11、12位，《乾》《坤》與《泰》《否》之間相差8位；《咸》《恒》位於下經卦序的第1、2位，《損》《益》位於卦序的第11、12位，《咸》《恒》與《損》《益》之間相距8位。再觀《咸》《恒》與《震》《艮》的位置，其之間亦相距8位。

上述情況並非是偶然的排列，而是經過排序者精心的製纂。而如此排纂的意圖何在呢？《尚書‧大禹謨》云：「益贊於禹曰：『……滿招損，謙受益，時乃天道。』」〔註34〕「損」在「益」前，此是一個值得注意的習慣性表述。《帛書周易‧要》載：「孔子〔曰：〕□也。益之爲卦也，春以授夏之時也，萬物之所出也，長日之所至也，產之室也，故曰：〔益〕之始也吉，其多也凶；損之始凶，其多也吉。損益之道足以觀天地之變，而君者之事已。……損益之道，足以觀得失矣。」〔註35〕此是孔子對損益兩卦的體認，其認爲損益在一定條件下可以相互轉化，也即天事、地事及人事的變化遵循事物損益的發展趨勢。事物處於完滿狀態之時，當謹防損失的潛在風險；事物居於虧損的境地之際，當有扭轉局面的信心而增益有利的要素。總之，「自滿者，人損之；自謙者，人益之。是天之道也」，此是益對人事所持的態度；損益之道可觀事物虧損盈益的趨向。

可以察見，孔子從陰陽用事、事物之間發生的相互聯繫及由此造成的結果等視角，綜合地考察《周易》上下經卦序形成的主因，其中提出了「各順其類」的觀點，即卦與卦的相次爲序遵循「以類相從」的排序原則。但此「類」的標準何在？「類」是就「非覆即變」的「對卦」而言，或是對整體或局部的卦序而言？而哪些是領卦〔註36〕，哪些是從卦？領卦與從卦間有何深層次的關係？等等，諸問題皆需再作思考。先達時賢如吳澄、崔述、沈有鼎、劉大均、李尚信等先生承繼並各在一定程度上推進了《乾鑿度》所表的思想的研究，將主宰今本《周易》卦序框架表出。

卦序框架，是編排者根據一定的排列組合的思想或原則，選取一定數量的卦並將之作爲串聯整個卦序、上下卦之間依存關係的六十四卦的體系結構。不同的卦序框架決定了不同的卦序結構。創建卦序框架所用的原則或所

〔註34〕〔漢〕孔安國傳，〔唐〕孔穎達等正義《尚書正義》卷四，上海古籍出版社，1997年版，第137頁。
〔註35〕張政烺《馬王堆帛書周易經傳校讀》，中華書局，2008年版，第160～161頁。
〔註36〕領卦，即是處於卦序框架中統領從卦之卦。

貫穿的思想決定卦序框架的組織結構。

　　爲何《周易》的卦序有「《乾》《坤》、《泰》《否》、《坎》《離》，《咸》《恒》、《損》《益》、《既濟》《未濟》」的基本框架？爲何將殷易《歸藏》的首卦坤更換爲《乾》卦〔註 37〕？這兩個問題是探究今本《周易》卦序生成首先要回答的問題。賈公彥云：

　　　　必以三者〔艮坤乾三卦〕爲首者，取三正三統之義。故《律曆志》云：「黃鍾爲天統，黃鍾子爲天正。林鍾爲地統，未之衝丑，故爲地正。大蔟爲人統，寅爲人正。」周以十一月爲正，天統，故以《乾》爲天首。殷以十二月爲正，地統，故以《坤》爲首。夏以十三月爲正，人統。人無爲卦首之理，《艮》漸正月，故以《艮》爲首也。〔註 38〕

此從律曆的角度解說《三易》擇取首卦的根據，有一定的參考價值與啓示意義。它指出了《三易》卦序框架或遵循一個共同的原則。當然，因迄今僅知《連山》《歸藏》的首卦而餘卦之次序難曉，故無法探尋其共同原則。但從《連山》《歸藏》首卦足見《三易》卦序的差異性，亦可窺見《三易》卦序的基本框架各具特色。

　　李尚信云：「從象數的角度看，爲什麼要選取乾坤、泰否、坎離、咸恒、損益、震艮、巽兌、既未濟作爲卦序的骨架呢？因爲這些卦都是比較特殊的卦。」〔註 39〕此說得之。從卦象的意義與卦的數的意義觀察這十六個卦，有八個是由兩個八經卦自下而上疊加而成，由此也可推斷八卦排序之於六十四卦排序的重要性，上經之「《乾》《坤》、《坎》《離》」與下經之「《震》《艮》、《巽》《兌》」各有兩對經卦，在八經卦分配的數量上看，恰好均衡。可見，八個經卦的重卦是卦序框架的一個重要組成部分，其前或其後的位置可根據一定的方法或原則，使用插空法將之貫穿起來，形成六十四卦的卦序。顯而易見，《三易》的卦序首卦皆是八經卦的重卦中的某一卦，此反映出經卦的重卦在構成卦序框架過程中有不可取代的地位與作用。

　　實質上，卦序框架是排序者在對卦序進行全排列之前，先確定某些卦的前後次序而生成的卦序之體系結構。作者最後在先排定的卦之前後位置添加

〔註 37〕此問題於前文已有論說，不再贅述。
〔註 38〕《十三經注疏上‧周禮注疏》卷二四《春官宗伯‧大卜》，上海古籍出版社，1997 年版，第 803 頁。
〔註 39〕李尚信《卦序與解卦理路》，巴蜀書社，2008 年版，第 14 頁。

餘卦，由此便生成了今本《周易》的卦序。我們所要研究的問題是那些卦是事先所確定，是按什麼樣的原則所編排。今本卦序中八經卦重卦的位置為：

　　　　1《乾》；2《坤》；29《坎》；30《離》；51《震》；52《艮》；57《巽》；58《兌》。

此顯然與《說卦》所言「天地定位，山澤通氣，雷風相薄，水火不相射」的記述順序不一致，亦與《說卦》卦象解說所列次序「《乾》《坤》、《震》《巽》、《坎》《離》、《艮》《兌》」有所差別。它們相同者是皆以《乾》《坤》為卦首，可以說以《乾》為首是區別於諸如《連山》《歸藏》等《易》卦序的重要標識。

　　觀察八卦排序的數字序列 1、2、29、30、51、52、57、58，難覓卦與數序之間的關係。但若結合「二二相耦，非覆即變」的對卦排序原則來看，上經中，《乾》《坤》、《坎》《離》皆是「變」的「對卦」（可稱為「變對卦」）；下經中，《震》《艮》、《巽》《兌》均是「覆」的「對卦」（可稱為「覆對卦」）。由此觀之，「二二相耦，非覆即變」的排序原則是卦序框架構建的一個思想方法，它表明了《周易》筮典「求變」的思想立場。《周易·繫辭下》說：「《易》之為書也不可遠，為道也屢遷。變動不居，周流六虛。上下无常，剛柔相易，不可為典要，唯變所適。」〔註40〕此指出《易》筮典所具有的時代特色，它用以反映一種「變」的常道，強調以「變」的思想觀察世界，以「變」的行動來適應世界的發展。它既指出了《易》要體現「變」的思想的一個原因，即：世道的變化，《易》要隨之作內容上的調整。《繫辭》此言還闡明了六十四卦卦體的構成原理，即下卦上卦可顛倒，陰陽爻位可置換。實際上，「非覆即變」中的「覆」「變」皆「對卦」彼此變化的關係，只是變化的程度不同而已：覆對卦中兩卦在相同位置有相同之爻，變對卦中兩卦則在相同的位置無相同之爻。

　　若將64個卦按「二二相耦」的原則綁定在一起，那麼64卦卦序便是32組「對卦」的排列組合，「對卦」之間有什麼樣的深層次關係呢？顯然，「天地定位，山澤通氣，雷風相薄，水火不相射」將《乾》《坤》、《艮》《兌》、《震》《巽》、《坎》《離》當成了 4 組「對卦」，且皆為變對卦，其既有「對卦」象的解說，又有就「對卦」中兩卦關係的簡短闡釋。山澤、雷風、水火皆為天

〔註40〕 〔魏〕王弼注，〔唐〕孔穎達疏《周易注疏》卷十二，日本足利學校遺跡圖書館後援會影印南宋初年刊本，1973 年版，第 744 頁第 26 葉前後。

地間存在的基本或重要的物質，天地、山澤、雷風、水火均是人類與自然賴以生存與發展的基本空間與物質條件，它們之間存在相互影響的關係。當然，32 組「對卦」間的關係比八卦對卦間的關係複雜得多。

元儒吳澄云：

> 六十四卦分屬上下二篇，蓋有意義。朱子但云以其簡帙重大而分，豈其然哉？以今考之，有經卦焉，有緯卦焉。八卦正體、對體自重者爲經卦，八卦各體錯雜相重者爲緯卦。上下二篇，經卦十六，緯卦四十八。上篇以《乾》《坤》二卦爲經，而二十四卦爲緯；下篇以《震》《艮》《巽》《兌》四卦爲經，而二十四卦爲緯。《坎》《離》者，《乾》《坤》二卦之用，《震》《艮》《巽》《兌》四卦之管轄也，故以爲二篇之終。上篇始以《乾》《坤》之純統八卦，次以《乾》《坤》之合統十六卦，而終之以《坎》《離》之純；下篇始以《震》《艮》《巽》《兌》之合統十六卦，次以《震》《艮》《巽》《兌》之純統八卦，而終之以《坎》《離》之合。《頤》《大過》《中孚》《小過》四卦獨不反易，肖《坎》《離》者也，故置二篇緯卦之後，而附《坎》《離》純體、合體之前。上篇經卦始純次合而終於純，下篇經卦始合次純而終於合。純體統卦八，而合體所統倍之。上篇純體二，專統八卦；下篇純體四，分統八卦。上篇合體二，專統十六卦；下篇合體四，分統十六卦[註41]。

吳氏在此提出了「經卦統領緯卦」之卦序排纂原則，其突出地表明了經卦在構建今本《周易》卦序的統領作用。在今本《周易》上經中，經卦有《乾》《坤》《泰》《否》《坎》《離》6 個；下經中，經卦有《咸》《恒》《損》《益》《震》《艮》《巽》《兌》《未濟》《既濟》10 個。因此，由經卦統領緯卦的內容進一步可表示如下：

> 第一組經卦爲《乾》《坤》，統領 8 個卦：2《屯》，3《蒙》，4《需》，5《訟》，6《師》，7《比》，8《小畜》，9《履》；
>
> 第二組經卦爲《泰》《否》，統領 16 個卦：13《同人》，14《大有》，15《謙》，16《豫》，17《隨》，18《蠱》，19《臨》，20《觀》，21《噬嗑》，22《賁》，23《剝》，24《復》，25《无妄》，26《大畜》，

〔註41〕〔元〕吳澄《易纂言外翼‧卦統》，《四庫提要著錄叢書》經部第 120 冊，北京出版社，2012 年版，第 412 頁。

27《頤》，28《大過》；

第三組經卦爲《坎》《離》，統領 0 卦；

第四組經卦爲《咸》《恒》，統領 8 個卦：33《遯》，34《大壯》，35《晉》，36《明夷》，37《家人》，38《睽》，39《蹇》，40《解》；

第五組經卦《損》《益》，統領 8 個卦：43《夬》，44《姤》，45《萃》，46《升》，47《困》，48《井》，49《革》，50《鼎》；

第六組經卦《震》《艮》，統領 4 個卦：53《漸》，54《歸妹》，55《豐》，56《旅》；

第七組經卦《巽》《兌》，統領 4 個卦：59《渙》，60《節》，61《中孚》，62《小過》；

第八組經卦《既濟》《未濟》，統領 0 卦。

由上列八組經卦所統領之緯卦的情況來看，《上經》30 個卦由三組經卦統領緯卦組成，《下經》34 個卦則爲五組，其末組皆無統領之緯卦。所以總體上保持了齊整的卦序布局。而值得深思的是，《周易‧下經》爲何以《咸》《恒》爲首，而不是以《損》《益》或《震》《艮》爲首〔註 42〕？此亦與王官在分今本《周易》爲上下經的用意，以及借卦序傳達其教化思想密切相關。《上經》首以《乾》《坤》，而《乾》爲君，《坤》爲臣，彰顯的是君臣之義，此與《周

〔註42〕 對此問題的解釋，沈有鼎提出兩個理由：一是《咸》《恒》互《乾》，《損》《益》互《坤》；二是《咸》《恒》有《坎》象，《損》《益》有《離》象。是沈氏以《乾》《坤》、《坎》《離》相依爲次，而《咸》《恒》、《損》《益》兩組「對卦」之卦畫分別存在互體卦䷄和䷉，又分別有䷜和䷝之象，所以卦序作如此編排。對於《咸》爲何列於《恒》前的問題，沈氏以應合卦（即內卦三爻與外卦之三爻各有應的卦）排序遵循的「少先而長後」的原則解之。即《咸》由內卦☶（少男）和外卦☱（少女）構成，皆爲「少」；《恒》由內卦☴（長女）和外卦☳（長男）構成，皆爲「長」。故此先《咸》而後《恒》。（參沈有鼎《沈有鼎集》，中國社會科學出版社，2007 年，第 272 頁）李尚信對沈氏的「兩個理由」提出商榷意見，其稱：「關於咸恒與損益排序的論述，有坎象不一定居前，有離象不一定居後，頤大過中孚小過的例子即爲確證；又雖然咸恒互經卦乾、損益互經卦坤，但從重卦的角度看，實際上前者所互爲姤夬，後者所互爲復剝，如何看待此一種互卦也值得研究。」（李尚信《今、帛、竹書〈周易〉卦序研究》，山東大學博士學位論文，2007 年，第 14 頁）李氏雖誤解了沈氏之見解（沈氏之言僅針對「《周易》卦序骨架」中的十二卦卦序而發，即《乾》《坤》《泰》《否》《咸》《恒》《損》《益》，《震》《艮》《巽》《兌》之卦序，並不適用散卦卦序編排，而散卦卦序其另有說明），但歪打正著，僅就《周易》卦序骨架而言，其亦有牴牾之處：《震》《艮》有䷏之象，《巽》《兌》有䷽之象，但《震》《艮》卻在《巽》《兌》之前。故沈氏此說有瑕疵。

禮》將《天官》篇冠於其首、《地官》篇居其後的編者之意一樣。而且,《上經》象陽〔註43〕,故以至純之陽卦《乾》爲首,以表尊天、尊君、尊父之禮,所宗者爲男教、陽事。《下經》始自《咸》《恒》,編者之意在宣揚夫婦人倫之誼,此與王官將《關雎》列爲《詩經·國風》之首之編纂思想相同。又,《下經》以法陰〔註44〕,昏禮爲幽陰之義〔註45〕,且昏禮於禮而言,其爲「禮之本」〔註46〕。所以《下經》首以《咸》,表示男女婚姻要以時,以立禮之大體。

　　《震》《艮》以《震》在前,《艮》在後,則是宣揚兄弟人倫之正:因《震》爲長子,《艮》爲少子,所以以弟從兄,故王官以此排序。準上所述,則確定了《下經》中《咸》《恒》的位置以及《震》《艮》孰先孰後的問題。又依前文所述「主卦之間相隔八位而排列」的原則,卦序第41、42位置必是由構成《咸》《恒》卦體的經卦各自新建之卦,此與《乾》䷀、《坤》䷁→《泰》䷊、《否》䷋的排列方法相似。所以由䷀䷁䷂䷃四經卦組成的同序卦(即重卦內外卦的「六子」次序一樣,如少對少,中對中,長對長)《咸》《恒》《損》《益》爲先後次序。而問題是《損》《益》次序孰先孰後,則需作進一步考量。

　　從卦畫上看,《咸》䷞《損》䷨爲上下卦相互置換之卦(下文省稱爲「置換卦」)、《恒》䷟《益》䷩爲置換卦,置換卦有相對相反之意:《咸》成男女人倫之正,《損》警戒人倫之失;《恒》以女貞爲恒之正,《益》以男健爲益之正,以遙相呼應,從而傳遞禮制意義。由此建立了卦序框架中或覆或反之「對卦」之間的關係,並以此爲思想原則排列卦序。以此觀之,即《損》當爲先,《益》爲後。

　　李尙信先生則結合沈有鼎先生「類合之卦,長先而少後;應合之卦,少先而長後」〔註47〕的排序方法,從「當位說」的角度詮釋《咸》《恒》、《損》

〔註43〕〔漢〕鄭玄注《周易乾鑿度》卷上,《景印文淵閣四庫全書》經部第53冊,臺灣商務印書館,1986年版,第869頁下。

〔註44〕〔漢〕鄭玄注《周易乾鑿度》卷上,《景印文淵閣四庫全書》經部第53冊,臺灣商務印書館,1986年版,第869頁下。

〔註45〕〔漢〕鄭玄注,〔唐〕孔穎達疏《禮記注疏》卷二十六《郊特牲》,《十三經注疏5》,藝文印書館,2013年版,第506頁下。

〔註46〕〔漢〕鄭玄注,〔唐〕孔穎達疏《禮記注疏》卷二十六《郊特牲》,《十三經注疏5》,藝文印書館,2013年版,第1000頁下。

〔註47〕沈有鼎《沈有鼎集》,中國社會科學出版社,2007年,第272頁。

《益》先後次序問題〔註48〕。亦可資參考。但被韓宣子劃歸周禮性質的《易象》，其必定反映了周文王、周公旦的思想觀念。借鑒《易象》等文獻修成的《周易》，其必定對《易象》的卦序體系有所承繼，並依據其「之所以王」及「如何王」的理路排定卦序，以體現王官的言說身份及思想高度。所以僅僅或偏重從卦的象數排列規律，必有所失。胡自逢先生稱：「卦爻本爲符號，作者有所取象，八卦、六十四卦衍生、排列，除前人所謂錯綜，今人謂之『相對』之原理外，當有至精微而難以測析之至理，今人仍可加以探索。」〔註49〕此「難以測析之至理」即是卦序與卦畫、卦義三者綜合運思的產物，換而言之，《周易》卦序、卦畫、卦義等《周易》文本構成要件之間是相互關聯、相互作用的關係。所以結合卦畫、卦義探尋《周易》卦序的生成原則，或是一條可行的有效線索。《周易·序卦》就是一個足資借鑒的範例。細讀之，可知其說鈎貫了卦象、卦義、事理等排序的影響元素，其有云：「有天地，然後萬物生焉，盈天地之間者唯萬物，故受之以屯。屯者，盈也；屯者，物之始生也。」此解說爲什麼位於《乾》《坤》兩卦之後的是《屯》卦，而不是其他卦。具體而言，此說認爲天地是萬物得以生長的空間與物質的保障，所以從萬物爲何得以生成的事理上將《乾》《坤》兩卦置於首位。顯然，《序卦》提供了一種今本《周易》卦序生成之由的見解。在探尋今本卦序生成的研究中，亦應當給予充分的重視。

綜上所述，今本《周易》卦序的生成，王官的編撰思想是其指南，在灌注憂患意識以及王官勸誡王者的職業精神的引導下，在彰顯有周一代「尚變」的筮典神采的思慮中，又在以傳承禮制文化典籍的職官使命的鞭策下，王官沿著《易象》開闢的先路，精心製撰其卦序的基本框架，最終生成了今本《卦序》。

第四節　今本《周易》卦序的思想價值

今本《周易》卦序的一些編排原則（「二二相耦，非覆即變」）是否適合詮釋夏殷筮典的卦序，迄今因《連山》《歸藏》兩易的卦序漶漫不清，故尚難以考索。幸賴馬王堆帛書《周易》及楚竹簡《周易》等出土文獻所載六十四

〔註48〕參李尚信《卦序與解卦理路》，巴蜀書社，2008年版，第19頁。
〔註49〕胡自逢《易學通信（一）》，《周易研究》1992年第2期，第69頁。

卦的卦序，其足資我們比勘今本卦序的特點，以及尋索王官所編排的《周易》卦序的思想價值。

馬王堆帛書《周易》（下文省稱為「帛《易》」）是在 1973 年湖南省長沙市馬王堆 3 號漢墓出土的易學文獻。為了便於研究，現臚列通行本《周易》（下文省稱為「今《易》」）及帛書《周易》六十四卦卦序如下〔註50〕：

通行本《周易》六十四卦的卦序

1 乾	2 坤	3 屯	4 蒙	5 需	6 訟	7 師	8 比
9 小畜	10 履	11 泰	12 否	13 同人	14 大有	15 謙	16 豫
17 隨	18 蠱	19 臨	20 觀	21 噬嗑	22 賁	23 剝	24 復
25 无妄	26 大畜	27 頤	28 大過	29 坎	30 離	31 咸	32 恒
33 遯	34 大壯	35 晉	36 明夷	37 家人	38 睽	39 蹇	40 解
41 損	42 益	43 夬	44 姤	45 萃	46 升	47 困	48 井
49 革	50 鼎	51 震	52 艮	53 漸	54 歸妹	55 豐	56 旅
57 巽	58 兌	59 渙	60 節	61 中孚	62 小過	63 既濟	64 未濟

馬王堆帛書《周易》六十四卦的卦序

1 乾	2 否	3 遯	4 履	5 訟	6 同人	7 无妄	8 姤
9 艮	10 大畜	11 剝	12 損	13 蒙	14 賁	15 頤	16 蠱
17 坎	18 需	19 比	20 蹇	21 節	22 既濟	23 屯	24 井
25 震	26 大壯	27 豫	28 小過	29 歸妹	30 解	31 豐	32 恒
33 坤	34 泰	35 謙	36 臨	37 師	38 明夷	39 復	40 升
41 兌	42 夬	43 萃	44 咸	45 困	46 革	47 隨	48 大過
49 離	50 大有	51 晉	52 旅	53 睽	54 未濟	55 噬嗑	56 鼎
57 巽	58 小畜	59 觀	60 漸	61 中孚	62 渙	63 家人	64 益

比勘今《易》與帛《易》兩者的卦序，其主要存在兩點的歧異：

第一，兩者除皆以乾卦為首外，餘卦的卦序均不同。

第二，兩者卦序編排的方法異轍。今《易》對卦相次為序的「二二相耦，非覆即變」未適用於帛《易》卦序的排列。帛《易》以☰乾、☶艮、☵坎、☳

〔註50〕馬王堆帛書《周易》卦名有與今本《周易》不同者，此節為便於作比較研究，特將帛書《周易》卦名用今本《周易》卦名表出。

震、𝌆坤、𝌆兌、𝌆離、𝌆巽將六十四卦分成八組，每組八個卦，此八個卦的首卦可稱爲「領卦」，同組別的其餘七卦的構成形式上整齊劃一，即分別以八經卦爲外卦，在剔除組成領卦的經卦的情況下，內卦依照乾、坤、艮、兌、坎、離、震、巽的次序與外卦組合，生成了帛《易》的局部卦序。

帛《易》整飭的卦序編排顯然亦出於編纂者精心的製撰。其意圖何在？是出於西漢習卦者之手，還是淵源有自，承之秦代或先秦？對此，張政烺先生稱：「這種序列的形式很機械，很原始，可見今本六十四卦的順序和分成上下經的形式是漢朝人改編的，《序卦》也是後起的。」〔註51〕帛《易》的卦序確是機械而易探其規律，但此卦序是否原始或早於今本尚值得再作商榷。邢文先生從帛書的書寫形制探究帛《易》的年代，認爲：「帛書抄寫的年代，約有兩類：一種字體近於篆書，不避高祖劉邦諱，大約寫於秦漢之際；一種字體爲隸書，諱邦爲國，但不避惠帝劉盈諱，當寫於漢初。」〔註52〕即帛《易》大約是秦漢之際的《周易》手寫本，其或爲習易者歸結卦畫規律而重排六十四卦的產物：其或出於記憶卦畫的需要，或出於教學的方便，或出於稱引致用。顯然，具有粲然的組別、脈絡與規律井然的卦序，較之今本卦序便於默寫與記憶。此種重排王官《周易》卦序的做法，體現著編者改易官本《周易》爲私學所用的意圖，展示出《周易》卦序的多樣性及表意的豐富性，以此更反襯出官本《周易》卦序的權威性及其無可撼動的地位〔註53〕。

可以看到，帛《易》的以組別爲單位重排卦序，同一組中，外卦保持不變，如此，在卦畫方面保持了整齊劃一的規律，便於初學者認識與記憶卦畫。但此類卦序除了在卦畫方面發生聯繫，卻難以在卦義的層面覓得卦與卦之間的關係。舉例言之，《周易・說卦》以乾卦爲天之象，後承接以坤爲地之象，先天後地符合人們認識事物的一般規律，並以此體認來展開論述，如《周易・繫辭上》所言「天尊地卑，乾坤定矣」，又如《明夷》所云「上六，不明晦。初登于天，後入于地」，如《序卦》所說「有天地，然後萬物生焉」。而在帛

〔註51〕《座談長沙馬王堆漢墓帛書・關於帛書的内容・張政烺》，《文物》1974年第9期，第48頁。

〔註52〕邢文《帛書周易研究》，人民出版社，1997年版，第18頁。

〔註53〕陳仁仁先生稱：「今本卦序就像一頭全象，而以之爲依託的各種卦序就像是那幾個盲人從某方面對今本卦序這頭全象的理解。……那些以今本卦序爲依託的諸種卦序，可以說都是對今本卦序結構特徵與構成規律的認識。只不過認識的程度、方面不同而已。」（陳仁仁《戰國楚竹簡〈周易〉研究》，武漢大學出版社，2010年版，第122頁）

《易》序中，乾卦之後是否卦，否卦之後是遯卦，遯卦之後是履卦，此從帛書中尋覓不到乾卦承接否卦的義理解釋，編排者的意圖或許亦不在於此。《繫辭上》云：「《易》有聖人之道四焉：以言者尚其辭，以動者尚其變，以製器者尚其象，以卜筮者尚其占」，編排者的卦序重排正是「以動者尚其變」的其中一種情形：依據一定的原則或方法排纂六十四卦，可以生成新的卦序，甚至可以擇取一部分卦來形成新的認識。晉干寶注《周禮》所稱引《歸藏》易說可爲驗證，其云：「復子，臨丑，泰寅，大壯卯，夬辰，乾巳；姤午，遯未，否申，觀酉，剝戌，坤亥。」此說擇取了六十四卦中的十二個卦配以地支，用以表示事物的變化發展，以形成人們新的認識。此卦序成爲「十二辟卦（見《六經天文編》卷上）」，其可分成兩組：

第一組：復☷☳子，臨☷☱丑，泰☷☰寅，大壯☳☰卯，夬☱☰辰，乾☰☰巳

第二組：姤☰☴午，遯☰☶未，否☰☷申，觀☴☷酉，剝☶☷戌，坤☷☷亥

第一組中，自復☷☳至乾☰☰，陽爻逐一增益，陰爻逐漸減損；第二組中，從姤☰☴到坤☷☷，陰爻遞增向上，陽爻遞減消亡。而陽爻、陰爻一旦與陽氣、陰氣相關聯，人們便將之引入天文的領域，「卦氣」一說的理論正根源於此。

人們在對天地萬物的體認與對舊的知識體系的掌握過程中，又能創造新的知識，並將新舊知識結合起來，加以運用。帛《易》卦序正說明了人們在玩習《周易》過程中發揮的主觀能動性，編排者從六十四卦中摸索並總結出了一種新的排序規律，並將之呈現出來，供習易者研玩、稱述、運用。其原本意圖並不在於顛覆通行於世的卦序，而是從重排卦序的過程中發現新的排序方法，並從卦畫的變化規律中，生發出新的知識點。所以，其意圖已不若今本卦序那樣偏重義理，而在於借助新的卦序建構新的理論框架，以便說明某些問題或解釋某種現象。顯然，此種卦序是習易者的讀書心得，是易學家個人研玩《周易》、意欲形成獨樹一幟的易學理論的一種嘗試。通過改造《周易》的卦序，創造出新的認識體系，用以闡釋人事、天象等事理，成爲中國易學史中一道風景線。其中，孟喜承繼了《易家候陰陽災變書》的核心思想，並提煉出「卦氣」之說。其學說的骨架是以卦畫的形態及所體現出的陰陽性質爲核心，重新排列卦序，並產生新的解卦方法，形成一家之學的獨特易學氣象。孟喜卦氣六十卦卦序依照《舊唐書》[註54]所載，可列表爲：

〔註54〕〔後晉〕劉昫等撰《舊唐書》卷三十四《志第十四》，中華書局，1975年版，第1235～1236頁。

恒氣	月中、節	四正卦	初候	次候	末候	始卦	中卦	終卦
多至	十一月中	坎初六	蚯蚓結	麋角解	水泉東	公中孚	辟復	侯屯內卦
小寒	十二月節	坎九二	雁北鄉	鵲始巢	野雞始雊	侯屯外卦	大夫謙	卿睽
大寒	十二月中	坎六三	雞始乳	鷙鳥厲疾	水澤腹堅	公升	辟臨	侯小過內卦
立春	正月節	坎六四	東風解凍	蟄蟲始振	魚上冰	侯小過外卦	大夫蒙	卿益
雨水	正月中	坎九五	獺祭魚	鴻雁來	草木萌動	公漸	辟泰	侯需內卦
驚蟄	二月節	坎上六	桃始華	倉庚鳴	鷹化爲鳩	侯需外卦	大夫隨	卿晉
春分	二月中	震初九	玄鳥至	雷乃發聲	始電	公解	辟大壯	侯豫內卦
清明	三月節	震六二	桐始華	田鼠化爲鴽	虹始見	侯豫外卦	大夫訟	卿蠱
穀雨	三月中	震六三	萍始生	鳴鳩拂羽	戴勝降桑	公革	辟夬	侯旅內卦
立夏	四月節	震九四	螻蟈鳴	蚯蚓出	王瓜生	侯旅外卦	大夫師	卿比
小滿	四月中	震六五	苦菜秀	靡草生	小暑至	公小畜	辟乾	侯大有內卦
芒種	五月節	震上六	螳螂生	鵙始鳴	反舌無聲	侯大有外卦	大夫家人	卿井
夏至	五月中	離初九	鹿角解	蜩始鳴	半夏生	公咸	辟姤	侯鼎內卦
小暑	六月節	離六二	溫風至	蟋蟀居壁	鷹乃學習	侯鼎外卦	大夫豐	卿渙
大暑	六月中	離九三	腐草爲螢	土潤溽暑	大雨時行	公履	辟遯	侯恒內卦
立秋	七月節	離九四	涼風至	白露降	寒蟬鳴	侯恒外卦	大夫節	卿同人
處暑	七月中	離六五	鷹祭鳥	天地始肅	禾乃秀	公損	辟否	侯巽內卦
白露	八月節	離上九	鴻雁來	玄鳥歸	群鳥養羞	侯巽外卦	大夫萃	卿大畜
秋分	八月中	兌初九	雷乃收聲	蟄蟲坏戶	水始涸	公賁	辟觀	侯歸妹內卦
寒露	九月節	兌九二	鴻雁來賓	雀入大水爲蛤	菊有黃花	侯歸妹外卦	大夫無妄	卿明夷
霜降	九月中	兌六三	豺乃祭獸	草木黃落	蟄蟲咸俯	公困	辟剝	侯艮內卦
立多	十月節	兌九四	水始冰	地始凍	野雞入大水爲蜃	侯艮外卦	大夫既濟	卿噬嗑
小雪	十月中	兌九五	虹藏不見	天氣上騰地氣下降	閉塞成多	公大過	辟坤	侯未濟內卦
大雪	十一月節	兌上六	鶡鳥不鳴	虎始交	荔挺出	侯未濟外卦	大夫蹇	卿頤

表中有以四正卦的二十四個爻表示的二十四節氣，其他六十卦配七十二侯，並有辟、公、侯、卿、大夫五等職位與之相應。從六十四卦中擇取六十卦，

重新排序，並利用七十二侯「初侯、中侯、末侯」三侯的分類特點，將卦亦分成「始卦、中卦、終卦」三類，其中屯、小過、需、豫、旅、大有、鼎、恆、巽、歸妹、艮、未濟作爲內卦、外卦。由此生成了涵蓋天文、氣象、物候、官爵、六十四卦等多方面的知識新體系。

由上觀之，此種卦序的編排已經偏離了今本卦序所要傳達的思想軌道。無論是十二辟卦，還是六十卦所配氣候表，均非完全意義上的卦序。甚至從某種程度上說，看似有六十卦排序的帛《易》卦序，亦並非完全意義上的卦序。在我們看來，那種看似整齊並容易從象數的層面發現規律、而無法從卦與卦之間的義理聯繫找到答案的卦序，並非是王官之學所認可的卦序。而正因爲此類卦序或繁瑣，難以找到貫穿卦序的思想主線，或過於機械，偏重從象數的遞增、遞減，陰陽的消息等方面重排卦序，而未能結合卦與卦之間的象數、卦義、卦爻辭等方面展示的意蘊進行義理的闡釋，所以重排的卦序難以成爲主流的卦序文本，亦難以與作爲經學正脈的今本卦序媲美。

不可否認，不同的卦序排列體現著不同的編者對六十四卦在不同領域、不同層面、不同深度、不同廣度上的體認，其往往又與時代的其他知識體系交織在一起，並基於現實的需要而生發出具有一定個性與創造力的理論或學說，並在一定程度上反映那個時代的易學所達到的廣度，體現其時代的易學的一個特色。誠如邢文先生所言「重排卦序是漢代易學史上一個非常有趣的現象」〔註55〕，卦序的重新排列成爲易學家發現六十四卦象數新規律，從而構建新的理論框架或知識體系的源頭活水。不論是其擇取部分卦進行排序，還是從整體上重新體認卦序、并賦予其新的意義，皆表明了卦序的工具性質及其自身所帶有的豐富的、可以不斷開發的信息量。同是將六十四卦分爲八組或八宮，京房所撰卦序又同帛《易》相異，並進而影響到對六十四卦卦義的解說。其卦序的排纂遵循「陽極陰生、陰極陽生」的陰陽消息的象數規律，並從卦畫的象數變化判斷人事的吉凶，並最終以此爲依據，提出了以「陽中伏陰，陰中伏陽；陰陽返復，進退不居；陰陽交錯，萬物通焉，陰退陽伏」的飛伏學說，如乾卦，其云：「乾，純陽用事，配天，屬金，與坤爲飛伏……六位純陽，陰象在中。」〔註56〕以此學說爲理論根據，京房重排六十四卦，

〔註55〕邢文《帛書周易研究》，人民出版社，1997年版，第76頁。

〔註56〕〔漢〕京房《京氏易傳》，〔吳〕陸績《注》，《四庫提要著錄叢書》子部第21
冊，北京出版社，2011年版，第85頁。

其乾宮卦序爲：1 乾☰，2 姤☴，3 遯☶，4 否☷，5 觀☴，6 剝☶，7 晉☲，8 大有☲。此學說涵蓋了天文、五行、世應、飛伏卦、遊魂卦、歸魂卦等豐富的內容。正如我們在前文所言，這些卦序規律井然，其特點是通過陰陽爻的消息，結合多種知識來解說人事的變化，其嘗試構建一種解說三才變化發展規律的學說，豐富了易學的內容。但這種卦序過於依賴其他學科的知識體系作爲支撐，在建立貌似科學的理論體系的同時，偏離了傳統經學所要傳承的思想價值。李尚信先生說：「無論帛本《易傳》還是今本《易傳》，它們體現的卦序都是今本卦序。這說明，今本卦序不僅是《周易》古經的原初卦序，而且一直是作爲正統的卦序而存在的；帛本卦序只不過是一個非正統的別本卦序而已。」〔註57〕

帛《易》卦序、孟喜卦氣六十卦卦序、京房八宮卦序等等卦序是易學家在吸納其他學科知識體系爲己用的前提下，按照一定的象數規律，對今本卦序所進行的新的排列組合。對這些卦序的深入研究，有利於更好地確認今本卦序所體現的思想價值。

小　結

《易象》發軔於周文王重周人八卦占筮法之時，其後在以周公旦、周成王等人爲領導核心的王官集體的加工、潤色之下得以完善。所以，《易象》是在周初整理歷史文籍及周人文檔典籍的文化背景下生成。《易象》植根於王官隊伍制禮作樂的環境，其卦序必彰顯禮制的色彩。可以初步推知：《易象》乃以《乾》《坤》爲首。《乾》更替殷易《歸藏》之《坤》，冠於《易象》六十四卦之首位，對於周人而言，政治意義頗爲深刻：一是《乾》於方位，爲西北，而周地處西北，周文王有「西伯」之稱，故《乾》可象徵周族；二是《乾》統《坤》，有周革殷命之寓意，又傳達出居安思危的警示信息，以戒子孫莫失遠慮之思。

《乾》因其自身的意義，及經周文王、周公旦等人的繫辭，煥發出新意。「憂患致遠」之思想成爲《乾》之旨趣，並統領了卦序的運思與布局。同時，卦序作爲《易象》的一個重要組成部分，其與《詩》《書》《禮》《樂》編書之

〔註57〕李尚信《論今、帛本〈周易〉卦序的先後問題》，《哲學研究》2008 年第 6 期，第 32 頁。

旨一致，閃爍著德義之光。所以《易象》能成爲今本《周易》卦序生成的重要借鑒。

今本《周易》卦序的生成，王官的編撰思想是其指南，在灌注憂患意識以及王官勸誡王者的職業精神的引導下，在彰顯有周一代「尚變」的筮典神彩的思慮中，又在以傳承禮制文化典籍的職官使命的鞭策下，王官沿著《易象》開闢的先路，精心製撰其卦序的基本框架，最終生成了今本《卦序》。從中可探得其生成原則：一是鄰卦的排列原則，主要爲「二二相耦，非覆即變」；二是以王官作意排列鄰卦的先後；三是由卦序框架安插餘卦。

歷史上存在過各種卦序，如馬王堆帛書《周易》、孟喜卦氣卦序等等，其出自創造某種知識體系的私意，將重新編排六十四卦之序，脫離了傳統經學經緯的卦序之義。同今本卦序相較，其他卦序其難以找到貫穿卦序的思想主線，亦未能結合卦與卦之間的象數、卦義、卦爻辭等方面展示的意蘊進行卦序布置。所以，在經學的範圍內，重排的卦序難以成爲主流的卦序文本，今本卦序所彰顯的王官用意值得深研。

第六章　《易傳》文本的生成

　　春秋時期的解筮文根源於西周王官以禮義解說占筮結果的稽疑模式，在社會舊的禮制崩壞之際，此模式將卦所包含的德義強化並表而出之。根據傳世文獻所載西周大卜等職官的解筮情況，今本《易傳》的文本內容正是在西周及春秋筮官、論《易》者等人的稽疑實踐和引用言說中逐漸層堆而成，體現著春秋《易》學的風潮及其時代特點。

　　《四庫全書總目・經部・易類》云：「《易》之爲書，推天道以明人事者也。《左傳》所記諸占猶大卜之遺法。」〔註1〕此指出《易》是探尋天道、究明來事的稽疑典籍，而《左傳》所載諸占例大致因仍西周王官大卜解說卦的數、象的法則和程序。《周禮・大卜》云：「大卜掌三易之灋：一曰《連山》，二曰《歸藏》，三曰《周易》。」此處之「灋」內容之一即是通解卦的意蘊，即對所筮得之卦的數、象義趣及占筮結果的解釋。三易的分類表明各自筮法及其解說統緒的歧異，解筮辭的分路、筮占體制的異軌自不待言。《周易》較之《連山》《歸藏》晚出，因而可吸納夏、殷兩代之易說而生成體系更有完備的筮法體系，並最終在春秋時期逐成獨尊之勢，爲史筮及非司卜筮之徒所偏好。《周易》的解筮之辭亦在遞稟西周以大卜爲核心的王官編撰的《周易》文本，及行於世的王官解筮文的基礎上，被加以義理發揮，遂生成了今本《易傳》的零章散句。

〔註1〕　〔清〕永瑢等撰《四庫全書總目》，中華書局，1965年版，第1頁。

第一節　春秋占筮制度與言說《周易》的學風

筮占制度是指由大卜為核心的王官制定的、通過扐策占斷國家運數以作出應對之策略的規章、程序的總稱。它和龜卜制度一起構成了貴族階層稽疑制度的兩翼。春秋筮占制度是西周筮占體系的賡續。在此時期，《周易》的解筮文以《易象》、《周易》卦、爻辭等文本為根本，敷衍其義。因此，其儀式寫作的精神與範式得到進一步的承繼與發展。《易象》首載於《春秋左傳・昭公二年》，其云：

> 二年春，晉侯使韓宣子來聘，且告為政而來見禮也。觀書於大史氏，見《易象》與《魯春秋》，曰：「周禮盡在魯矣！吾乃今知周公之德與周之所以王也。」〔註2〕

韓宣子之意，《魯春秋》與《易象》皆貫穿了西周禮制精神。從「周公之德」一語，可推知《易象》與周公有密切的關係。西周平定三監之亂後，以周公為核心的王官隊伍制禮作樂，頌揚先祖功德以及反映先祖思想是其中一個主要內容。對「易象」之解釋，楊伯峻將其釋為《周易》與《象魏》〔註3〕。顯然，《周易》與周之先祖、賢者關係緊切，而《象魏》與法令的制定、宣傳相聯繫，是以圖與象等通俗易曉的方式告知觀象者制令者的意圖。楊先生之說自成其理。但若釋為一書，或更佳。《易傳・繫辭下》云：「易者，象也。象也者，像也。」三易的成書與圖象本然地連結在一起，象是《三易》最直觀、最明顯的內容，故以《易象》為易說之書的題名亦為有理。《易象》與「周公之德」聯繫到一起，說明了《易象》所特具的「周代的內容」，從而與《連山》《歸藏》兩《易》區分開來。而後韓宣子又說：「周禮盡在魯矣。」韓氏意在讚述魯國所載的歷史及魯之先祖過周代制度、文化的創建、承繼，而此發端於以周公為核心的王官集體的禮制、文化的因革、創造以及宣揚、遵行等等。所以，我們認為韓氏所言《魯春秋》《易象》皆可繫之周公且：《魯春秋》記錄了魯國先祖對於周能王天下及對於魯得國施政的豐功偉績；《易象》則是一種因沿《連山》《歸藏》兩易義理闡釋而保存於魯國的易學典籍。從《易象》的題名來看，它是對《周易》中的象進行義理發揮的易說之書。又從韓氏「周禮盡在魯」一語，可知《易象》所偏重者是思想方面的內容，此又可

〔註2〕〔晉〕杜預注，〔唐〕孔穎達等正義《春秋左傳正義》卷四十二，《十三經注疏6》，藝文印書館，2013年版，第718頁上。

〔註3〕楊伯峻《春秋左傳注》第四冊，中華書局，2009年版，第1227頁。

證實《易象》確係闡釋卦畫、卦辭及爻辭的著作。

如前文所述，周文王、周公旦參與了《易象》文本的寫作，周文王雖無意製撰一部筮書，僅在研習殷代重卦體系的過程中，繫爻以辭，被其所繫辭之卦數量必爲少數。後經周公旦之手，或亦有所增益其卦爻辭，但終未成體系，周代之筮典亦未得以產生。而今本《周易》在承繼《易象》思想原則的基礎上，經過筮人階層的修編，形成了《周易》文本的幾個大構件。在《春秋》時期，《周易》筮法因其有「尙變」之特徵，又有經周文王撰寫的卦辭、爻辭，逐漸成爲王朝筮人稽疑的主要方式。隨後，引《周易》言志逐漸興起，進入戰國，言說《周易》的風潮的形成。《易象》所彰顯的德義之光，是義理《易》學在其初步的狀態，其在中國《易》學歷史格局中產生了深遠的巨大影響。

顯然，官學是私學的風向標及引路者。以傳承周禮爲己任的孔子及其門徒豎起私學的大旗，標榜克己復禮的道德榜樣，弘揚逐漸流於形式的墮壞了的周禮文化。而孔門直承了魯國的禮制文化。自稱「述而不作」的孔子所述者正是傳了西周禮制的魯國典籍，也即魯國論說《周易》的主流思想對孔子論《易》產生了決定性的影響。孔子謂：「加我數年，五十以學《易》，可以無大過矣。」（《論語・述而》）〔註4〕孔子之意是「我若能再研玩《易》數年，至五十歲之時，那麼我的思想行爲上則會避免大的過錯了。」玩習《周易》而能規避犯錯的風險，可見《周易》充當了人們思想指導之書的作用，習《易》者如孔子挖掘《周易》的卦德，體認並發揮其義理，促使由魯國官學引導的義理易說開花結果。而在孔子之前，魯國義理易說已漸成風氣，《左傳・襄公九年》載：

> 穆姜薨於東宮，始往而筮之，遇《艮》之八☶。史曰：「是謂《艮》
> 之《隨》☳，隨其出也。君必速出。」姜曰：「亡。是於《周易》曰：
> 『《隨》，元亨利貞，无咎。』元，體之長也；亨，嘉之會也；利，
> 義之和也；貞，事之幹也。體仁足以長人，嘉德足以合禮，利物足
> 以和義，貞固足以幹事。然故不可誣也，是以雖《隨》无咎。今我
> 婦人，而與於亂，固在下位，而有不仁，不可謂元；不靖國家，不
> 可謂亨；作而害身，不可謂利；弃位而姣，不可謂貞。有四德者，《隨》

────────────

〔註4〕孔安國注、邢昺疏《十三經注疏・論語注疏》，上海古籍出版社，1997年版，第2482頁。

而無咎。我皆無之，豈《隨》也哉？我則取惡，能無咎乎！必死於
此，弗得出矣。」〔註5〕

穆姜引《周易》悔過，一方面證實了《文言》的文本片段此時已行於世，並
且不獨掌典籍者可稽檢，非其職官者如姜氏亦可檢閱以至成誦，得以援引明
事；另一方面反映出《周易》的義理光芒已經彰顯。

　　穆姜引易說悔過是一則甚爲重要的易學範例，在易學史中具有重要的地
位，它表明了《周易》的占筮應用及其解筮文從國家稽疑層面延伸至個體的
日用稽疑需求的層面。西周時期，《周易》主要應用於國家層面的稽疑，《周
禮・春官・大卜》所載正是其制度的表現，其云：

　　　　（大卜）以邦事作龜之八命：一曰征，二曰象，三曰與，四曰
　　謀，五曰果，六曰至，七曰雨，八曰瘳。以八命者贊三兆、三易、
　　三夢之占，以觀國家之吉凶，以詔救政。……占人掌占龜，以八筮
　　占八頌，以八卦占筮之八故，以眡吉凶。凡卜筮，君占體，大夫占
　　色，史占墨，卜人占坼。凡卜筮，既事，則繫幣以比其命。歲終，
　　則計其占之中否。筮人掌三易，以辨九筮之名。一曰《連山》，二曰
　　《歸藏》，三曰《周易》。九筮之名：一曰巫更，二曰巫咸，三曰巫
　　式，四曰巫目，五曰巫易，六曰巫比，七曰巫祠，八曰巫參，九
　　曰巫環，以辨吉凶。凡國之大事，先筮而後卜。上春相筮，凡國
　　事共筮。〔註6〕

占筮的命辭類別決定了解筮文的內容與用語的風格。國家層面的解筮文是最
爲正式、規範的一種儀式解說與書寫，其主要有征、象、與、謀、果、至、
雨、瘳八種。占筮與龜卜命辭相同，杜預《注》云：「國之大事待蓍、龜而決
者有八，定作其辭於將卜以命龜也。鄭司農云：『征謂征伐人也；象謂災變雲
物如眾赤鳥之屬，有所象似，《易》曰天垂象見吉凶，《春秋傳》曰天事恒象，
皆是也；與謂予人物也；謀謂謀議也；果謂事成與不也；至謂至不也；雨謂
雨不也；瘳謂疾瘳不也。』玄謂：『征亦云行，巡守也；象謂有所造立也，易
曰以製器者尙其象；與謂所與共事也；果謂以勇決爲之，若吳伐楚，楚司馬
子魚卜戰，令龜曰：鮒也以其屬死之，楚師繼之，尙大克之，吉。是也。』」

〔註 5〕杜預注、孔穎達等正義《十三經注疏・春秋左傳正義》，上海古籍出版社，1997
　　　年版，第 1942 頁。
〔註 6〕鄭玄注、賈公彥疏《周禮注疏》，上海古籍出版社，1997 年版，第 802～805
　　　頁。

二鄭對八類命辭的解釋大異其趣：鄭司農所解偏重國之大事；鄭玄之說趨向泛化的不定、不定國家、個人的事項。此種差異，其實正反映了占筮的發展與變化。此種變化學脈粲然。西周的稽疑制度因革殷代，擴充了命辭種類與內容。《尚書・周書・洪範》載箕子答文王爲政之道，其云：

> 稽疑，擇建立卜筮人，乃命卜筮：曰雨，曰霽，曰蒙，曰驛，曰克，曰貞，曰悔。凡七，卜五，占用二，衍忒，立時人作卜筮，三人占，則從二人之言。汝則有大疑，謀及乃心，謀及卿士，謀及庶人，謀及卜筮。汝則從、龜從、筮從、卿士從，庶民從，是之謂大同。身其康強，子孫其逢吉，汝則從、龜從、筮從，卿士逆、庶民逆，吉。卿士從、龜從、筮從，汝則逆、庶民逆，吉。庶民從、龜從、筮從，汝則逆、卿士逆，吉。汝則從、龜從，筮逆、卿士逆，庶民逆，作內吉，作外凶。龜筮共違於人，用靜吉，用作凶。〔註7〕

從箕子之建言可知殷代已有一套成熟的卜筮制度，其是國家稽疑層面不可缺少的一環。殷時的命辭分爲七種：雨、霽、蒙、驛、克、貞、悔。孔安國《傳》：「龜兆形有似雨者，有似雨止者；蒙，陰闇；（驛）氣洛驛不連屬；（克）兆相交錯者，卜兆之常法；（貞、悔）內卦曰貞，外卦曰悔。」〔註8〕是孔氏將前五個命辭解爲兆象，後兩個爲卦象。其實，七個皆爲卜筮命辭。「凡七，卜五，占用二」直承前文，所指者是卜筮人的配備情況，即掌龜者有五人，掌筮者有二人。西周的占筮承繼了殷代的筮法系統，並加以整合，如將「雨、霽」並爲「雨」，「蒙、驛、克」與其他命辭當亦有對應關係，而「貞、悔」被移到了卦爻辭當中，作爲專門的占筮判語。此既可看出周代王官筮法對殷代的賡續，又反映出周代王官對殷代筮法的改造情況。值得關注的是，箕子特地標示稽疑活動中人作爲要素的重要位置，尤其是作爲決策主體的王者居於解決國家疑難問題的核心地位，突出了人謀不可或缺的在場。

　　與殷代一樣，周代的占筮配備有各司其職的筮官。周代設有筮人，筮人下有「九巫」歸筮人管理、調配，以更好地解釋占筮的結果。鄭玄破「九巫」爲「九筮」，以爲筮人通用三代筮法，通解「九筮」，此未必爲正解。而鄭玄

〔註7〕孔安國傳、孔穎達等正義《尚書正義》，上海古籍出版社，1997年版，第191頁。

〔註8〕孔安國傳、孔穎達等正義《尚書正義》，上海古籍出版社，1997年版，第191頁。

對九巫的職掌則有頗爲精當的判斷，其云：「更謂筮遷都邑也；咸猶僉也，謂筮眾心歡不也；式謂筮制作法式也；目謂事眾，筮其要所當也；易謂民眾不說，筮所改易也；比謂筮與民和比也；祠謂筮牲與日也；參謂筮御與右也；環謂筮可致師不也。」〔註9〕九巫的職掌涉及國家之大事，如祭祀、征伐、遷都、制訂禮制、民心向背等關乎國祚的幾個大方面。

國家層面的占筮典籍《周易》從專事占筮的筮人所司，過渡到諸如穆姜之類的非專職者的援引、言說、義理發揮，說明當時社會習《易》者隊伍的壯大，也證明了人們對易的接受態度的變化。儘管王官所制定的稽疑制度，占筮是其中重要的一環，但考之傳世文獻，龜卜、夢占是西周國家稽疑活動中的主流方式。《詩經》言筮占者僅 2 例，並且是民間的筮問；而言龜卜者有 8 例，見於《鄘風·定之方中》之「降觀于桑，卜云其吉，終然允臧」，《衛風·氓》之「爾卜爾筮，體無咎言」，《小雅·天保》之「禴祠烝嘗，于公先王。君曰卜爾，萬壽無疆」，《小雅·杕杜》之「卜筮偕止」，《小雅·小旻》之「我龜既厭，不我告猶」，《小雅·楚茨》之「卜爾百福，如幾如式」，《大雅·緜》之「爰始爰謀，爰契我龜。曰止曰時，築室于茲」，《大雅·文王有聲》之「考卜維王，宅是鎬京。維龜正之，武王成之」。占夢有 3 例，載於《小雅·斯干》之「乃寢乃興，乃占我夢。吉夢維何？維熊維羆，維虺維蛇。大人占之：維熊維羆，男子之祥；維虺維蛇，女子之祥」，《小雅·無羊》之「牧人乃夢，眾維魚矣，旐維旟矣。大人占之：眾維魚矣，實維豐年；旐維旟矣，室家溱溱」，《小雅·正月》之「召彼故老，訊之占夢。具曰予聖，誰知烏之雌雄」。由此觀之，龜卜、筮占、夢占三者，筮占之用爲最少。

西周時期，占筮流行於民間。《詩·衛風·氓》云：「氓之蚩蚩，抱布貿絲。匪來貿絲，來即我謀。……爾卜爾筮，體無咎言。」《詩序》云：「《氓》，刺時也。宣公之時，禮義消亡，淫風大行，男女無別，遂相奔誘……」〔註10〕據《詩序》，此詩作於衛宣公時，正值春秋初期。而卜、筮並用占斷婚媾吉凶的情況必在春秋以前已經行於民間，並且生成了民間用於解釋卜、筮結果的簡冊或口頭言說體系。鄭玄《箋》：「復關，既見此婦人，告之曰：『我卜女，筮女，宜爲室家矣。兆、卦之繇，無凶咎之辭。」即民間占筮亦有自己的解

〔註 9〕鄭玄注、賈公彥疏《周禮注疏》，上海古籍出版社，1997 年版，第 805 頁。
〔註10〕鄭玄傳、孔穎達等正義《毛詩正義》，上海古籍出版社，1997 年版，第 324 頁。

說系統，從「體無咎言」可看出解卦之辭側重於卦體結構的言說。《詩・小雅・杕杜》云：「卜筮偕止，會言近止，征夫邇止。」鄭玄《箋》：「或卜之，或筮之，俱占之合言於繇爲近，征夫如今近耳。」〔註11〕女子以筮占問丈夫之歸期，「近止」、「邇止」是其筮之繇辭或解筮辭有相當之言語。值得特別指出的是，流行於民間的筮占具有甚爲明顯的功利指向性，即筮問者問什麼，解筮者直接回答，如就所筮之卦體而進行解說，而不像國家筮占那樣兼顧人謀、鬼謀、民心向背等因素。

　　因筮占較之龜卜有操演簡易、說解靈活，並形成了具有系統內容的筮典《三易》，尤其是《周易》經文本的生成，對國家稽疑決策的格局產生了重大影響：由國之大事必龜卜過渡至「凡國之大事，先筮而後卜」〔註12〕，筮的地位提升，稽疑的優勢得以彰顯。春秋時期是龜筮並進而筮日漸見長的占卜發展階段。王朝及諸侯國龜卜的使用範圍與筮占一樣有所擴展。據劉玉建先生對《左傳》的研究，春秋時期占卜的種類約11種：卜戰20例、卜任命官員7例、卜立太子4例、卜營建都、邑、宅4例、卜生育3例、卜疾病4例、卜婚姻3例、卜郊祭8例、卜雨1例、卜夢1例、卜日常事務若干〔註13〕。其中，卜祭8例皆爲魯國事，對此，陳來先生說：「如果把征伐和政事（合命官、立儲、營建）都視爲『政』，則『政』大大多於『祀』。如果再考慮到卜祭都是魯國事，那麼，我們就可以說，春秋時代的『卜』占活動中，人事的重要形已遠遠地超過神事。」〔註14〕進而言之，人思想的創造性在人事活動中越來越佔有主導性，此文化環境有利於《易》說的產生、傳播與發展，亦有利於筮典對卜典養分的吸收。而史官與卜官在傳播與推廣《周易》及其易說方面作出了巨大貢獻。春秋時期，王朝史官、卜官不再局限於王朝的活動範圍，足跡頻頻涉於諸侯各國，王官之學《周易》亦逐漸被介紹並引入諸侯各國，並生成了史官、筮官解說《周易》的權威地位。《左傳・莊公二十二年》所載「周史有以《周易》見陳侯者」即是王朝史官攜帶《周易》爲見面禮而

〔註11〕鄭玄傳、孔穎達等正義《毛詩正義》，上海古籍出版社，1997年版，第417頁。
〔註12〕鄭玄注、賈公彥疏《周禮注疏》，上海古籍出版社，1997年版，第805頁。
〔註13〕劉玉建《傳統文化溯源——中國古代龜卜文化》，廣西師範大學出版社，1992年版，第373～381頁。
〔註14〕陳來《古代思想文化的世界——春秋時代的宗教、倫理與社會思想》，生活・讀書・新知三聯書店，2002年版，第21頁。

拜訪陳厲公。周史以《周易》爲占筮範本，結合所筮之卦，利用所掌握的歷史發展規律，將業已成形的一些易說加以發揮，形成了口頭的解筮辭，《左傳》作者將之形諸文字，從實質上觀之，其是一篇閃現著史官智慧的解筮文，它推究歷史人物的運程以及其家族的運數，闡明人事發展的脈絡，有「通過解筮而塑造新歷史」的可能性。史官推測來事的靈驗性，雖有《左傳》作者「由已知而造卦例」的成分，但亦無法否認史官、筮官通過觀察大量歷史事實和現象而歸納、體認出歷史前進的軌跡，並通過解筮文而虛擬歷史，受啓發或激勵的貞問者沿著史官指明的方向因而創造與占筮結果相同或類似的歷史，此亦爲可能。〔註15〕有學者指出：「卜史之官，本爲周王及諸侯的神職人員，但是他們的預測手段，與整個時代精神、歷史事件密切相關，因此他們運用具有『靈性』的龜、著進行占卜時，也往往根據具體情勢做出判斷。」〔註16〕由稽疑而策劃國家發展的謀略，使預言成眞，未必爲神秘之事。當然，《左傳》所載解筮文已經作者加工、潤色、編造，但其體要之猶在。《左傳》載周史解筮文云：

> 是謂「觀國之光，利用賓于王」，此其代陳有國乎？不在此，其在異國；非此其身，在其子孫，光遠而自他有耀者也。坤，土也；巽，風也；乾，天也。風爲天於土上，山也。有山之材，而照之以天光，於是乎居土上。故曰：「觀國之光，利用賓于王」。庭實旅百，奉之以玉帛，天地之美具焉，故曰「利用賓于王」。猶有觀焉，故曰：「其在後乎？」。風行而著於土，故曰：「其在異國乎？」。若在異國，必姜姓也，姜，大嶽之後也。山嶽則配天，物莫能兩大，陳衰，此其昌乎？

周史根據卦的結構、卦象等占筮知識對利用《周易》筮法所得之卦進行解說，其解說的一個重要特點是依據筮典《周易》的爻辭、結合卦體結構而進行事理的敷衍。爻辭有物體「光」，光的物理屬性是向遠方照射，人類基本

〔註15〕 對此，潘雨廷先生持相反意見，他說：「周史爲陳侯筮公子完之時，尚在奔齊前二三十年。而依其象辭所推斷者，當二百餘年之事，且皆言中，此如何可信？……故決無周史以《周易》爲陳侯筮之事，亦不可信當時已備《周易》的卦爻辭。」（潘雨廷《易學史發微》，復旦大學出版社，2001年版，第77～78頁）

〔註16〕 張玉春、張豔芳《論春秋時期卜史階層的易學特點》，《周易研究》2012年第3期。

的光源又來自天上，所以周史將「光」釋讀爲「天光」。此處周史以「光」比擬陳敬仲及其子孫的人生狀態，其謂「光，遠而自他有耀者也」，孔穎達《春秋左傳正義》：「易稱『觀國之光』，故解其『光』義，言光在此處，遠照於他物，從他物之上而有明耀者也。謂光能遠照，於他物有明，故下云『照之以天光』是也。」〔註17〕孔氏之解實非周史本意，光在彼處，即子孫之處，而非陳敬仲之處，故周史之意爲「能光耀陳敬仲門庭者是其後胤，而沾光者是敬仲等先人」。由此觀之，周史解說爻辭之文之時將物理與人事進行比擬，而推明人事的脈絡，並以之爲抓手鋪陳開來，此殆爲解筮文的一個範式。通篇觀之，此例是一篇規範而代表王朝說解水準的解筮文，其以《周易》文本爲核心，圍繞爻辭而展開細緻的解說，其中涉及卦象、變卦以及人事、物事等要素，充分發揮了周史的想像力與洞察力。從解筮文陳述的語調來看，周史用了「有國乎？」、「其在後乎？」、「若在異國」之「若」、「陳衰，此其昌乎？」，可見周史揆情度理，陳說頗爲謹愼，因而令此記載顯得眞實，我們認爲其有可信之處。

　　周史所造的這篇解筮文（此類短文先經口語言說，後經記載成文，是廣義上的解筮文，是本文研究的主要對象）其對陳國之人的認識有重要的影響，亦影響了其後卜陳敬仲的解卜文。《莊公・二十二年》載：「初，懿氏卜妻敬仲，其妻占之曰：「吉。是謂『鳳皇于飛，和鳴鏘鏘』。有嬀之後，將育于姜。五世其昌，並于正卿；八世之後，莫之與京。」〔註18〕懿氏是陳國大夫，其妻親自操演龜卜，又依龜卜之書所載「鳳皇于飛，和鳴鏘鏘」進行言說。顯然，懿氏夫婦亦獲知筮占陳敬仲的「國家機密」——周史所造之解筮文，其自作繇辭「有嬀之後，將育于姜」承自周史之「若在異國，必姜姓也，姜，大嶽之後也」，而懿氏妻所解敬仲後嗣之運數「五世」、「八世」想必是《左傳》作者事後所作的改易，將模糊性的時間改成了準確的時間。

　　從上文的論述可以看出，王朝的史官在春秋時期亦頻繁地活動於各諸侯國，並依靠其專業所長而爲諸侯國君卜筮，此側面地反映了王朝史官地位的下移〔註19〕，從而亦帶動了王官之學的下移。王官頻繁活動於四方亦是王朝

〔註17〕杜預注、孔穎達等正義《十三經注疏下・春秋左傳正義》，上海古籍出版社，1997年版，第1775頁。
〔註18〕杜預注、孔穎達等正義《十三經注疏下・春秋左傳正義》，第1775頁。
〔註19〕李申先生說：「在我國古代，至少從春秋時代起，占卜就和神學一起，開始衰落了。人們從通過占卜取得神意的指導開始轉向通過認識世界接受某種原則

典籍外流的一個重要原因，此直接推動了私學的興起與旺盛。王朝筮官或史官握有豐富的卜筮實例等文獻資源，職掌著最新、最權威、最正規的解說卜筮的成果，其對外交流，或因失業而四處奔波，靠卜筮爲生，等等，對促進《周易》的言說之風的產生與形成有直接而深遠的影響。

從懿氏之妻操演龜卜並據龜書而脫口而出繇辭可看出，除了專職的卜人外，非司其職者亦可以龜卜事，並自鑄繇辭，此說明龜卜典籍已經生成，並行於世，以至懿氏之妻亦可取而讀之，並應用自如。與龜書情況相同，春秋前期，筮典《周易》的經文本已經生成，並經史官或筮官的傳播而逐漸流佈於各諸侯國，與之一起傳行於世的是王朝史官或筮官的相對穩定的易說。王官制禮作樂，製撰典籍，本然地預設著道德期待，本然地隱伏著禮義可供解讀與言說的空間。《周易》在春秋時期，大行於各諸侯國，對《周易》的及言說之風及《易傳》的逐漸生成有直接的作用。吳前衡先生說：「在筮案中，所有與《周易》文本懸殊的案例，皆是因於占筮且關於占筮的，純屬占筮易的類型；唯有文出《周易》的筮案，除以《周易》爲筮典外，還以它爲思想和理論源泉，作獨立於占筮的解釋。因此，由占筮易向學術易的過渡，是通過《周易》實現的。」〔註20〕《周易》的卦爻辭蘊含著可供義理發揮與闡釋想像的資源和空間，即其可供言說的文本「留白性」讓讀《易》者、解筮者饒有興趣地加以意趣的闡發，由此形成了言說《周易》的解說文，即《易傳》。

第二節　《易傳》的生成背景

《易傳》是各家說《易》者之《易》說的層堆累積，既沉澱著王朝筮官以筮稽疑的經驗智慧，又記載著春秋戰國之時非專司卜筮的言《易》者的人生體認；既包含著先秦「形而上」的致思，又彰顯著關注當下的「形而下」之域。春秋時期的解筮文包舉著這些生動的內容，其建構起可供《易傳》取材的思想庫，並最終經儒者之手而得以匯總。黃克劍先生說：「在古代中國，形而上之思的醞釀至少可以追溯到所謂『《易》之興也，其當殷之末世、周之盛德』的時代，然而只是在春秋戰國之際，這向著形而上的致思才眞正達

（道）的指導。」（李申《發揮派與本義派——易學方法論兩派述評》，《哲學研究》1992年第1期）

〔註20〕吳前衡《春秋〈易〉文本》，《周易研究》1997年第1期。

於自覺。」﹝註21﹞春秋時期的解筮文亦逐漸地趨向這種「自覺」，而此種「自覺」實質上源自王官的禮義思想。占筮制度本然地與君臣的稽疑活動聯繫在一起，是國家政治生活的一個重要方面，治亂的價值判斷在於德義的敷布，林安梧先生稱「中國傳統政治觀念不是權力的統合而是禮之象徵的統合」﹝註22﹞，即王官集體所制設的禮制是一切禮樂文章製撰的思想指導，以禮為法的社會價值判斷是正統的王者之學。由王官占筮而生成的解筮文章，其禮制思想一以貫之，體現著對大至王族、小至百姓的人謀、鬼謀的價值圖象。《易傳》以《周易》解筮文為第一手取材資料，所以其亦流動著這種理論清泉。

　　解筮文本質上是一種指導國家、個體應對疑難的解決方案、行動指南。《周易》經文是生成於西周末季而大行於春秋時期的周代筮典。李申先生說：「《易》與《詩》《書》《禮》《春秋》不同。《詩》《書》《禮》的每一部分，僅是所論問題不同。《書》與《春秋》所述的事件，只有事件順序的差別，作為全書的組成部分，後面的與前面的都是平等的。《易》卻不同，《易傳》是對《易經》的發揮。《易經》中，辭是對卦、爻的解釋，而卦爻本來是無辭的。……《周易》本身，就是不斷發展、發揮的產物。因此，從八卦的創造開始，《周易》的每一位作者，都是發揮派。」﹝註23﹞從對經卦、別卦的解釋出發，李先生指明了卦爻辭、《易傳》等《周易》文本各大構件的生成機制，即一種解釋的言說結構，卦辭是對卦德和卦義的解說，爻辭是對卦爻的解說，《易傳》是對《三易》，尤其是對《周易》的「道」、「器」等的揭示。鄭吉雄先生說：「卦爻辭是整個《易》學世界的核心。《易傳》作者踏出了第一步，從核心觀念往外發揮出去，但又緊緊地向核心的意義靠攏。」﹝註24﹞進而言之，《易傳》儘管整體性、系統性不強，顯得零散，但其思想並無雜蕪，而是散而不亂。若分而論之，構成《易傳》的《文言》《彖傳》《象傳》《繫辭上》《繫辭下》《說卦》《序卦》《雜卦》卻各有其體系性與各自的旨趣。

﹝註21﹞黃克劍《先秦「形而上」之思探要》，《哲學研究》2015 年第 4 期。

﹝註22﹞林安梧《儒學與中國傳統社會之哲學省察──以「血源性縱貫軸」為核心的理解與詮釋》，臺北幼獅文化事業公司，1996 年版，第 75 頁。

﹝註23﹞李申《發揮派與本義派──易學方法論兩派述評》，《哲學研究》1992 年第 1 期。

﹝註24﹞鄭吉雄《從經典詮釋傳統論二十世紀〈易〉詮釋的分期與類型》，黃俊傑編《中國經典詮釋傳統（一）：通論編》，臺北：喜瑪拉雅基金會 2002 年版，第 115 頁。

從《文言》、《說卦》的題名來看，其題義有「言說」、「解說」之意。孔穎達《正義》：「《說卦》者，陳說八卦之德業、變化及法象所爲也。……孔子於此更備說重卦之由，及八卦所爲之象，故謂之『說卦』焉。」〔註25〕孔氏指出了《說卦》之文「陳說」的文本特徵，而「備說」則明確了《說卦》之文「詳解」的文本功能。顯然，《說卦》從文體角度而言，其是解說文〔註26〕。《說卦》的內容首先來源於專業的王朝筮官，並隨著王官之學的下移而得以在諸侯各國及各家私學間傳佈，並具備了被再度損益、言說的機會。我們認爲，作爲曾爲《易傳》的生成奉獻第一手資料的各級卜官、筮人、史官，其文化地位及歷史貢獻應當給予適當的關注。專事卜筮的人才隊伍是將《周易》經典化的第一推動力，在總結夏《易》、殷《易》等易說的基礎上，將《易》的歷史地位、文化品位及文本性質表而出之，並形諸文字、圖象等物化介質加以保存，最終或以文本形態外流於諸國各國，被私學所記載並廣爲傳播；或經由口傳而師徒秉承。

《說卦》儼然如一位論述客觀的筮官或史官之文，其第一章謂：「昔者聖人之作《易》也，幽贊於神明而生蓍，參天兩地而倚數，觀變於陰陽而立卦，發揮於剛柔而生爻，和順於道德而理於義，窮理盡性以至於命。」對於《易》起於何時何人，作者付之闕如，並未強爲之解，表明了其行文或言說的嚴謹。「昔者、聖人」指出了《三易》的成書淵源有自，並且皆爲聰明睿智之古人所製作，此闡明《三易》的歷史文化地位；「幽贊於神明而生蓍」是使蓍產生神性的儀式，「幽贊」即是告祭神明，使占筮之蓍草能通神意，此處之「贊」是「念誦頌辭讚美神靈」之義；「參天兩地而倚數」言扐策得數，可看出筮占中數的意義；「觀變於陰陽而立卦」，將所得之筮數轉寫爲陰陽符號，以推明天道；「發揮於剛柔而生爻」，地道以震動、聚集、散發而形成其質地的強硬或弱軟的相互轉化〔註27〕；「和順於道德而理於義」，指出人道協和天道、地

〔註25〕 王弼、韓康伯注、孔穎達等正義《十三經注疏上·周易正義·說卦》，上海古籍出版社，1997年版，第93頁。

〔註26〕 韓高年先生稱：「解說文是指春秋時期出現的解釋和說明異常社會現象、自然現象，以及說解《詩》、《書》、《禮》、《易》等經典的以『解釋』和『陳說』爲特徵的文體。」（韓高年《春秋卜、筮制度與解說文的生成》，《文學遺產》2013年第6期）其實，解說文的年代尚可以往前推，至少在西周時期，對《詩》、《書》、《禮》等經典已有比較規範的解說模式，此在《國語》有不少例子可爲明證。

〔註27〕 陳贇先生說：「天的存在方式是陰陽二氣之運化，而地之存在方式則是剛柔之

道的要則，即人性之仁義；「窮理盡性以至於命」，即窮極究盡天道、地道、人道的深妙之理，達致人之命途的壯美。準上，可以看出《說卦》作者熟諳《三易》筮占儀式、數、象、理、義，並難能可貴的是其提出了「理、性」與「命」的關係命題。孔穎達《正義》：「命者，人受稟受，有其定分，從生至終，有長短之極。」〔註 28〕以有限的生命欲「窮極萬物深妙之理，究盡生靈所稟之性」，即明曉三才之理、義。此僅僅是人類意欲探知物理、事義以及它們之間錯綜複雜的關係的理想。「命」最終成爲所有解說的主題。從這個主題發揮而出，《說卦》的主題乃是「說命」，由此構建了中國文化中的「生命」智慧的理論基調。學者早指出中國哲學強調生命哲學〔註 29〕，「生命哲學是重實踐之學，凡所有言說，都只是藉此言說以指引一行爲與修養，以期促成眞實的道德實踐，呈現眞實的人生境界」，由此，「安身立命」成爲中國生命哲學本質〔註 30〕。如何在有限的生命中窮理盡性地發揮人的生命價值，成爲生命進路的困惑與求索原動力。而玩味卦爻辭、以占筮稽疑成爲人們心靈與行動的一種參考。

　　筮官、史官具有較爲完善的知識結構，能精讀古今典籍〔註 31〕，熟諳三代禮制規章，格古通今，具有異於常人的觀察力、洞察力與判斷力。楚史倚相通曉《八索》。《八索》之書，孔安國《尚書序》云：「八卦之說，謂之《八索》，求其義也。」又云：「先君孔子，生於周末，睹史籍之煩文，懼覽之者不一……贊《易》道以黜《八索》。」〔註 32〕馬融說：「《八索》，八卦。」〔註 33〕綜合上說，《八索》是記載王官解說易之八卦的典籍。《說卦》亦是解釋八卦的文獻，其行文辭簡理卻博，無雜蕪繁縟之感，顯然是已經梳理、釐定之以易說。《八索》與《說卦》的關係，從文化承繼與延續的角度言之，八

　　　　質的變化。剛柔與陰陽的關係是質與氣的關係。」（陳贇《〈易傳〉對天地人三才之道的認識》，《周易研究》2015 年第 1 期）

〔註 28〕王弼、韓伯注、孔穎達等正義《十三經注疏上・周易正義》，上海古籍出版社，1997 年版，第 93 頁。

〔註 29〕可參王邦雄、岑溢成、楊祖漢、高柏園《中國哲學史・總論》，臺北：里仁書局，2005 年版；張麗珠《中國哲學史三十講》，臺北：里仁書局，2008 年版。

〔註 30〕張麗珠《中國哲學史三十講》，臺北：里仁書局，2008 年版，第 1～23 頁。

〔註 31〕《左傳・昭公十二年》載楚史倚相「能讀《三墳》、《五典》、《八索》、《九丘》」，是爲一證。

〔註 32〕孔安國注、孔穎達等正義《十三經注疏上・尚書正義》，第 頁。

〔註 33〕杜預注、孔穎達等正義《十三經注疏下・春秋左傳正義・昭公二十二年》，第 頁。

卦之說雖代有不同，但其基本的內容則相對穩定，所以《說卦》因革《八索》
而成文幾可成說。

《八索》是《三易》共同的理論基礎與闡釋模式，其爲《說卦》的形成
提供了理論準備，而春秋時期解筮文的發展與體式則爲《說卦》成文提供
了範例的借鑒與理論信心。解筮文包含著對卦義、卦爻辭、卦象、占筮結果
等的解說。上文所錄周史筮陳敬仲之事功是規範的王官解筮文典禮。隨著
王官之學的下移，《周易》經文筮典的大行於世，諸侯國之大夫亦能熟練地對
占筮結果進行解說，形成了另一種風格的解筮文。如閔公元年（前 661 年）
《傳》載：

> 初，畢萬筮仕於晉，遇《屯》䷂之《比》䷇。辛廖占之，曰：「吉。
> 《屯》固《比》入，吉孰大焉？其必蕃昌：震爲土，車從馬，足居
> 之，兄長之，母覆之，眾歸之，六體不易，合而能固，安而能殺，
> 公侯之卦也，公侯之子孫，必復其始。」〔註34〕

辛廖作爲晉國大夫，爲畢萬筮斷其在晉國的爲仕情況，並得出畢氏子孫將爲
公侯之判斷。此條筮例的眞實性，杜預《注》：「《傳》爲魏之子孫眾多張本。」
潘雨廷先生亦稱「《左傳》作者繼田齊又爲魏侯造『天命』，其能詳推史蹟可
取，以《周易》附會之則非」〔註35〕。其實，未必是《左傳》作者有意爲畢
氏之後造天命，《左傳》所載未爲失實。作爲晉國大夫的辛廖能親自爲畢萬解
說占筮的結果，並且不以畢氏在晉國將坐大而分晉爲竊國之賊，反以爲美事，
此說明了畢氏的實力，也說明了辛廖對畢氏實力的看好，因而加以結交。卜
偃作爲晉國之掌卜大夫亦看好畢氏〔註36〕證實了晉國民心的渙散、君臣的離
心、禮義秩序的崩壞。同時，亦可看出，晉國大夫辛廖、卜偃等人的審時度
勢、明於時政及把握歷史脈動的識力。在這個特殊的歷史時期，政治人物的
政治膽識、進取心、權勢、謀勢以及各方情況的較量等因素被考慮進來，成
爲解筮文核心的一部分，成爲解筮者事理、物理發揮的解說亮點。由此觀之，
則晉國大夫在晉國君看來「大逆無道」的解說在歷史公正的面前顯得「大道
至平」。這些大夫，深曉「皇天無親，惟德是輔；民心無常，惟惠之懷」之歷
史興衰成敗之理，懷有洞察先機之能力，其預測歷史走勢有一定的準確性以

〔註34〕杜預注、孔穎達等正義《十三經注疏下・春秋左傳正義》，第 1786 頁。
〔註35〕潘雨廷《易學史發微》，第 78 頁。
〔註36〕卜偃曰：「畢萬之後必大：萬，盈數也；魏，大名也。以是始賞，天啓之矣。
　　　　天子曰兆民，諸侯曰萬民，今名之大，以從盈數，其必有眾。」

及有事理上的科學性，並不能以一句「爲誰造天命」而簡單視之。對此，趙汝楳《易雅·占釋》云：

> 夫儒者命占之要，本於聖人，其法有五：曰身、曰位、曰時、曰事、曰占。求占之謂身，所居之謂位，所遇之謂時，命筮之謂事，兆吉凶之謂占。故善占者既得卦矣，必先察其人之素履，與居位之當否，遭時之險夷，又考所筮之邪正，以定占之吉凶。姑以衛孔成子所筮論之：孟縶與元皆嬖人婤姶之子，則身也；孟長元次，則位也；襄公死，社稷無主，則時也；筮享衛國，則事也；筮元得《屯》，筮孟得《屯》之《比》，則占也。夫繼體爲君，將主社稷，臨祭祀、奉民人、事鬼神、從會朝，而孟不良能行，成子雖不筮可也；疑而兩筮之，皆得「元亨」。倘史朝以「元」爲長，昧非人之義，而吉孟之占，是使跛躄爲君而著失其所以靈矣。孔成子筮立孟，得《屯》之《比》，史朝以卦辭爲占；畢萬筮仕，亦得《屯》之《比》，辛廖兼本卦、之卦兩象爲占。非卦同而占異也，立君與仕事之重輕已殊。孟縶、畢萬之身與位、時又殊，雖使百人、千人同得此卦，其占烏乎而可同？南蒯將叛，筮得《坤》：「黃裳，元吉」。子服惠伯以爲忠信之事則可，不然必敗。晉文筮有晉國，得《屯》之《豫》，史以爲不吉。司空季子以命筮之辭占之，曰：「吉孰大焉！」是知吉凶無常，占由人事，固有卦吉占凶、卦凶占吉，亦有同卦異占、異卦同占。非參稽五物，無以得蓍之情而窮其神也。是故業不精不筮，志不誠不筮，謀不正不筮，事不疑不筮，喜不筮，怒不筮，瀆不筮，不時不筮。離此八者而後筮，可言也；不然，神亦不告〔註37〕。

趙氏認爲可以占筮有五個體要之事項，即：被筮者的身份及位勢、被筮者所處時勢、筮占之事勢、卦體吉凶之局勢。此前四個事項決定著第五個事項「吉凶局勢」的判定。《說卦》云：「八卦相錯，數往者順，知來者逆，是故《易》逆數也。」意即八卦之占順著已知之事及事物變化發展之理，探知未來之事。誠如成中英先生所言「《易經》的占筮顯然已不是簡單的自發的、單純經驗性的占卜，在其中已經確立起一套占筮的原理和學問」〔註38〕，《說卦》

〔註37〕趙汝楳《文津閣四庫全書（第5冊）·易雅》，商務印書館，2005年版，第586頁。
〔註38〕成中英《易學本體論》，北京大學出版社，2006年版，第218頁。

所載的筮占程序、原理及知識體系實非民間筮占之書可比肩。再觀趙氏之言，占筮「五要」實質上亦是解筮之「五要」，它對解筮者提出了審時度勢、因人而異、因事異解、不唯卦體斷吉凶等解說要求。占筮與人事趨向的關係，據傳世文獻記載，早在舜、禹之時已有明確的認識。《尚書‧大禹謨》載：

> 禹曰：「枚卜功臣，惟吉之從。」帝曰：「禹，官占，惟先蔽志，
> 昆命于元龜。朕志先定，詢、謀僉同，鬼神其依，龜筮協從，卜不
> 習吉。」禹拜稽首固辭，帝曰：「毋，惟汝諧。」〔註39〕

禹之意以筮、卜吉凶斷定臣之官職、功勞；舜以爲不然，占斷官員的任命是先斷定其心志，然後方可以大龜或筮占卜。卜、筮之前，對人事、物事有大致的主見，再通過諮詢眾人意見及謀略，然後向鬼神啓動卜、筮儀式，最後以龜、筮結果協助對人事、物事的解決。若《大禹謨》所載可信，箕子所言之「稽疑」乃承接自舜、禹之卜筮機制。至周成王之時，稽疑機制的運行實質亦同於此。《尚書‧大誥》載：

> 寧王遺我大寶龜，紹天明即命。……今蠢，今翼日，民獻有十
> 夫，予翼以于敉寧武圖功。我有大事休，朕卜並吉。……越予小子，
> 考翼不可征，王害不違卜。……天休于寧王，興我小邦周，寧王惟
> 卜用，克綏受茲命。今天其相民，矧亦惟卜用。……爽邦由哲，亦
> 惟十人，迪知上帝命。……天亦惟休于前寧人，予曷其極卜，敢弗
> 于從？率寧人有指疆土，矧今卜並吉。肆朕誕以爾東征，天命不僭，
> 卜陳惟若茲。〔註40〕

此引文雖無涉筮占，但筮占、龜卜的解說原理同質。在《大誥》裏，周成王多次強調天命在周、得道多助、卜得吉兆等等，儼然如一篇解卜之文。可見，卜筮結果的解說在官方之學歷來有一套頗有程序、運行原則及解說原理。

重審辛廖筮畢萬仕事之例，其解說文的製撰，實質上亦遵行了舜、趙汝楳等人所言占筮原理：被筮者畢萬爲畢公高之後，是公侯之子孫，具有一定的聲勢，此是畢萬的身份；畢萬爲長子，受母之寵愛，此爲位勢；畢萬處於晉獻公若開疆拓土之時，此爲時勢；畢萬御眾有方，甚得眾心，此爲事勢；所得之卦，《比》合《屯》固，坤安震殺，有公侯之卦象，此爲吉兆。可以看到，爲了證明己說的可靠性，辛廖利用所筮得之卦的卦象敷衍成說，而並未

〔註39〕孔安國傳、孔穎達等正義《十三經注疏上‧尚書正義》，第136頁。
〔註40〕《十三經注疏上‧尚書正義》，第198～200頁。

用《周易》本卦變爻之辭爲占。此又是一類不同於前文所述周史的解說文。清儒王宏撰云：「此占未嘗不取之卦，且不特論一爻，兼取貞、悔卦體，可見古人占法之不拘也。」〔註41〕辛廖解筮路數與周史異轍，其主要的特徵是綜合觀察「對卦」（即占筮時所得的兩個別卦）卦象的變化情況，並代入人事、物事以串聯之，最後推斷出占筮結果。

從周史官、辛廖的解說文來看，可以獲知早在公元前 672 年，《說卦》中基本的取象內容，如「坤，土也；巽，風也；乾，天也。風爲天於土上（艮），山也。……庭實旅百，奉之以玉帛（艮爲門闕，乾爲玉、爲金，坤爲布）」及「足居之（震爲足），兄長之（震爲長男），母覆之（坤爲母），眾歸之（坤爲眾）」已經成文並大行於世。此說明了《說卦》內容成形之早。同時可以看到，辛廖所言「車從馬（震爲車，坤爲馬）」未見於《說卦》之文，清儒毛奇齡云：

> 震爲車，《說卦》與諸家無考。惟《國語》司空季子占公子重耳之筮，云：「震，車也。」則有據矣。況後秦伯伐晉，《傳》又稱「震爲侯車」，此無可疑者。若坤爲馬，則《正義》以卦辭「利牝馬之貞」爲證，惟《比》合《屯》固，《坤》安，《震》殺，則全無所出，或謂子太叔對趙簡子有爲刑威獄，使民畏忌，以類其「震曜殺戮」一語，即是震殺，則「震曜殺戮」四字連列，非相承作解，何足爲據？〔註42〕

「震爲車，坤爲馬」實質上與《說卦》內容相異。《說卦》云：「坤爲大輿。」孔穎達等《正義》：「爲大輿，取其能載萬物也。」〔註43〕《說卦》又云：「乾爲馬，坤爲牛。」《正義》：「乾象，天行健，故爲馬也；坤爲牛，坤象地，任重而順，故爲牛也。」〔註44〕毛氏所引兩例，加上辛廖一例，爲三例，證實了「震爲車」亦已爲成說行於諸國。「坤爲馬」，孔穎達《正義》稱「《坤・象》云：『利牝馬之貞。』是坤爲馬也」〔註45〕。尋《坤》卦辭之義，如王弼所言

〔註41〕 〔清〕王宏撰《周易筮述》卷七，《景印文淵閣四庫全書》經部第 41 冊，臺灣商務印書館，1986 年版，第 121～122 頁。

〔註42〕 〔清〕毛奇齡《春秋占筮書》，《四庫提要著錄叢書》經部第 44 冊，北京出版社，2011 年版，第 243 頁。

〔註43〕 《周易正義》，第 95 頁。

〔註44〕 《周易正義》，第 94 頁。

〔註45〕 《春秋左傳》，第 1786 頁。

「坤貞之所以利於牝馬也。馬，在下而行者也；又牝焉，順之至也」〔註46〕，卦辭所釋是圍繞卦德而言，而非取義於卦所代表畜獸之象。故以卦辭「利牝馬之貞」證「坤爲馬」合《周易》取象之義，實屬牽強。但辛廖之說又實有之，此反映出王官的取象與諸侯各國的取象的差異。《說卦》的最後編定未將晉國取象內容包含進去，說明《說卦》內容的相對穩定性及王官之學的權威性。顯然，除了周王朝筮官階層的取象、解說模式，各諸侯國亦有自己的取象立卦、解說範式。辛廖作爲晉國大夫，能推測畢萬爲仕情況，證明了其敏銳的歷史感知能力及解說所筮之卦的識力，並且其所用的解筮知識體系當爲畢萬所瞭解，這又側面地暗示了晉國取象立卦之法頗有影響力。此還可以推導出《說卦》的最後編定並不在晉國，而最有可能者是保存周代禮制典籍的魯國，其《易象》一書可爲其一個旁證。韓宣子所觀者，必定是晉國罕見或未有之典籍，故其觀《易象》後大爲讚歎。而將《易象》與周禮聯繫到一起，隱示著《易象》並不僅僅是圖解卦象，亦有關乎禮制的理、義等的陳說與解釋，甚而有著著名的筮例列舉。韓宣子所觀者，必定是與其在晉國所觀之《易》說之書不同。此亦有文獻可爲證。《晉書·束晳傳》載：

> 初，太康二年，汲郡人不準盜發魏襄王墓，或言安釐王冢，得竹書數十車。其《紀年》十三篇，記夏以來至周幽王爲犬戎所滅，以事接之，三家分，仍述魏事至安釐王之二十年。蓋魏國之史書，大略與《春秋》皆多相應，其中經傳大異，則云夏年多殷，益干啓位，啓殺之；太甲殺伊尹；文丁殺季歷；自周受命，至穆王百年，非穆王壽百歲也；幽王既亡，有共伯和者攝行天子事，非二相共和也。其《易經》二篇，與《周易》上下經同。《易繇陰陽卦》二篇，與《周易》略同，《繇辭》則異。《卦下易經》一篇，似《說卦》而異。《公孫段》二篇，公孫段與邵陟論《易》，《國語》三篇言楚晉事。《名》三篇，似《禮記》，又似《爾雅》《論語》。《師春》一篇，書《左傳》諸卜筮，「師春」似是造書者姓名也〔註47〕。

由此觀之，魏國所錄基本典籍的內容與王官之學大致多相印證，然而其解說之書《傳》部分卻有大相逕庭者，即與正統的歷史觀點、觀念等存有歧異，此證明了魏國所固有的文化特質。其《易經》經文部分有《周易》上下經文

〔註46〕《周易正義》，第 17 頁。

〔註47〕〔唐〕房玄齡等《晉書》，中華書局，1974 年版，第 1432～1433 頁。

相同，但其解說占筮程序及卦象之書《卦下易經》卻與今本《說卦》不同，可推知魏襄王時，有似《說卦》的一個文本行世。亦可略徵《周易》各個文本構件的地域性特徵。聯繫到辛廖爲畢萬筮仕之例，早在公元前 661 年前，晉國大夫說象與代表王官之學的《說卦》已顯異趣。此外，從汲冢書所載《易》書情況來看，可推知如下信息：約在公元前三世紀至四世紀左右，魏國存在至少兩種體系的易占體系與解說體系；公孫段與邵陟探討《易》，形成了說易之書《公孫段》，此說明《易》已是可脫離筮占而直接言說的經典；汲冢書保存了說易家三人之名，即公孫段、邵陟、師春，是他們易說影響力的體現；《左傳》所載卜筮之例至遲到戰國晚期時已經成爲筮占解說文的經典，而被習《易》者所獨自抄出以便於研習、仿寫等等。

第三節 儒家與《十翼》的關係

解說與《易》相關的文本之文籍由來已久，《八索》是其中傳名於世的一種。《尚書序》云：「《八卦》之說，謂之《八索》，求其義也〔註48〕。……孔子贊《易》道，以黜《八索》。」〔註49〕此言孔子讚述《易》之微言大義。又依《論語・述而》：「述而不作，信而好古，竊比於我老彭。」〔註50〕即孔子因《八索》之文古奧難懂，故闡而釋之，使其大意得以申明。孔子祖述老彭，蓋老彭亦爲述而不作之先達或時賢，孔子法之，以解說古籍爲業。再據《論語・述而》：「子曰：『加我數年，五十以學《易》，可以無大過矣。』」〔註51〕孔子五十歲時，其年是公元前 502 年，「加我數年」，即在孔子五十歲之前，有論者將此言的年份定在孔子四十七歲時〔註52〕。如若準此論，即在孔子五十歲之前，尚未將闡明《易》道作爲主修之業。而晚年之孔子喜《易》，《史記・孔子世家》載：

〔註48〕〔漢〕孔安國傳，〔唐〕孔穎達疏《尚書正義》卷一，阮元《十三經注疏1》，藝文印書館，2013 年版，第 7 頁下。

〔註49〕〔漢〕孔安國傳，〔唐〕孔穎達疏《尚書正義》卷一，阮元《十三經注疏1》，藝文印書館，2013 年版，第 8 頁上。

〔註50〕〔魏〕何晏等注，〔宋〕邢昺疏《論語注疏》卷七，阮元《十三經注疏8》，藝文印書館，2013 年版，第 60 頁上。

〔註51〕〔魏〕何晏等注，〔宋〕邢昺疏《論語注疏》卷七，阮元《十三經注疏8》，藝文印書館，2013 年版，第 62 頁下。

〔註52〕〔元〕程復心《周孔子論語年譜》，王雲五《新編中國名人年譜集成（第二輯）》，臺灣商務印書館，1978 年版，第 18 頁。

孔子晚而喜《易》，序《彖》《繫》《象》《說卦》《文言》。讀《易》，
韋編三絕。曰：「假我數年，若是，我於《易》則彬彬矣。」〔註53〕

準此，則孔子多次研習《周易》，以致使連綴簡書的編繩多次斷裂，可見孔子晚年治《易》之勞心勤力。因古書《八索》文句古奧，世人難探其妙，所以孔子起而贊明《周易》之微旨，其將行於世的一些《易》說，按照一定的理路排纂成篇，用以授徒教學。孔子卒後，孔子之徒如商瞿者將孔子論《易》之說，增入孔子所編修的《易》說之中〔註54〕。所以從一定程度上來說，《彖》《繫》《象》《說卦》《文言》與孔子、孔子後學有著不可輕易否定的關係。只不過《十翼》有多少內容為孔子授徒所傳，則需作具體的分析。

一、儒家與《文言》

先秦文獻的傳播有著特殊的方式，私學、官學之文獻各行其是，其傳播的方式大多數以單篇的形式行於世，且口耳相傳的情況較多。所以將所教所學之文本熟記於心，時常誦讀，甚而至倒背如流之境，是學人最基本的素質與學業要求。孔子好古，尤好禮制之文籍，所以適杞、適宋，以搜求杞、宋所存之墳籍。然其時簡書朽折散絕，為稀缺資源，孔子之地位又並不高，難入各國文獻之府庫，故所得寥寥。加之孔子前半生專力於干政，搜求零章散句僅是其興趣所之，並非其主業。然仕途坎坷，諸國難用孔子。孔子去魯十四年，四處碰壁，自衛返魯之後，干政熱情消退，遂以聚徒講授為業，修書立說。孔子靜心研習《周易》，諒在於此時。

孔子習《易》的時代，魯國言說《周易》之風漸漸興起。魯國所保藏之《易象》，孔子亦當有所見。《易象》所具有的周禮內容，表明了其以筮載道的文本性質。假借卦體之象，層次分明地展開言說，是《周易》的文本結構形式；以筮時之情境，結合所得之卦，以決其疑，是《周易》文本功能。借筮而發揮己意，是春秋時期人們用《易》的一種方式，其與人們用《詩》的斷章取義形式類似，只不過前者要通過一系列程序而得卦，得卦而敷衍其卦義，顯得耗時繁瑣，且《周易》乃用於稽疑的場合，而不適應外交場景。因

〔註53〕〔漢〕司馬遷撰、〔宋〕裴駰集解、〔唐〕司馬貞索隱、〔唐〕張守節正義《史記》第六冊卷四十七，中華書局，2013年版，第2334頁。

〔註54〕《史記‧仲尼弟子列傳》載：「商瞿，魯人，字子木。少孔子二十九歲。孔子傳《易》於瞿。」（〔漢〕司馬遷撰、〔宋〕裴駰集解、〔唐〕司馬貞索隱、〔唐〕張守節正義《史記》第七冊卷六十七，中華書局，2013年版，第2672頁）

用《易》有一定的程序和場合，研玩《周易》之卦畫、卦辭和爻辭，亦需要平靜的心境。孔子流連於仕途之際，難以靜心潛研《周易》。雖其習《易》之心，自謂「加我數年，五十以學《易》」，此是孔子自表習《易》計劃，也是一種自謙的說法，其所謂的「學《易》」是系統地研習《周易》。所以，以筮言說環境的形成，以及孔子仕途的失意，是孔子潛心於習《易》的兩個主因。《易》爲勸誡之書，承載著豐富的人生智慧與處世經驗，昭示人們如何安身立命。所以孔子以爲習《易》可規避大的過錯，而不致於誤入歧途。

孔子習《易》當以《乾》《坤》始，因其之宋，所得亦爲《乾》《坤》兩卦，此可能與此兩卦之文在社會上流佈較廣有關。《漢書·五行志》云：「周道敝，孔子述《春秋》，則《乾》《坤》之陰陽，效《洪範》之咎徵，天人之道粲然著矣。」〔註55〕可見，《乾》《坤》兩卦對孔子修書立說的影響。而《易傳》文本中，對《乾》《坤》之文詳加闡釋主要是《文言》。《文言》有「子曰」之文六處：

1. 《初九》曰：「潛龍勿用。」何謂也？子曰：「龍德而隱者也。不易乎世，不成乎名，遯世无悶；不見是而无悶，樂則行之，憂則違之。確乎其不可拔，潛龍也。」

2. 《九二》曰：「見龍在田，利見大人。」何謂也？子曰：「龍德而正中者也。庸言之信，庸行之謹，閑邪存其誠，善世而不伐，德博而化。《易》曰：見龍在田，利見大人。君德也。」

3. 《九三》曰：「君子終日乾乾，夕惕若厲，无咎。」何謂也？子曰：「君子進德修業：忠信，所以進德也；修辭立其誠，所以居業也。知至至之，可與幾也；知終終之，可與存義也。是故居上位而不驕，在下位而不憂。故乾乾因其時而惕，雖危无咎矣。」

4. 《九四》曰：「或躍在淵，无咎。」何謂也？子曰：「上下无常，非爲邪也；進退无恒，非離群也。君子進德修業，欲及時也。故无咎。」

5. 《九五》曰：「飛龍在天，利見大人。」何謂也？子曰：「同聲相應，同氣相求：水流濕，火就燥，雲從龍，風從虎，聖人作而萬物覩。本乎天者親上，本乎地者親下，則各從其類也。」

〔註55〕〔漢〕班固撰，〔唐〕顏師古注《漢書》卷二十七上，中華書局，1962年版，第1316頁。

6.《上九》曰：「亢龍有悔。」何謂也？子曰：「貴而无位，高而无民。賢人在下位而无輔，是以動而有悔也。

六例「子曰」有相同的句式，皆爲「某爻曰……何謂也？子曰……」，從此齊整化的句式來看，其出於一人之手所記錄。諸句從「位、時、類」的視角詮釋了《乾》六爻之意蘊。如第一個「子曰」以「位、時」釋爻辭，讚述潛隱之龍所具有的品格，「子」將之人格化，以「遯世无悶」、「不可拔」概之。顯然，此混合著一種複雜的情感體認：作爲曾專心留意仕途的孔子，即使參政熱情消退，亦難以遯世无悶，超然物外。孔子曾盛讚在仕途上進退有度的蘧伯玉，《論語·衛靈公》載：「子曰：……君子哉蘧伯玉：邦有道，則仕；邦無道，則可卷而懷之。」〔註56〕孔子則銳意於推行己道，「邦無道，則去之」，苦尋能眞正用己之明君，干七十餘君而終不可見用。其內心有過彷徨與苦悶，自謂「君子道者三，我無能焉：仁者不憂，知者不惑，勇者不懼」（《論語·憲問》）〔註57〕。徘徊迷惑之際，又曾兩度差點誤入歧途。《史記·孔子世家》載：

是時孔子年五十。公山不狃以費畔季氏，使人召孔子。孔子循道彌久，溫溫無所試，莫能己用，曰：「蓋周文武起豐鎬而王，今費雖小，儻庶幾乎！」欲往。子路不說，止孔子。孔子曰：「夫召我者豈徒哉？如用我，其爲東周乎！」然亦卒不行〔註58〕。

佛肸爲中牟宰，趙簡子攻范、中行，伐中牟。佛肸畔，使人召孔子。孔子欲往。子路曰：「由聞諸夫子，『其身親爲不善者，君子不入也』。今佛肸親以中牟畔，子欲往，如之何？」孔子曰：「有是言也。不曰堅乎，磨而不磷；不曰白乎，涅而不淄。我豈匏瓜也哉，焉能繫而不食？」〔註59〕

此兩事表明了孔子內心的彷徨與迷惘，其既是遵循正道而行卻無所用的精神苦悶，又是以賢相自居、自信能使執政者改邪歸正、遵行己道的孔子，強烈

〔註56〕〔魏〕何晏等注，〔宋〕邢昺疏《論語注疏》卷十五，阮元《十三經注疏8》，藝文印書館，2013年版，第138頁上。

〔註57〕〔魏〕何晏等注，〔宋〕邢昺疏《論語注疏》卷十四，阮元《十三經注疏8》，藝文印書館，2013年版，第128頁下。

〔註58〕〔漢〕司馬遷撰、〔宋〕裴駰集解、〔唐〕司馬貞索隱、〔唐〕張守節正義《史記》第六冊卷四十七，中華書局，2013年版，第2308頁。

〔註59〕〔漢〕司馬遷撰、〔宋〕裴駰集解、〔唐〕司馬貞索隱、〔唐〕張守節正義《史記》第六冊卷四十七，中華書局，2013年版，第2319頁。

渴望找到一個施行政治理想的平臺的內心表現。所以孔子出現了言行不一的情況，而孔子所崇尚者乃是言行的一致，如《論語・里仁》載：「子曰：『古者言之不出，恥躬之不逮也。』〔註60〕仕途的失意，干政理想的破滅，使孔子的思想發生了較大的變化，其生活的重心亦由干政過渡至讚述王官所修成之經典。《論語・憲問》載：

> 原壤夷俟。子曰：「幼而不孫弟，長而無述焉，老而不死，是爲賊。」以杖叩其脛〔註61〕。

孔子之意，人至壯年當稱述聖賢之道，可見孔子推尚贊明典籍的行爲，故因原壤壯而不事著述而譏諷之。晚年的孔子尚懷政治理想，又欲將傳道的希望寄託於徒弟，所以廣收門徒，心存有教無類的教育觀念。所以，廣收門人，修書立傳，成爲晚年的孔子主要的活動。其一生最大的功業亦主要集中於此。周遊列國的經歷，加之尚古、好學、勤思，孔子學識淵博，此自不待言。此時的孔子思想漸歸平靜，從《乾・初九》「潛龍勿用」體味出「遯世无悶」以及人的堅韌不拔之於人自身的重要意義。此符合晚年讀《易》的心境，即意欲尋求一種使內心歸於平衡的途徑，在爲經典之書立傳的過程中，重建生命的價值，以延續其文化上的自信乃至自負〔註62〕，成爲孔子晚年聊以告慰自己的重要方式。《文言》的一部分內容正是在此環境下，被孔子所稱引，如《乾》解釋「元亨利貞」的部分，其屬於社會上流傳已久的《易》說，在魯襄公九年，即公元前 564 年，其已在魯國貴族間廣被稱引，夫人如穆姜者亦能嫻熟地援引之而明己過。而與魯國《易》說關係最爲密切的是史官所司之書《易象》，大率《易象》載有此類《易》說，故穆姜能取而用之。此類《易》說使《易象》彰顯出禮義之光芒，所以韓宣子以之爲周禮。

　　《文言》中解釋「元亨利貞」的部分，雖非孔子所親作，但經其稱引並被孔門所記載，當爲可信。此可與穆姜之說相爲印證。所以孔子對《文言》生成的貢獻不可否認。

〔註60〕〔魏〕何晏等注，〔宋〕邢昺疏《論語注疏》卷四，阮元《十三經注疏8》，藝文印書館，2013 年版，第 38 頁上。

〔註61〕〔魏〕何晏等注，〔宋〕邢昺疏《論語注疏》卷十四，阮元《十三經注疏8》，藝文印書館，2013 年版，第 131 頁下。

〔註62〕《論語・子罕》載：「子畏於匡，曰：『文王既沒，文不在茲乎？天之將喪斯文也，後死者不得與於斯文也；天之未喪斯文也，匡人其如予何？』」〔魏〕何晏等注，〔宋〕邢昺疏《論語注疏》卷九，阮元《十三經注疏8》，藝文印書館，2013 年版，第 77 頁下）

　　《文言》除了可能來自《易象》之外，「子曰」的部分當承自孔子。雖未必是孔子《易》說的實錄，其內容有弟子的損益，又在流傳之中有所異化，但其源在孔子，諒不失眞。《乾‧文言》「子曰」部分以卦體所展示的「位、時、勢」等爲視角，依文而解經，構成了義理《易》學的重要內容。雖然其未必與經文之本意脗合，但卻是一種重要的讀《易》方式。它的出現，是因言說《周易》之風的漸漸興起。脫離了占筮的環境而玩味《周易》之卦辭、爻辭，甚至將行於世的論《易》之言加以搜集、研習並稱引而申明己意，成爲儒習《易》的一種常態。其直接將《周易》與禮制之書聯繫到一起，發揮六爻之意，弟子各記所得，並在孔子卒後，整理成篇，或以之授徒，或以之教於國君。又在流傳之中，弟子各有所增益其文、其義，所以對同一條爻辭之義，見解亦不盡相同。馬王堆帛書《二三子問》所載孔子之言可爲印證，其云：

　　　　孔子曰：「潛龍亦而不陽，時至矣而不出，可謂潛矣。大人安佚而不朝，苟厭在廷，亦猷龍之潛也。其行滅而不可用也，故曰：『潛龍勿用。』」〔註63〕

《二三子》所載孔子論「潛龍勿用」之言與《文言》之文相較，《文言》之意更爲通暢明快。細讀《二三子》之語，「其行滅而不可用也」有郢書燕說之嫌，「勿用」不宜解爲「不可用也」，而是「切莫用事」之意，是「潛龍」之行爲，而不是欲用「潛龍」者之行爲。再者，「時至矣而不出」並不脗合《乾》卦之語境，時至則當出，而不是「不出」。也即「潛龍」之所以隱其身，是因時機不適其出。所以此解與《文言》有牴牾之處。此意味著即使是師徒稟遞，因天資、領悟能力以及體認之不同，記錄同一個人之言語，亦存在不同的版本。《文言》中無標以「子曰」的部分證明了此點。而這些續接在「子曰」之後的文辭當是孔門後學所學所感，而加以續寫之言，其有：

　　1. 潛龍勿用，下也；見龍在田，時舍也；終日乾乾，行事也；或躍在淵，自試也；飛龍在天，上治也；亢龍有悔，窮之災也。乾元用九，天下治也。

　　2. 潛龍勿用，陽氣潛藏；見龍在田，天下文明；終日乾乾，與時偕行；或躍在淵，乾道乃革；飛龍在天，乃位乎天德；亢龍有悔，

〔註63〕張政烺《論易叢稿‧馬王堆帛書〈周易〉經傳校讀‧二三子問》，中華書局，2012 年版，第 149～150 頁。

與時偕極；乾元用九，乃見天則。

3. 《乾》元者，始而亨者也；利貞者，性情也。《乾》始能以美利利
天下，不言所利，大矣哉。大哉乾乎！剛健中正，純粹精也。六
爻發揮，旁通情也。時乘六龍，以御天也；雲行雨施，天下平也。
君子以成德爲行，日可見之行也。潛之爲言也，隱而未見，行而
未成，是以君子弗用也。君子學以聚之，問以辯之，寬以居之，
仁以行之。「《易》曰：見龍在田，利見大人。君德也。」九三重
剛而不中，上不在天，下不在田，故乾乾因其時而惕，雖危无咎
矣。九四重剛而不中，上不在天，下不在田，中不在人，故或之。
或之者，疑之也，故无咎。夫大人者，與天地合其德，與日月合
其明，與四時合其序，與鬼神合其吉凶。先天而天弗違，後天而
奉天時。天且弗違，而況於人乎？況於歸神乎？亢之爲言也，知
進而不知退，知存而不知亡，知得而不知喪，其唯聖人乎？知進
退存亡而不失其正者，其唯聖人乎？

值得注意的是，2 是對 1 的進一步解釋，如 1 言「潛龍勿用，下也」，「下」者
何意？2 釋之爲「陽氣潛藏」，即陽氣潛藏在下面；又如 1 言「終日乾乾，行
事也」，如何「行事」？2 解之爲「與時偕行」，意爲行事宜應時而動，等等。
由此觀之，2 即是對 1 之解說；2 可能是七十子之弟子之言，即七十子後學之
《易》說。

　　3 則從新的角度解讀「《乾》元亨利貞」之語，將之句讀爲「《乾》元，亨；
利貞」，「元」「利」皆被解讀爲名詞，「亨」「貞」皆被解爲表狀態之形容詞。
此與《文言》端首之語將「元亨利貞」解爲《乾》之四德異轍。此表明了解
說者自行創說的意識。值得留意的是，3 還將「子曰」部分的「《易》曰：見
龍在田，利見大人。君德也」引爲己用，是《易》說在儒家內部師徒之代際
之間「層疊累積」的一個顯證。又再研味 3 與 2 之言說，3 較 2 更爲《乾》爻
辭之詳解，其發揮了「潛」「乾乾」「或」「大人」「亢」等之大義，所解與「子
曰」又有所異。如「潛龍勿用」，「子曰」側重於時不利己，遁世无悶，流露
著一種個人的情感，符合孔子干政失意的心境；3 則更忠實於爻辭的本意，其
云「君子以成德爲行，日可見之行也。潛之爲言也，隱而未見，行而未成，
是以君子弗用也」，意即當君子之德行未能成就其事業之時，應韜光養晦，不
宜用事。此與周文王所處境況及其心志脗合。3 又可能是在 2 之說的基礎之上

的闡釋，符合「君子學以聚之，問以辯之」的闡釋方法。

綜上所述，《文言》中《乾》之首語大率來自《易象》，其「子曰」部分源自孔子對《易》之體認，「子曰」之續文，即未表明「子曰」的部分爲孔門後學代際之間的解說，有愈論愈明之勢，呈現出孔門《易》說的嬗變軌跡。

二、儒家與《繫辭》

《繫辭》具有較爲繁富的內容，是對《易》之書性質、卦畫意義、繫辭意義、卦之判語、筮法、爻辭解說等方面皆有所涉的《易》說。其中的「子曰」部分當與孔門有著不可分割的關係。《繫辭上》載有「子曰」的內容有：

1. 子曰：「《易》其至矣乎？夫《易》，聖人所以崇德而廣業也。」

2. 「鳴鶴在陰，其子和之。我有好爵，吾與爾靡之。」子曰：「君子居其室，出其言善，則千里之外應之，況其邇者乎？居其室，出其言不善，則千里之外違之，況其邇者乎？言出乎身，加乎民；行發乎邇，見乎遠。言行，君子之樞機。樞機之發，榮辱之主也。言行，君子之所以動天地也，可不愼乎？」

3. 「同人先號咷而後笑。」子曰：「君子之道，或出或處，或默或語，二人同心，其利斷金。同心之言，其臭如蘭。」

4. 初六：「藉用白茅，無咎。」子曰：「苟錯諸地而可矣。藉之用茅，何咎之有？愼之至也。夫茅之爲物薄，而用可重也。愼斯術也，以往，其無所失矣。」

5. 「勞謙。君子有終，吉。」子曰：「勞而不伐，有功而不德，厚之至也。語以其功下人者也。德言盛，禮言恭。謙也者，致恭以存其位者也。」

6. 「亢龍有悔。」子曰：「貴而無位，高而無民。賢人在下位而無輔，是以動而有悔也。」

7. 「不出戶庭，無咎。」子曰：「亂之所生也，則言語以爲階。君不密，則失臣；臣不密，則失身；幾事不密，則害成。是以君子愼密而不出也。」

8. 子曰：「作《易》者，其知盜乎？《易》曰：『負且乘，致寇至。』負也者，小人之事也；乘也者，君子之器也。小人而乘君子之

器，盜思奪之矣；上慢下暴，盜思伐之矣；慢藏誨盜，冶容誨淫。《易》曰：『負且乘，致寇至。』盜之招也。」

9. 子曰：「知變化之道者，其知神之所爲乎？《易》有聖人之道四焉：以言者尚其辭，以動者尚其變，以制器者尚其象，以卜筮者尚其占。」〔註64〕

10. 子曰：「夫《易》何爲者也？夫《易》開物成務，冒天下之道如斯而已者也。」

11. 《易》曰：「自天祐之，吉，无不利。」子曰：「祐者，助也。天之所助者，順也；人之所助者，信也。履信思乎順，又以尚賢也，是以『自天祐之，吉，无不利』也。」

12. 子曰：「書不盡言，言不盡意。然則聖人之意，其不可見乎？」子曰：「聖人立象以盡意，設卦以盡情僞，繫辭焉以盡其言，變而通之以盡利，鼓之舞之以盡神。《乾》《坤》，其《易》之縕邪？《乾》《坤》成列，而《易》立乎其中矣。《乾》《坤》毀，則无以見《易》，《易》不可見，則乾坤或幾乎息矣。是故形而上者謂之道，形而下者謂之器。化而裁之謂之變，推而行之謂之通。舉而錯之天下之民，謂之事業。是故，夫象，『聖人有以見天下之賾，而擬諸其形容，象其物宜，是故謂之象。聖人有以見天下之動，而觀其會通，以行其典禮。繫辭焉，以斷其吉凶，是故謂之爻〔註65〕。』極天下之賾者，存乎卦；鼓天下之動者，存乎辭。化而裁之，存乎變；推而行之，存乎通；神而明之，存乎其人；默而成之，不言而信，存乎德行。」

13. 《易》曰：「憧憧往來，朋從爾思。」子曰：「天下何思何慮？天下同歸而殊塗，一致而百慮，天下何思何慮？

14. 《易》曰：「困于石，據于蒺藜，入于其宮，不見其妻，凶。」子曰：「非所困而困焉，名必辱；非所據而據焉，身必危。既辱且危，死期將至，妻其可得見邪？」

15. 《易》曰：「公用射隼于高墉之上，獲之，无不利。」子曰：「隼

〔註64〕由後文之「子曰『易有聖人之道四焉』，此之謂也」，知此亦應是孔子之言。後文乃儒家後學闡釋「子曰」之言的部分。

〔註65〕此爲孔子對《繫辭上》所引用之言的解釋。

者，禽也；弓矢者，器也；射之者，人也。君子藏器於身，待時而動，何不利之有？動而不括，是以出而有獲，語成器而動者也。」

16. 子曰：「小人不恥不仁，不畏不義；不見利不勸，不威不懲，小懲而大誡，此小人之福也。《易》曰：『屨校滅趾，无咎。』此之謂也。善不積不足以成名，惡不積不足以滅身，小人以小善爲无益而弗爲也，以小惡爲无傷而弗去也，故惡積而不可揜，罪大而不可解。《易》曰：『何校滅耳，凶。』」

17. 子曰：「危者，安其位者也；亡者，保其存者也；亂者，有其治者也。是故君子安而不忘危，存而不忘亡，治而不忘亂，是以身安而國家可保也。《易》曰：『其亡其亡，繫于苞桑。』」

18. 子曰：「德薄而位尊，知小而謀大，力少而任重，鮮不及矣。《易》曰：『鼎折足，覆公餗，其形渥，凶。』言不勝其任也。」

19. 子曰：「知幾其神乎？君子上交不諂，下交不瀆，其知幾乎？幾者，動之微，吉之先見者也。君子見幾而作，不俟終日。《易》曰：『介于石，不終日，貞吉。』介如石焉，寧用終日？斷可識矣。君子知微知彰，知柔知剛，萬夫之望。」

20. 子曰：「顏氏之子，其殆庶幾乎？有不善未嘗不知，知之未嘗復行也。《易》曰：『不遠復，无祇悔，元吉。』」

21. 子曰：「君子安其身而後動，易其心而後語，定其交而後求，君子修此三者，故全也。危以動，則民不與也；懼以語，則民不應也；无交而求，則民不與也。莫之與，則傷之者至矣。《易》曰：『莫益之，或擊之，立心勿恒，凶。』」

22. 子曰：「《乾》《坤》，其《易》之門邪？」

第 1 條「子曰」闡明聖人作《易》之意圖，即是聖人作《易》而推崇道德，從而光大事業。直陳《易》爲德義之書。

第 2 條「子曰」是對《中孚·九二》爻辭的解說，解說者由「鳴鶴」而敷衍成文，以人之「言」比之，而得出愼言之意。此與孔子之思想一致，如《論語·學而》云：「君子……敏於事而愼於言。」《論語·里仁》云：「君子欲訥於言而敏於行。」孔子秉持愼言愼行的原則，由此可見一斑。然而考察「子曰」之言，其並未符合《中孚·九二》之本意，亦與《九二·象》有異，

《九二・象》云：「其子和之，中心願也。」《象》意言母鳥與子鳥之呼應，是子鳥對母鳥餵養之致意。「我有好爵，吾與爾靡之」，所言是宴樂嘉賓之意，隱含著君臣和樂之義。此是爻辭之本義。「子曰」借題發揮，僅從「鳴鶴在陰，其子和之」出發，而未能覺察到爻辭作者之意在「我有好爵，吾與爾靡之」。亦可見《繫辭》之「子曰」與《象傳》表意的差異性，由此有助於進一步判別《象傳》與《繫辭》的作者以及其思想體系問題。

第 3 條「子曰」引《同人・九五》爻辭，其完整形式為「同人先號咷而後笑，大師克相遇」。「子曰」斷其句，省其爻辭之情境，將句意昇華至「君子之道」，亦未與爻辭本義相脗合。再觀《象傳》，其云：「同人之先，以中直也；大師相遇，言相剋也。」此未見言「君子之道」或君子相處之法，且其「大師相遇，言相克也」是對爻辭的郢書燕說，「大師克」是「大師克敵制勝」之意，「相遇」是與「同人」相遇而解其困境，而《象》既有語焉不詳之弊，又有張冠李戴之嫌。由此觀之，「子曰」與《象傳》所表思想亦異轍。

第 4 條「子曰」引《大過・初六》爻辭，「子曰」之意即安置物於地，承藉之以白茅，此為慎之又慎，以此慎術而待人接物，將無有過失。《象》曰；「藉用白茅，柔在下也。」即放置物體之之時，先將柔軟的白茅鋪墊於地下，再將物體安放於其上。王弼《注》、孔穎達《正義》皆同「子曰」與《象傳》之說。白茅是一種純潔之物，是舉行某種禮儀的常備之物，白茅之上可放置祭品，可用以縮酒，表以潔淨之物敬重神靈，所以無過失。「子曰」取「放置物體之謹慎態度」之義，將之敷衍成文，此與《象》相同。

第 5 條「子曰」引《謙・九三》爻辭，其本義在於民勞止而仍能能保其謙卑之性，並自始至終固守此種品格，所以君子得其善終。「子曰」闡明了「勞謙」之義，及保持此品性對人發展之重要性。此解得之。參稽《象傳》，其云：「『勞謙君子』，萬民服也。」即從卦體「得民」之象解之，此義亦為安。

第 6 條「子曰」引《乾・上九》爻辭，與《文言》之「子曰」之句重同。

第 7 條「子曰」引《節・初九》爻辭，並對之有甚為精到的闡釋，充分地考察了《節》之卦象之義，以及《節》卦名之本義，明快地指出了能否慎守機密與人身安危、事成與否的利害關係。此言與孔子慎言慎行的品性及其學說主張相契合。

　　第 8 條「子曰」引《解·六三》爻辭，亦對之有精闢的解說與發揮，其指出了嚴整的政治秩序之於國政外事的重大意義。此值得注意的是，對《易》作者的判別，「子曰」並未明指何人，而將之名為「作《易》者」，此說明了《周易》經文作者隊伍的模糊性。又較之《象傳》「『負且乘』，亦可醜也。自我致戎，又誰咎也」之言，「子曰」之說尤顯詳實、深切。此可能意味著「子曰」與此《象傳》並非出自同一人，或是同一人不同體認階段之辭。

　　第 9 條「子曰」言以天地釋卦之數而推知神靈之旨意，並闡明了《易》之四種用途，其中，供占筮之用僅是一種，「言者尚其辭」，說明了稱引《易》而進行言說，在此時已經成為一種風氣，並非現在有的學者所認為《周易》在孔子之時未成為經典，所以未為諸子所稱引。

　　第 10 條「子曰」再闡《周易》之書的性質，認為其為「開物成務」之書，為「冒天下之道」之書，即以《周易》為能闡明天下萬事萬物道理之書。此條「子曰」有非常重要的學術價值，指出了在「子曰」之時代，孔子或孔子之徒對《周易》之書性質的認定。顯然，此類體認，並非有意對《周易》之書智慧價值的拔高，而是以一種讚述的語氣直言其書之意義。此或是晚年好《易》的孔子結合人生的歷程，以及研習《易》的體認，又浸淫於魯國興起的言《易》風之中，對《周易》之書性質的一次總結與歸納。

　　第 11 條「子曰」引《大有·上九》爻辭，對之有詳細的解說，揭示出「自天祐之」的深層原因，即「人之所助者，信也。履信思乎順，又以尚賢也」。此較之《象傳》「《大有》上吉，自天祐也」，「子曰」具體而意味深長。

　　第 12 條「子曰」論說了聖人立象、設卦、繫辭、占筮、解筮等之用意，又特地表出《乾》《坤》之意蘊對《周易》之書的重要意義。值得注意的是，孔子稱引了上文「聖人有以見天下之賾，而擬諸其形容，象其物宜。是故謂之象。聖人有以見天下之動，而觀其會通，以行其典禮。繫辭焉，以斷其吉凶，是故謂之爻」，且解釋之，這是此文並非出自孔子之內證。

　　第 13 條「子曰」引《咸·九四》爻辭，依「思」而發揮其意，指出天下之思慮有相同的歸旨，然實現的途徑各異；天下之思慮落腳點一致，然其過程所思所慮各異。此立意高遠，已超出了爻辭所能承載之意義。亦與《象傳》之意分路，《象傳》云：「憧憧往來，未光大也。」《象傳》之意，即言《咸·九四》之思慮未為光大，而「子曰」所表之思慮則甚為光大。「子曰」之思想

與《論語·子路》「子曰：『君子和而不同，小人同而不和』」旨趣相同。可見，《繫辭》的「子曰」確與孔子之思想有密切關係。

第 14 條「子曰」引《困·六三》爻辭，從身、名的角度解說其義，以爲處不應困而卻被困之時，名譽必受損辱；據於不宜據之地，人身必將危險，所以凶事將至，不能與其妻相見。此從事理上解釋爻辭之義。《象傳》則云：「據于蒺藜，乘剛也；入于其宮，不見其妻，不祥也。」是《象傳》從上下爻乘、承的角度解爻辭之義，其所解不如「子曰」之具體。

第 15 條「子曰」引《解·上六》爻辭，從時、器、身的角度發揮其義，解說不失精彩，其將「隼、弓矢、射之者」三者之義一般化，昇華了爻辭之義。此與《象傳》所言「公用射隼以解悖也」不同〔註66〕。

第 16 條「子曰」引《噬嗑·初九》《噬嗑·上九》之爻辭，分別以「小懲大誡」、「積善、積惡」解之，較之《象傳》之「屨校滅趾，不行也」與「何校滅耳，聰不明也」，其更富有人生之智慧。顯然，《象傳》之意較爲淺白，是對爻辭直接的解說。

第 17 條「子曰」引《否·九五》爻辭，闡發其蘊含的告誡之大義，以爲人君要使身安國保，必須有危機意識，有防患機制。「子曰」所解爻義亦比《象傳》所釋「大人之吉，位正當也」具體切實。

第 18 條「子曰」引《鼎·九四》爻辭，以其爲「不勝其任」之意。《象傳》則云：「覆公餗，信如何也。」兩者側重點有所差異。

第 19 條「子曰」引《豫·六二》爻辭，以君子與人交遊的原則解之，王弼《注》從此「子曰」之說。《象傳》則稱：「『不終日，貞吉』，以中正也。」意即六二爲《豫》之中正者。是《象傳》未明言君子交往之原則，亦未見「君子見幾而作」之意義。探究《豫·六二》爻辭之本義，其在於告誡人們切莫終日沉湎於聲色犬馬之中，要磨礪心志，使之如安穩之石。

第 20 條「子曰」引《復·初九》爻辭，依「不遠復」而敷衍其義，特舉一例以顏氏之子知言行之不善而不重蹈覆轍，故能避免悔恨之事的發生。《象傳》云：「不遠之復，以修身也。」兩說相較，「子曰」就爻辭之義而發揮，比《象傳》更爲具體詳覈。

〔註66〕對此，明儒來知德已有所發覺，其稱：「此孔子別發一意，與『解悖』不同。」（〔明〕來知德《周易集注》卷十四，胡真校點，中華書局，2013 年版，第337 頁）

第 21 條「子曰」引《益‧上九》爻辭，以「安身、易心、定交」三者詮釋君子修身養性、交遊之道，以爲持之以恒，心志堅貞方爲吉利，所以引爻辭以證之。《象傳》云：「『莫益之』，偏辭也；『或擊之』，自外來也。」此與「子曰」之意不同。

第 22 條「子曰」將《周易》中《乾》《坤》兩卦的重要性表而出之，以之爲進入《周易》堂奧之門。

上述 22 條「子曰」，可粗略分爲三類：

第一類：說明《周易》之書的性質，如第 1、9、10 條。

第二類：先稱引《周易》爻辭，後釋之，有第 2、3、4、5、6、7、8、11、13、14、15 條。

第三類：先陳述事理，後援引《周易》爻辭證之，有第 16、17、18、19、20、21 條。

此三類「子曰」在《周易》學史中具有重要的意義：

第一類「子曰」闡明了在今本《繫辭》形成之前，《周易》已被定義爲聖賢之書，其文本所蘊含的智慧及教化意義已被官學、私學所廣爲重視。「子曰」是在官學、私學共識的基礎上所進行的一次歸納與總結。我們認爲，官學始終是私學的風向標，官學之風氣引領著私學的學風。孔子所讚述者亦以官學《易》說爲本，如第 12 條「子曰」即是稱引了官學之《易》說，此與《文言》孔子引用可能來自於《易象》的「元亨利貞」四德之說相類似。「子曰」的稱引保存了來自官學的《易》說，是對《易》學的一個重要的貢獻。

第二類「子曰」是對所引爻辭的直接解說，其所解多與《象傳》內容相異，此可能意味著這些《象傳》之文與「子曰」並非出自同一人。兩者相較，「子曰」之內容詳實、富有深意，《象傳》則平淡、淺白。此清晰地反映出「子曰」之時代儒者闡釋爻辭大義的風氣。

第三類「子曰」是在第二類的基礎之上，人們用《易》的高級階段，即引《易》以證明所言說之事理的正確性。此類「子曰」是其時代引《易》用《易》之風氣的一個顯證。

綜上所述，《繫辭》中的「子曰」眞實地反映了儒家引《易》、解《易》及用《易》的三個重要方面，其蘊含著晚年好《易》的孔子的習《易》體認，表明了《繫辭》與儒家存在著不容否認的密切關係。

第四節 《說卦》的生成

　　《說卦》是一篇解說八經卦卦義、卦象的重要文獻，它起初的生成是以王朝筮官、史官爲核心的職官隊伍對夏、殷兩代八卦易說的記錄、取捨、潤色、修訂以及裒次成篇，成爲研習、玩味《三易》的必備素材。

一、《連山》《歸藏》易說與《易傳》

　　《說卦》與《連山》、《歸藏》易說的關係，先達早已有所考見。在春秋之時，《連山》、《歸藏》是考證二代禮制與文化的重要典籍。《論語·八佾》載：「子曰：『夏禮，吾能言之，杞不足徵也；殷禮，吾能言之，宋不足徵也。文、獻不足故也；足，則吾能徵之矣。」《注》包曰：「徵，成也。杞、宋，二國名，夏殷之後。夏、殷之禮，吾能說之，杞、宋之君不足以成也。」鄭曰：「獻猶賢也。我不以禮成之者，以此二國之君文章賢才不足故也。」〔註67〕即是孔子能言說夏禮、殷禮，但未敢見其必然，所以適杞、宋兩國搜羅文章典籍以圖加以證實。但二國保存的先祖文章典籍以及其二國之君、臣的賢才卻不足以遂成美事。孔子所得何種文章典籍？《禮記》卷二十一《禮云》有所記載，其云：

> 言偃復問曰：「夫子之極言禮也，可得而聞與？」孔子曰：「我欲觀夏道，是故之杞，而不足徵也。吾得《夏時》焉。我欲觀殷道，是故之宋，而不足徵也。吾得《坤》、《乾》焉。《坤》、《乾》之義，《夏時》之等，吾以是觀之。

《夏時》、《坤乾》（《坤》、《乾》）皆被孔子劃爲關乎夏、殷禮制的範疇之篇章，或者更確切地說，因文獻的短缺，孔子力求從斷簡殘篇中考證得夏、殷禮的剩義。《夏時》、《坤乾》（《坤》、《乾》）何種文獻？《夏時》，鄭玄云：「夏四時之書也，其書存者有《小正》。」《乾坤》（《坤》、《乾》），鄭玄云：「得殷陰陽之書也，其書存者有《歸藏》。」似鄭氏認爲《歸藏》僅是殷陰陽書中的一種。「其書存者有《歸藏》」，此說籠統，究竟是就孔子之世時而言，還是鄭氏之時而說？推究語意口吻，似以前者爲是。值得注意的是，鄭氏並不明言《坤乾》（《坤》、《乾》）就是《歸藏》，亦無言及卜筮。孔穎達《正義》稱：「案孔子以大聖之姿，無所不覽，故修《春秋》，贊《易》道，定禮樂，

〔註67〕〔魏〕何晏集解，〔宋〕邢昺疏《論語注疏》卷三，阮元《十三經注疏8》，藝文印書館，2013年版，第27頁上。

明舊章。今古墳典無所不載，而獨觀此二書，始知禮之運轉者，以《詩》《書》《禮》《樂》，多是周代之書，皇帝墳典又不論陰陽轉運之事，而夏之四時之書，殷之《坤乾》之說，並載前王損益、陰陽、盛衰，故觀此二書，以知其上代也。」其實，按當時書缺簡脫、文獻散佚的情況，孔子所得僅爲《夏時》一篇文章（或爲《連山》易說中的一篇），《坤》、《乾》兩卦而已，所得並非完書，所以孔子未將《坤乾》（《坤》、《乾》）稱爲《歸藏》。對此，宋儒朱元升云：

> 嗚呼！《連山》雖亡，《夏時》猶在。夫子《說卦》曰「天地定位，山澤通氣，雷風相薄，水火不相射」者，實與《河圖》卦位相應；又曰「帝出乎震，齊乎巽，相見乎離，致役乎坤，說言乎兌，戰乎乾，勞乎坎，成言乎艮」者，實與《洛書》卦位相應。雖《河圖》、《洛書》分方各異，爲用不同，然即《圖》、《書》卦位，參《夏時》氣候，如以圭測景，以針定方，知其爲無爽也。夫子之杞而得者，其此乎！《連山》之易可證者，其此乎！夫子《說卦》述昔者聖人之作易也。〔註68〕

是朱氏以《夏時》爲《連山》之單篇文獻，並以《河圖》、《洛書》卦位與《說卦》之文相比對。與朱氏意見相合，羅泌亦云：「帝出乎震，齊乎巽，相見乎離，致役乎坤，說言乎兌，戰乎乾，勞乎坎，成言乎艮，此《連山》之《易》也。」〔註69〕「帝」爲何義？王輔嗣注云：「帝者，生物之主，興益之宗，出震而齊巽者也。」孔穎達《正義》：「王之《注》意，正引此文，則輔嗣之意，以此『帝』爲天帝也。」《帝王世紀第一》載：「帝出乎震，未有所因，故位在東方主春，象日之明，是稱太昊。」〔註70〕此意即伏羲是第一個稱帝者〔註71〕，與王弼之意異。「震」有「起始」之義，《雜卦》稱「《震》起《艮》

〔註68〕〔宋〕朱元升《三易備遺》卷二，《景印文淵閣四庫全書》經部第 20 冊，臺灣商務印書館，1986 年版，第 755 頁下～756 頁上。

〔註69〕〔宋〕羅泌《路史》，《四庫提要著錄叢書》史部第 191 冊，北京出版社，2012 年版，第 392 頁。

〔註70〕〔晉〕皇甫謐《帝王世紀》，齊魯書社，2010 年版，第 2 頁。

〔註71〕《事物紀原》「帝」條載：「由天皇至燧人皆稱皇，故有天皇、地皇、人皇。而燧人亦號燧皇，及太昊，《帝王世紀》稱曰『帝庖犧氏繼天而王，爲百王先，帝出於震，未有所因』。此稱帝之始也。」（〔宋〕高承《事物紀原·天地生植部一》，《文津閣四庫全書》子部第 305 冊，商務印書館，2005 年版，第 254 頁）

止」，太昊稱「帝」與興起某事某物有關。《拾遺記》卷一載：

> （伏羲）比於聖德，有踰前皇，禮義、文物於茲始作，去巢穴
> 之居，變茹腥之食，立禮教以導文，造干戈以飾武，絲桑爲瑟，均
> 土爲塤，禮樂於是興矣。調和八風，以畫八卦，分六位以正，六宗
> 於時，未有書契，規天爲圖，矩地取法，視五星之文，分晷景之
> 度，使鬼神以致群祠，審地勢以定川嶽，始嫁娶以修人道。庖者，
> 包也，言包含萬象，以犧牲登薦於百神，民服其聖，故曰庖犧，亦
> 謂伏羲。變混沌之質，文宓其教，故曰宓犧。布至德於天下，元元
> 之類莫不尊焉。以木德稱王，故曰春皇。其明叡照於八區，是謂太
> 昊。昊者，明也，位居東方以含養，蠢化葉於木德，其音附角，號
> 曰木皇〔註72〕。

細讀文本，「帝出乎震，齊乎巽，相見乎離，致役乎坤，說言乎兌，戰乎乾，
勞乎坎，成言乎艮」，其文胥繫於「帝」，其完句爲「帝出乎震，帝齊乎巽，
帝相見乎離，帝致役乎坤，帝說言乎兌，帝戰乎乾，帝勞乎坎，帝成言乎艮」。
上引《拾遺記》之文可視爲《說卦》之文的敷衍。「震」強調事物的出生、發
生，代表著事物萌動向上的勃發狀態。對於一個氏族社會而言，私有化發
展到一定的程度，社會成員身份有了等級分化之後，爲了維持社會正常運行
的秩序，氏族領袖或部落首領爲了維持其地位，制定一些要求社會成員遵
行的規章守則是其必然之舉，此時，以前氏族普遍受用的樂舞亦有了等級，
如《禮記》卷三十八《樂記》稱「昔者，舜作五弦之琴以歌《南風》，夔始制
樂以賞諸侯。故天子之爲樂也，以賞諸侯之有德者也。德盛而教尊，五穀
時熟，然後賞之以樂。故其治民勞者，其舞行綴遠；其治民逸者，其舞行綴
短」〔註73〕，樂舞的生產與使用權的分配成爲了一種特權，這種特權又以禮
樂的面貌出現，所以上面引文說「比於聖德，有踰前皇，禮義、文物於茲始
作」、「立禮教以導文……絲桑爲瑟，均土爲塤，禮樂於是興矣」，這就是「震」
的核心內容，它強調建立一種上下有序的社會秩序，以保障社會各個層面的
良好運轉。

「齊乎巽」，孔穎達《正義》：「絜齊萬物，則在乎巽。」其實質在於社會

〔註72〕 〔晉〕王嘉《拾遺記》，〔梁〕蕭綺錄、〔明〕吳琯校，《四庫提要著錄叢書》
　　　　子部第 242 冊，北京出版社，2012 年版，第 469 頁。
〔註73〕 〔漢〕鄭玄注，〔唐〕孔穎達疏《禮記注疏》卷三十八，阮元《十三經注疏 5》，
　　　　藝文印書館，2013 年版，第 677 頁上。

風氣的引導與齊整，如「去巢穴之居，變茹腥之食」、「調和八風」。「相見乎離」，《正義》：「令萬物相見，則在乎離。」此實言帝之形象的光明，以讓元元亦能普沾其光澤，如「布至德於天下，元元之類莫不尊焉」。「致役乎坤」，《正義》：「致役以養萬物，則在於坤。」此強調的是帝對於發展農事的重視，以此來敬事鬼神、含養萬民。「說言乎兌」，《正義》：「說萬物之可言者，則在乎兌。」此言帝對於百姓勞動成果的分配，論定賞罰情況。「戰乎乾」，《正義》：「陰陽相戰，則在乎乾。」帝之征伐善於利用乾道，營造一種天命的正義性，「造干戈以飾武」，及是對武器的製造與改良，既預防、抵禦外侵之部族，又能討伐暴虐於民之部族。「勞乎坎」，《正義》：「受納萬物勤勞，則在乎坎。」《說卦》云：「勞卦也，萬物之所歸也，故曰勞乎坎。」此說帝建功立業，勤於政務，所以萬眾歸心。「成言乎艮」，《正義》：「能成萬物而可定，則在乎艮也。」此實際表示的是帝的德言留於後世，定格成歷史的回聲。

　　準上，「帝出乎震，齊乎巽，相見乎離，致役乎坤，說言乎兌，戰乎乾，勞乎坎，成言乎艮」，是《說卦》的內容，其語言形式可能已經改易，但其內容大致保存了《連山》的易說思想。一個重要的旁證即是至西周王官研習《連山》時，恐後來習易者未能通暢其義，故緊接其文，進行了一番陳述與解說，其云：「萬物出乎震，震，東方也。齊乎巽，巽，東南也。齊也者，言萬物之絜齊也。離也者，明也。萬物皆相見，南方之卦也。聖人南面而聽天下，嚮明而治，蓋取諸此也。坤也者，地也，萬物皆致養焉，故曰致役乎坤。兌，正秋也，萬物之所說也，故曰說言乎兌。戰乎乾，乾，西北之卦也，言陰陽相薄也。坎者，水也，正北方之卦也，勞卦也，萬物之所歸也，故曰勞乎坎。艮，東北之卦也，萬物之所成終而所成始也，故曰成言乎艮。」此解說文的體式與西周中後期興起的解說《詩》等經典的模式相類。

　　上文略述了《說卦》之文有取材於《連山》易說者，茲論述《說卦》中取材《歸藏》易說者。根據《尚書・洪範》中「稽疑」一節，可以確認殷代也已有一套供專事卜筮之官操演的稽疑體系，並且王官在稽疑過程中形成了一些基本的占筮理論及筮例，此亦被後出的王家臺秦簡《歸藏》所證實。顯然，《說卦》所採之文頗廣，其既有採捃並潤色《連山》易說者，亦有採編自《歸藏》易說者，而搜羅之廣博，只能是佔有文獻資料豐富的王朝史官、筮官等人，而不是文獻資料已經短缺時的孔子或其後學。

　　《說卦》中存在《歸藏》的易說，羅泌云：「《歸藏》之文有『乾為天，

爲君，爲父，爲大赤，爲辟，爲卿，爲馬，爲禾，爲血卦』之類，則知與今《易》通矣。」〔註74〕嚴可均據此而稱：「此蓋《說卦》文，殷《易》先有，非始《十翼》。」〔註75〕比勘於《說卦》之文，《說卦》載：「乾爲天，爲圓，爲君，爲父，爲玉，爲金，爲寒，爲冰，爲大赤，爲良馬，爲老馬，爲瘠馬，爲駁馬，爲木果。……坎……其於人也，爲血卦。」顯然可見，《歸藏》乾卦所表徵的象的義項中「爲辟，爲卿，爲禾，爲血卦」與《說卦》相異，其中「爲血卦」是坎卦的象義。此意味著《說卦》的卦的卦象義項有取材於《歸藏》易說者，又體現著生成於周代的《說卦》對《歸藏》易說的整合、更易，以體現周代的官方《易》的獨特地位。經過整合的《歸藏》易說，其某卦的卦象的義項整體上顯得更突出物象的地位，如《歸藏》將君、卿融於一卦，君的地位則無法彰顯。

又據《歸藏》的題名以及孔子先言《坤》後言《乾》，甚有可能隱伏著《坤》的卦序先於《乾》。《坤》卦爲何排列於《乾》前呢？賈公彥日；「歸藏者，萬物莫不歸而藏於其中者。此《歸藏》易，以純坤爲首，坤爲地，故萬物莫不歸而藏於中，故名爲《歸藏》也。」〔註76〕（《周禮·春官·大卜》）即指出了地承載萬物的容量與能力，此是從顧名思義的角度進行題名的解說。從《說卦》自身證之，其稱「坤以藏之」，表明了地容納萬物並以萬物爲寶的特質，金景芳先生稱此「透露出《歸藏》得名的一點信息」〔註77〕。準此，《歸藏》易八卦取象，坤亦爲地。而《歸藏》之易說，必對《連山》易說亦有所承繼。宋儒李過云：「夏后氏《連山》易不可得而見，商人《歸藏》易今行於世者，其經卦有八，重卦已有六十四，經卦八：謂《坎》爲《犖》，犖者，勞也，以萬物勞乎《坎》也；謂《震》爲《釐》，釐者，理也，以帝出乎《震》，萬物所始條理者也，餘六卦同。」〔註78〕此言《歸藏》八經卦有二個

〔註74〕〔宋〕羅泌《路史》，《四庫提要著錄叢書》史部第 191 冊，北京出版社，2012 年版，第 393 頁。

〔註75〕〔清〕嚴可均校輯《全上古三代秦漢三國六朝文（一）》，中華書局，1958 年版，第 104 頁。

〔註76〕〔漢〕鄭玄注，〔唐〕賈公彥疏《周禮注疏》卷二十四，阮元《十三經注疏 3》，藝文印書館，2013 年版，第 370 頁下。

〔註77〕金景芳《〈周易·繫辭傳〉新編詳解·〈說卦傳〉錄說》，遼海出版社，1998 年版，第 187 頁。

〔註78〕〔宋〕李過《西溪易說》原序，《景印文淵閣四庫全書》經部第 17 冊，臺灣商務印書館，1986 年版，第 625 頁上。

命名與今本《周易》不同，今本《周易》《習坎》爻辭載：「初六：習坎，入于坎窞。九二：坎有險，求小得。六三：來之坎坎，險且枕，入于坎窞，勿用。六四：樽酒、簋貳，用缶，納約自牖，終无咎。九五：坎不盈，祗既平，无咎。上六：係用徽纆，寘于叢棘，三歲不得，凶。」可見，《周易》的《習坎》卦義是與「兇險」有關之意，而與《歸藏》易說有所不同。黃宗炎曰：「坎爲勞卦，故從勞，諧聲而省，物莫勞於牛，故從牛。但此乃夫子之《說卦》，豈殷人之所取義與？」〔註79〕《坎》爲《勞》之說並非孔子始取義，如上文所述，其承自《連山》，而《歸藏》又因仍之，而其義未爲《周易》卦爻辭所取用，而收錄入《說卦》。究《歸藏》之「勞」義，誠如黃氏所言「物莫勞於牛」，即勞作、勤勞之義，「勞乎坎」亦正好證明「勞」、「坎」有聯繫但並不同義。《連山》、《歸藏》取「勞作」之義，《說卦》採集了此說；又增益了《周易》之說，稱「坎，陷也」。此再證了《說卦》內容的古老以及其取材夏、殷二易的痕跡。

此外，《說卦》與《周禮》等典籍有共同的文化場域，其尤爲顯著者爲卦象與顏色的關係，略舉如下：

《周禮·春官·大宗伯》云：「以蒼璧禮天，以黃琮禮地，以青圭禮東方，以赤璋禮南方，以白琥禮西方，以玄璜禮北方。」

《周禮·春官·大卜·龜人》：「龜人掌六龜之屬，各有名物：天龜曰靈屬，地龜曰繹屬，東龜曰果屬，西龜曰雷屬，南龜曰獵屬，北龜曰若屬。各以其方之色與其體辨之。」《注》：「屬，言非一也。色謂天龜玄、地龜黃、東龜青、西龜白、南龜赤、北龜黑。」

《呂氏春秋》載：

凡帝王者之將興也，天必先見祥乎下民。黃帝之時，天先見大螾大螻，黃帝曰：「土氣勝，土氣勝。」故其色尚黃，其事則土。及禹之時，天先見草木，秋冬不殺，禹曰：「木氣勝，木氣勝。」故其色尚青，其事則木。及湯之時，天先見金刃生於水，湯曰：「金氣勝，金氣勝。」故其色尚白，其事則金。及文王之時，天先見火，赤鳥銜丹書集於周社，文王曰：「火氣勝，火氣勝。」故其色尚赤，其事則火。代火者必將水。天且先見水氣勝，水氣勝故其色尚黑，其事

〔註79〕〔清〕黃宗炎《周易尋門餘論》卷下，《景印文淵閣四庫全書》經部第 40 冊，臺灣商務印書館，1986 年版，第 706 頁。

則水。水氣至，而不知數備，將徒於土。〔註80〕

共同的文化場域有：

《月令》云：「角東、商西、征南、羽北，宮在中央。」

二、《說卦》對清華簡《筮法》理論思想的揚棄

新近刊布的清華簡《筮法》（下文省稱爲《筮法》），若其文獻來源可靠，那麼其無疑是迄今爲止所見最早的八卦占筮書，其載有戰國時楚地之數字爻卦、占筮命辭、解筮辭以及占筮知識等等，於探究先秦八卦筮法頗有意義。尤值得注意的是，其占筮理論有與今本《說卦》重合者，學者對此已頗有研究〔註81〕。經初步研究，可以基本推定清華簡《筮法》附錄的理論體系有一部分採摘自後來寂然無聞於後世的《歸藏》易說。在此認識的基礎上，可以進一步探究今本《說卦》對殷易《歸藏》的因更。爲更好地展開問題的討論，現先將《筮法》的理論體系略加考述，其特色主要有四點：勞（坎）羅（離）互易、圖文纏繞、爻亦有象、卦形豐富。

（一）勞羅互易與《說卦》

依《筮法》卦位圖，勞南羅北，其文謂「南方也，火也，赤色；……北方也，水也，黑色」〔註82〕。是與《說卦傳》所言「離也者，明也，萬物皆相見，南方之卦也。……坎者，水也，正北方之卦也，勞卦也，萬物之所歸也，故曰勞乎坎」〔註83〕者，立意互異。據此，有學者認爲卦位圖改易、肇自《說卦傳》〔註84〕；又有學者認爲簡文以勞爲火，在《說卦》中亦有明文

〔註80〕《呂氏春秋》卷十三，《二十二子》，上海古籍出版社，1986年，第666頁。

〔註81〕廖名春先生稱：「《筮法》坎離顛倒，顯得不成熟，遠不如《說卦傳》理論之系統、周延。從這一點看，其改造、出於《說卦傳》的痕跡很明顯。」（廖名春《清華簡〈筮法〉篇與〈說卦傳〉》，《文物》2013年第8期）；張克賓先生稱：「《筮法》篇極有可能是戰國中期糅合《歸藏》、《周易》以及某些占驗之術的產物，其占斷方法有些雜亂，理論上不夠成熟、完善。」（張克賓《論清華簡〈筮法〉卦位圖與四時吉凶》，《周易研究》2014年第2期）劉大鈞先生稱：「清華簡所載占筮文字中所記錄的八卦男女之象，確與今本《周易·說卦傳》相同也。」（劉大鈞《讀清華簡〈筮法〉》，《周易研究》2015年第2期）

〔註82〕李學勤《清華大學藏戰國竹簡（肆）》，中西書局，2013年版，第111頁。

〔註83〕《十三經注疏上·周易正義》，第94頁。

〔註84〕廖名春先生稱：「清華簡《筮法》篇之所以坎離顛倒，以坎居南方，離居北方，完全是從勞、羅兩卦的卦名之義出發的……而周顧其本身也有『南方也，火也……北方也，水也』之說，說明這種坎離顛倒的做法是不成熟的，遠不如

可依，未爲無據〔註 85〕。觀此二說，皆有牽合《卦位圖》與《說卦傳》兩者
之嫌。因兩說相互倒置，其淵源各異甚是明顯：

其一，卦名歧異。《說卦傳》以坎爲北、離爲南。學者或以「勞」爲
「坎」、「羅」爲「離」之同音假借或音近通假，此說其實尚待深究之。李守
奎先生說：「《周易》之坎卦簡文作『勞』，亦見於輯本《歸藏》，這就很難用
假借說通，很可能就是不同易中卦的異稱。」〔註 86〕此言甚確。秦簡《歸藏》
中《坤》卦作《寡》，「寡曰不仁」〔註 87〕，「不仁」即「無仁義」之意，與秦
簡《歸藏》同出之《日書》可證之，其云：「十五日日載，是胃望。以作百事
大凶。風雨晶，日月宜飲，邦君更歲不朝，邦多廷獄作，民多寡，陽疾，亡
人得戰」〔註 88〕是望日若有風雨雷或日月虧蝕，不宜行百事，邦君換歲而不
上朝理政，邦中訟案多，邦民多有不仁等等。《周易・坤象》云：「地勢坤，
君子以厚德載物。」《易緯・坤鑿度》云：「坤德厚，坤有勢，坤多利。」是
「寡」和「坤」意義不侔。《郭氏傳家易說・總論》云：「《歸藏》以坤爲首，
成湯黜夏命，造攻自鳴條之義也。」〔註 89〕是夏桀之不仁，成湯革其命，以
「不仁」爲戒及徹恧後代（亦大致是後之國君自稱「寡人」以自警之緣由），
故首《歸藏》以坤。是亦與後之學者以「尊母」〔註 90〕解「《歸藏》首坤」互
爲分路。此是同卦體、異卦名而致卦義各異之旁證。準此，過份地牽合出土
文獻與傳世文獻，恐有所失，如蔡運章先生稱：「坤、寡的含義相通。《左傳・

《說卦傳》的理論系統、周延。從這一點看，其改造、出於《說卦傳》的痕
跡很明顯。清華簡的大致年代在公元前 300 年左右，《周易・説卦傳》「專說
八卦」的部分看來應該更早。」（廖名春《清華簡〈筮法〉篇與〈説卦傳〉》，
《文物》2013 年第 8 期）

〔註 85〕 王化平先生稱：「比如《說卦》云坎『爲血卦，爲赤』，而南方爲赤（《筮法》
亦云『南方也，火也，赤色也』），故以坎居南方爲火也是有一定道理的。……
《筮法》的安排重在四正卦的陰陽與其卦象的對應，坎爲火，與其爲陽卦相
應；離爲水，與其爲陰卦相應。」（王化平《讀清華簡〈筮法〉隨箚》，《周易
研究》2014 年第 3 期）

〔註 86〕 李守奎《清華簡〈筮法〉文字與文本特點略說》，《深圳大學學報（人文社會
科學版）》2014 年第 1 期。

〔註 87〕 王明欽《新出簡帛研究・王家臺秦墓竹簡概述》，文物出版社，2004 年版，第
30 頁。

〔註 88〕 王明欽《新出簡帛研究・王家臺秦墓竹簡概述》，文物出版社，2004 年版，第
47 頁。

〔註 89〕 郭雍《郭氏傳家易說》，中華書局，1985 年版，第 1 頁。

〔註 90〕 廖名春《王家臺秦簡〈歸藏〉管窺》，《周易研究》2011 年第 2 期。

成公十二年》說：『寡我襄公。』杜預注：『寡，弱也。』《周易·晉》：『裕無咎。』虞翻注：『坤弱爲裕』，後又稱「『寡』有少德之義，……卦辭的中心內容是『不仁』。」〔註91〕此或許尚待進一步商榷。

其二，勞南羅北之說與《筮法》占例對應，似脗合無間，足以自圓其說。梁韋弦先生稱：「水火之象實際是《說卦傳》中的坎離之象，並非《筮法》的勞羅之象。」〔註92〕是言甚確。以坎卦爲火，出土的葛陵簡筮例可印證之。此外，可參以旁證。馬王堆帛書《周易·易之義》云：「天地定位，〔山澤通氣〕，火水相射，雷風相薄。」〔註93〕是與《筮法》第二十五節「天干與卦」排序一致，與馬王堆帛書《周易》以「乾（父）、艮（少男）、贛（中男）、震（長男）」，「川（母）、奪（少女）、羅（中女）、筭（長女）」排纂六十四卦之原則亦相同；《筮法》與帛書《周易》雖年代各自，但胥係楚地之易學文獻，所以理論同源共用亦於理有協。準此，則「火水相射」之所以與《說卦傳》「水火不相射」異向，乃源自卦位理論的差異。準此可知，勞（火）南、羅（水）北之說，《筮法》與帛書《周易》同源。此外，秦簡《歸藏》之《卷》卦（按：今本《周易》之《既濟》卦）可作參證，其云：「《卷》曰：『昔者殷王貞卜其邦尙毋有咎，而枚占巫咸。巫咸占之曰：『不吉。卷其席投之谷，卷在北爲牝〔註94〕……」是殷王命巫咸筮問國祚，巫咸筮得《卷》卦，以爲不吉利，坐席被收捲並被投棄入溪谷，《麗》位於北，爲雌獸所害。《麗》卦係陰卦，「牝」則係《麗》卦之象，方位爲北。然則出自楚地之秦簡《歸藏》亦以《麗（羅）》爲北，於此對應，《勞》卦便繫之南。故《筮法》「勞南羅北」之言並非向壁虛造。

《筮法》勞羅理論並不源自《說卦》，亦不必徒勞從《說卦》中尋摘與卦位圖一致之隻言片語，以印證勞、羅之說與《說卦》的對應關係。可以說，兩者有一致之處，但並不能據此而推斷卦位圖之生成肇自對《說卦傳》之改易，而甚有可能恰好相反，《筮法》此條知識或理論昉自殷易《歸藏》之說，屬於八經卦易說的內容。而在周代後出的《說卦》對此理論進行了整合、更易，以體現周代禮制與文化上的創新意識。此與王官編撰文章的原則相一致，

〔註91〕蔡運章《秦簡〈寡〉〈天〉〈卷〉諸卦解詁》，《中原文物》2005年第1期。
〔註92〕梁韋弦《有關清華簡〈筮法〉的幾個問題》，《周易研究》2014年第4期。
〔註93〕張政烺《馬王堆帛書〈周易〉經傳校讀》，中華書局，2012年版，第213頁。
〔註94〕王明欽《新出簡帛研究·王家臺秦墓竹簡概述》，文物出版社，2004年版，第32頁。

所謂「五帝不相復，三代不相襲」適用於文化體制的更新，《易傳・繫辭下》亦稱「《易》之爲書也，不可遠：爲道也屢遷，變動不居，周流六虛，上下无常，剛柔相易，不可爲典要」〔註95〕，韓康伯《注》：「不可立定準也。」所以，改造《連山》、《歸藏》，尤其是《歸藏》之說，既是文化因革的內部需要，又是「周更殷命」的政治要求，以彰顯周代的文治。但破舊立新並非易事，新出之書籍一時亦能以成爲筮占的圭臬。所以，西周時期，根據傳世文獻的記載，《周易》默然無聞，當是筮官或史官研習前代之筮例、易說，以及以改造的筮法驗證人事以積累權威經驗或筮例的階段。因爲一個用於稽疑實踐的理論體系的成熟不可能是一蹴而就，成於一時一人，作爲關乎國家大事的決策機制，其製作的每一條卦辭，每一條爻辭，王官必定愼之又愼，驗之於千百次筮占實踐當中，所以筮占的記錄製度亦與殷代不同。從此角度而言，「易之爲書也，不可遠：……不可爲典要」正是周代王官爲新書《周易》正名之言，以期其進入筮典的行列。

對《歸藏》理論思想的因革正是在「易不可爲典要」與「禮不相襲」的文治思想要求下展開。《歸藏》勞羅理論的更易是其明證。《筮法》第二十四節《卦位圖、人身圖》載：「（勞）南方也，火也，赤色也。……（羅）北方也，水也，黑色也。……奚古胃之勞？司樹，是古胃之勞。……奚古胃之羅？司藏，是古胃之羅。」〔註96〕以卦表示方位、五行之象、顏色以及物事、人事，保留了遠古八卦作爲中國古民「百科全書」性質的信息。尤值得比勘者是，勞、羅的顏色及卦的意義。《說卦》云：「乾爲大赤。」孔穎達《疏》：「『爲大赤』，取其盛陽之色也。」即赤色與陽氣盛衰有關。人體的陰陽氣息不調和，導致氣色的赤紅之病，亦稱爲「赤」，《說卦》云：「《坎》……其於人也，爲加憂，我心病，爲耳痛，爲血卦，爲赤。」孔穎達《疏》：「『爲血卦』，取其人之有血，尤地有水也；『爲赤』，亦取血之色。」此未爲正解。其實，《坎》卦於人而言，皆言人的疾病及健康狀態。「血卦、赤」與「加憂、心病、耳痛」性質相同，表示疾病，皆與陽氣的旺盛和人的精神狀態有關。四方之色，《墨子・貴義》載：

> 子墨子北之齊，遇日者。日者曰：「帝以今日殺黑龍於北方，而先生之色黑，不可以北。」子墨子不聽，遂北，至淄水，不遂而反

〔註95〕《十三經注疏上・周易正義》，第89頁。
〔註96〕李學勤《清華大學藏戰國竹簡（肆）》，第111～112頁。

焉。日者曰：「我謂先生不可以北。」子墨子曰：「南之人不得北，
北之人不得南，其色有黑者，有白者，何故皆不遂也？且帝以甲乙
殺青龍於東方，以丙丁殺赤龍於南方，以庚辛殺白龍於西方，以壬
癸殺黑龍於北方，若用子之言，則是禁下行者也〔註97〕。

可見，早在春秋時期，方位與顏色的對應關係已成爲常識，而被民間的日者
用以占斷吉凶。《勞》、《羅》的卦義，整理者說：「四卦（震、勞、兌、羅）
所司雷、樹、收、藏，與常見的春生、夏長、秋收、冬藏含意相似。勞（坎）
卦屬火在南方，而離卦屬水在北方，與《說卦》第五章相背。」〔註98〕廖
名春先生稱：「清華簡《筮法》篇將『羅』訓爲『藏』，是從『羅』的羅致、
包羅義引申出來的。……『樹』有生產義，生產所以稱『勞』。」〔註99〕子
居先生則稱：「『樹』主要是指種植黍、菽而言。『司樹，是故謂之勞』雖然與
西周以降的農忙時期不全然相符，但若放到殷商時期，則是非常一致的。」
〔註100〕細讀文本，簡文以整飭的問答的句式予以揭示，即是文章作者意識到
了《歸藏》中與《周易》同卦體而不同卦名的《勞》、《羅》，所以提供了一份
回答。「司樹」、「司藏」，簡明扼要地切中了《勞》、《羅》在《歸藏》易中的
意義。《說卦》文有「坎者，勞卦也，萬物之所歸也，故曰『勞乎坎』」，此解
實與簡文「司藏」意義一致，而與簡文「司樹」語意相背。孔穎達疏：「受納
萬物勤勞則在乎坎。……以《坎》是象水之卦，水行不捨畫夜，所以爲『勞
乎坎』。又是正北方之卦，斗柄指北，於時萬物閉藏，納受爲勞，是《坎》爲
勞卦也。」〔註101〕簡而言之，《說卦》所解「《勞》卦」之義是「受收萬物而
閉藏之」。

　　通觀簡文，「雷、樹、收、藏」皆是名詞性質，「司雷、司樹、司收、司
藏」與《國語‧晉語四》所言「聾瞶司火」之「司火」詞性相同，並皆表示
官職或神職。簡文所表是人或神的官職與職掌。「司樹」即是職掌樹木的人或
神，其所司等同五行之官中的「木正」〔註102〕之職。樹木在人們生活中佔據

〔註97〕〔清孫詒讓《墨子閒詁》，孫啓治點校，中華書局，2001年版，第447～448
　　　　頁。
〔註98〕《清華大學藏戰國竹簡（肆）》，第112頁。
〔註99〕廖名春《清華簡〈筮法〉篇與〈說卦傳〉》，《文物》2013年第8期。
〔註100〕子居《清華簡〈筮法〉解析（修訂稿下）》，《周易研究》2015年第1期。
〔註101〕《十三經注疏上‧周易正義》，第94頁。
〔註102〕昭公二九年《傳》載：「秋，龍見於絳郊。魏獻子問於蔡墨，……獻子曰：『今
　　　　何故無之。』對曰：『夫物，物有其官，官修其方。朝夕思之，一日失職，則

著重要的位置，故五行有木。又據《禮記·月令》：「孟春之月……繼長增高，毋有壞墮，毋起土攻，毋發大眾，毋伐大樹。」《正義》曰：「是月，草木蕃廡，王者施化，當繼續長養之道，謂勸民長養；增益高大之物，謂勸其種殖。」〔註103〕孫希旦云：「此特禁伐其大者，亦爲其傷盛大之氣也。」〔註104〕可解此二解申明「樹」之義，即「順應夏之時節，使人事、物事更好地繼續發展」，司樹之官或神職能正在於此。簡文作者取「樹立人事、物事」之意，而不取「勞作」之義，而「勞作」之義卻是《說卦》中《坎》卦的一個義項，它們意趣有所不同。「司藏」一詞，蘊含著重要的易學意義，相對因以「萬物莫不歸而藏於其中」而以《坤》卦首《歸藏》，《羅》卦有「藏」之義或更有首《歸藏》的可能，而《說卦》文「《坤》以藏之」其實是周代王官的義理發揮，尋《周易·坤》之卦爻辭，未能找到「《坤》以藏之」之義趣。據王家臺秦簡《歸藏》〔註105〕，坤作「寡」，義爲「不仁」，亦爲有《坤》卦爲「藏」義。準上，則《坤》卦「藏」之義項出自周代王官，《羅》卦的「藏」義出自殷代《歸藏》。

周代王官將《歸藏》勞、羅意義及易說進行了改易，以突出周代易說的更新換代，以體現其禮制的理論創新。從《說卦》的生成可以看到，其將《歸藏》中《羅》卦的義項進行了分流，以《坤》卦承繼了「藏」之義蘊；再改造了《羅》卦的卦名，將之命爲「離」，並賦予其新的意義，取其「麗」〔註106〕之義。《歸藏》中《勞》卦亦被按如上程序進行更換。

死及之。失官不食；官宿其業，其物乃至。若泯棄之。物乃抵伏，鬱湮不育。故有五行之官，是謂五官，實列受氏姓，封爲上公。祀爲貴神，社稷五祀，是尊是奉。木正曰句芒，火正曰祝融，金正曰蓐收，水正曰玄冥。龍，水物也，水官棄矣，故龍不生得。』」（《十三經注疏下·春秋左傳正義》，第2122～2123頁）

〔註103〕《十三經注疏上·禮記正義》，第1364～1365頁。

〔註104〕〔清〕孫希旦《十三經清人注疏·禮記集解》，中華書局，1989年版，第444頁。

〔註105〕學界多將王家臺秦簡《易占》視爲《歸藏》，如王寧先生稱：「江陵王家臺15號秦墓所出土的《易占》即是《歸藏》之《鄭母經》等篇多引據的易占類古書。」（王寧《秦墓〈易占〉與〈歸藏〉之關係》，《考古與文物》2000年第1期）廖名春先生直接將王家臺秦簡《易占》稱爲《歸藏》（廖名春《王家臺秦簡〈歸藏〉管窺》，《周易研究》2001年第2期）林忠軍先生稱：「出土的秦簡易占爲《歸藏》。……《歸藏》的成書應早於《周易》。」（林忠軍《王家臺秦簡〈歸藏〉出土的易學價值》，《周易研究》2001年第1期）

〔註106〕孔穎達《正義》：「離，麗也。《離》象火，火必著於物，故爲麗也。」（《十三

綜上所述，在比勘《說卦》文本與傳世文獻、出土文獻的基礎上，可初步確定，《說卦》的生成既有「周因殷禮」的因素，又有「周更殷命」、「三代不相襲」的複雜的政治與文化創建的複雜因素。

（二）圖文纏繞與《說卦》圖畫的亡佚

以整體觀之，《筮法》係一篇圖文纏繞的易學古文獻。此體現出其頗有意義的學術價值。它首次以實物之形式證明了最晚至戰國之時，易圖已行於世。孔子云：「鳳鳥不至，河不出《圖》，吾已矣夫！」何晏《集解》：「孔曰：『聖人受命，則鳳鳥至，河出《圖》。今天無此瑞。』『吾已矣』者傷不得見也。《河圖》，八卦是也。」〔註107〕其實，揆孔子語氣，鳳鳥曾至，《河圖》亦已行於世。《尚書‧顧命》載：「大玉、夷玉、天球、《河圖》，在東序。」孔安國《傳》：「《河圖》，八卦。伏犧王天下，龍馬出河，遂則其文以畫八卦，謂之《河圖》，及《典》、《謨》歷代傳寶之。」孔穎達《正義》：「當孔之時，必有書為此說也。」〔註108〕是孔安國以為《河圖》與《典》、《謨》之書世代相傳，為世所寶重；孔穎達認為孔子之世，《河圖》尚為其所能見。二先達之言甚確。又觀此四物，四個一組的陳列，真如孔穎達所稱的「臨時處置，未必別有他義」嗎？按古之禮制，大祭、大喪，物品的鋪設必為精心布置。《河圖》與其他三物一起，有著其某種共同的特徵。元代俞炎云：「《書‧顧命》有《河圖》，與大玉、夷玉、天球並列東序，當是玉石之類自然成文。」〔註109〕進而言之，大玉、夷玉、天球皆是刻有圖案的玉石。「大」、「天」皆說明其玉體積的龐大及異於其他玉石者，其上的文字或圖象，或有與《河圖》有呼應或相互補充者，其甚有可能正是《洛書》之圖象或文字說明。據清儒考證，「『《河圖》，在東序』，今文作『顓頊《河圖》，《洛書》，在東序』」〔註110〕，若然此說，那麼《洛書》必刻於玉石之中，因西序、東序各陳四物，西房、東房各陳三物，從數量上看是對稱關係，當不會東序五物，

經注疏上‧周易正義‧說卦》，第 94 頁）

〔註107〕〔魏〕何晏等注，〔宋〕邢昺疏《十三經注疏下‧論語注疏》卷九，上海古籍出版社，1997 年版，第 2490 頁。

〔註108〕《十三經注疏上‧顧命》，第 239 頁。

〔註109〕〔清〕劉寶楠《清人十三經注疏‧論語正義》，高流水點校，中華書局，1990 年版，第 334～335 頁。

〔註110〕〔清〕王先謙《清人十三經注疏‧尚書孔傳參正》，何晉點校，中華書局，2011 年版，第 884 頁。

而西序四物。準上所說，《河圖》、《洛書》乃是為世所寶重之物，已傳至周成王之時，後經西周，又傳至春秋，孔子之時猶可得以觀之。此明確了八卦與圖畫的關係。

《易‧繫辭上》亦稱：「河出圖，洛出書，聖人則之。」〔註111〕「河圖洛書」之說自古聚訟紛爭：妄從者神其本源，質疑者斥其乖謬。今幸際《筮法》之圖的問世，或可讓學人重審「河圖洛書」之說。易圖文獻，《漢書‧藝文志》有著錄，其云：「《古雜》八十篇，《雜災異》三十五篇，《神輸》五篇，圖一。」從《漢書‧藝文志》易學文獻篇數看，並未計易圖文獻，是「圖一」繫之《神輸》，是以《神輸》係有文有圖之易學古文獻。故此不啻可破學者《漢書‧藝文志》易學篇數差異之疑惑，亦可作為宋代易學歧出之圖書一派並非向壁虛構之佐證。

《筮法》之圖有二（見圖 1）：一系八卦方位圖，標明四正和四隅；二系八卦人身圖（圖 2），標示八卦與人體之關係〔註112〕。易圖最外周左邊有「東方也，木也，青色」一語，右邊有「西方也，金也，白色」一語；易圖上部有「南方也，火也，赤色也」一語，下部有「北方也，水也，黑色也」一語。此外，易圖最外周角隅繫以如下文字「奚古胃之震？司雷，是古胃之震；奚古胃之勞？司樹，是古胃之勞；奚古胃之兌？司收，是古胃之兌。奚古胃之羅？司藏，是古胃之羅」。

圖 1

圖 2

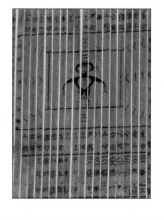
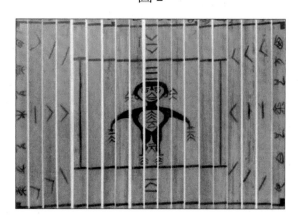

〔註111〕《十三經注疏上‧周易正義》，第 82 頁。
〔註112〕觀《筮法》之人身圖，可知其與《說卦傳》略異，表徵「目」之《羅》卦被移至腹下方，「目」缺對應之卦。

由圖 1 與圖 2 可看到，《筮法》易圖與簡文纏繞，此反映了《筮法》排纂者之獨具匠心。值得指出的是，四正卦釋文甚詳，而四隅卦雖亦以八卦標示，然卻未有一字所及，此既是受竹簡篇幅所限，亦顯示編者對四正卦意義的重視。《易緯·乾鑿度卷上》則對八卦方位闡述甚詳，其云：「震生物於東方，位在二月；巽散之於東南，位在四月；離長之於南方，位在五月；坤養之於西南方，位在六月；兌收之於西方，位在八月；乾制之於西北方，位在十月。坎藏之於北方，位在十一月。艮終始之於東北方，位在十二月。八卦之氣終，則四正、四維之分明，生、長、收、藏之道備。」〔註113〕此處「生、長、收、藏」之文與《筮法》「雷、樹、收、藏」意有通約，印證了中國古典文化的相互沿襲性。在此體認的基礎上，我們探究《說卦》之文對《歸藏》圖畫的因仍與改造。

以圖文纏繞形式問世的《筮法》於探究《說卦》的文本原貌有重要的啓示意義：

其一，它係易文獻至晚於戰國之時便以圖文相合之形式行世的一個明證，由此觀之，易之起源與圖畫之關係、八卦起源與天文地理之關係等等，諸問題皆可際易圖之問世再作深探

其二，《筮法》易圖的解說對象是八卦，《說卦》的解說對象亦是八卦，兩者有思想相通者，亦有相違者，最大的區別是今本《說卦》無圖畫，而被周王朝所寶重、被孔子所稱道的《河圖》竟未呈現於《說卦》之中，這不協於情理。《論衡·正說》載；「至孝宣皇帝之時，河內女子發老屋，得逸《易》《禮》《尚書》各一篇，奏之。宣帝下示博士，然後《易》、《禮》、《尚書》各益一篇。」〔註114〕《隋書·經籍志》載：「及秦焚書，《周易》獨以卜筮得存，唯失《說卦》三篇，後河內女子得之。」〔註115〕黃暉先生據此稱：「知論所云逸《易》者，即今《說卦》三篇也。唯《論衡》云『一篇』，《隋志》作『三篇』。不同者，蓋《說卦》本合《序卦》、《雜卦》而爲一篇，故韓康伯注本及唐石經仍以《說卦》、《序卦》、《雜卦》爲一卷。後人猥稱爲三篇，實不足究。」〔註116〕今結合《筮法》之圖畫，再審《論衡》、《隋志》等說，可推知《周易》

〔註113〕〔清〕趙在翰輯《七緯》，鍾肇鵬、蕭文郁點校，中華書局，2012 年版，第32 頁。

〔註114〕黃暉《論衡校釋》，中華書局，1990 年版，第 1124 頁。

〔註115〕〔唐〕魏徵、令狐德棻《隋書》，中華書局，1973 年版，第 912 頁。

〔註116〕黃暉《論衡校釋》，中華書局，1990 年版，第 1124 頁。

所散佚的《說卦》三篇，河內女子僅得之一篇，其餘兩篇業已亡佚或已不詳其內容。實際上，《說卦》所散亡的正是類似《筮法》圖畫（圖 1）的圖畫篇章。換而言之，《筮法》的圖畫，除了其與《周易》易說相背的部分，《說卦》亦當有表現相同內容的圖畫，此是對《河圖》、《洛書》、《易象》、《歸藏》圖畫文本等的承繼。

值得關注的是，《筮法》的八卦與八體的對應圖（圖2），可以看到：自上而下，乾為首，勞為耳，兌為口，臾為胸或心，羅為腹，艮為手，巽為股，震為足。《說卦》八體之文則載：「乾為首，坤為腹，震為足，巽為股，坎為耳，離為目，艮為手，兌為口。」比勘兩者，最大的區別在於同卦體的臾與坤、羅與離的人身之象：《說卦》文無胸象，《筮法》無目象。這是不同體系的易造成的取向差異。這種差異意味著什麼呢？此必然涉及到卦名與漢字的意義的對應關係。

誠如侯乃峰先生所稱「先秦時期易學與文字的發展始終是相伴偕行的。由《筮法》篇所反映出的現象考察，正可看出易學與文字的伴生發展軌跡」〔註 117〕，《筮法》之「臾」與《周易》之「坤」有各自的意義，並非簡單的通假關係。《筮法》中「臾」作：

細觀其形狀，「⻌、⻌」類似人的左右胸骨，「▬」則可視為人之心臟，「⼈」則突出人的形象，限定了人是此字的主體。所以，「臾」之義當與心或胸有關〔註 118〕。准此，《筮法》以「臾」為胸或心乃合漢字構形特徵，八卦以臾為胸之象於理有協。此外，可以看到「臾」之字形並無「坤為腹」之「腹」的人體形狀。

〔註 117〕侯乃峰《釋清華簡〈筮法〉的幾處文字與卦爻取象》，《周易研究》2015 年第 2 期。

〔註 118〕整理者《注釋》：「臾，即『坤』字，見《碧落碑》、《汗簡》等，也是輯本《歸藏》的特徵。」（《清華大學藏戰國竹簡（肆）》，第 109 頁）程燕先生從是說，並詳加推闡，稱：「清華簡中的『坤』字，應該分析為從『大』，『昆』聲。……既然『坤』是地，所以，簡文『坤』字形體從『大』是具有表意作用的，這恰可體現易學思想中的『地大』概念。」（程燕《談清華簡〈筮法〉中的『坤』字》，《周易研究》2014 年第 2 期）

羅爲腹，亦與「羅」本義相關。《易傳・繫辭上》載：「古者包犧氏之王天下也……始作八卦……作結繩而爲罔罟，以佃以漁，蓋取諸《離》。」〔註119〕此處之「離」，實當爲「羅」，是「網羅」之意，引而伸之，有「包含、包羅」之義，人體之腹亦有此特徵，故《歸藏》之易取羅爲腹。《周易》變《歸藏》之「羅」爲「離」，並賦予了「麗」之義，引申爲「明」，人依賴雙眼方能明察外界，故《說卦》取離爲目。值得指出的是，雖然《說卦》以坤爲腹，卻亦保留了「離，其於人也，爲大腹」的《歸藏》易說，此是《說卦》理論不自圓其說之處，但《說卦》的一個重要意義亦體現於此：這種前後文的矛盾之處，正是《說卦》留下了《歸藏》易說的痕跡與明證，證實了《說卦》成文有資取《歸藏》易說者。

綜上所述，卦位圖、人身圖保留了《歸藏》易說及其圖畫，是《歸藏》易《八索》〔註120〕的組成部分，後出之《說卦》對《八索》的易說及其圖畫進行了改易，以納入《周易》的體系，包括更換卦名、賦予同卦體異義，重畫八卦圖等等。令人惋惜的是，《說卦》並未能完整地傳承下來，三篇僅存一篇，其圖畫的文本的散亡，令後人以爲《說卦》無易圖。而幸藉《筮法》的問世，得以重申「《說卦》有無易圖」的問題。經初步研究，我們認爲《說卦》存在易圖，只不過歷經秦焚書、項羽火燒咸陽宮，典籍化爲灰土，其中，《說卦》易圖之篇亦未能幸免於難，而流於民間者則是今天所見之《說卦》。

（三）爻象與《說卦》卦象

爻有象，且簡文直命以「肴」，說明至晚於公元前 300 年左右的戰國時期〔註121〕，占筮所得之「八、五、九、四」已被視爲肴（爻），亦被賦以象之義，又由爻象而占斷。此種爻有象的占斷現象，我們認爲淵源古老，可能是《歸藏》的一個重要內容，而自春秋起，《周易》大行於世後，曾作爲王官之學的

〔註119〕《十三經注疏上・周易正義》，第 86 頁。

〔註120〕《國語・鄭語》載：「史伯曰：先王以土與金、木、水、火雜以百物，是以和五味以調口，剛四支以衛體，和六律以聰耳，正七體以役心，平八索以成人。」杜預《注》：「平，正也。八索謂八體，以應八卦也，謂：幹、乾爲首，坤爲腹，震爲足，巽爲股，離爲目，兌爲口，坎爲耳，艮爲手。」（〔清〕徐元誥《國語集解》，王樹民、沈長雲點校，中華書局，2002 年版，第 470 頁）周太史所言「八索」是引申爲「八體」的基礎上稱引。這說明「八卦對應八體」之說在西周之時已成爲常識。

〔註121〕廖名春先生稱清華簡的大致年代在公元前 300 年左右（廖名春《清華簡〈筮法〉篇與〈說卦傳〉》，《文物》2013 年第 8 期）。

《歸藏》地位失落，並下移於民間，生成了類似《筮法》的民間筮典，而《歸藏》易說亦藉《筮法》得以幸存。

1. 爻之概念

學者或因「八、五、九、四」出現概率甚少，遽判其爲筮數；又因「一、六」概率甚多，而逐定「一、六」爲陰、陽爻。對此，廖名春先生稱「一和六不是簡單的七和六，已經上升爲陽爻和陰爻了；而九、八、五、四則還是筮數，有其具體的特殊的意義」〔註122〕，林忠軍先生稱「這些賦予了特定意義的數字，是數而非爻，卻承擔了爻的職能」〔註123〕，李尚實先生稱「無論是一、六，還是八、五、九、四都不是可變的筮數」〔註124〕等等。李學勤則稱此六數皆爻〔註125〕，筆者信取此論。可考之以《筮法》占例，如「生死」一節，「惡爻」係就五、九而言；「雠」一節，「杪爻」，乃對九、八而言；「肴（爻）象」一節，有「凡肴（爻）象」云云，《筮法》文本已著明文。學者或因一、六於占例中筮得概率高，又受《周易》術語陰爻、陽爻影響，是以判六、一爲陰、陽爻。考之《周易》各《傳》，陰爻、陽爻乃就天道、地道和人道變化而言，理論核心是變，如《繫辭》言「爻者，言乎變者也」，具體而言，乃是卦象之運化，且爻是與解爻辭共生者，如《繫辭》云：「繫辭焉以斷其吉凶，是故謂之爻」。而較之爻是對變化的解釋，《筮法》之肴是對筮得之數的稱謂，側重於占筮遇此肴時，其對占斷結果之影響〔註126〕，與《周易》爻之概念同名異義〔註127〕。

2. 爻象之特色

《爻象》以「八、五、九、四」四數表示八卦之象，並以一數代表八卦

〔註122〕廖名春《清華簡〈筮法〉篇與〈說卦傳〉》，《文物》2013年第8期。
〔註123〕林忠軍《清華簡〈筮法〉筮占法探微》，《周易研究》2014年第2期。
〔註124〕李尚信《論清華簡〈筮法〉的筮數系統及其相關問題》，《周易研究》2013年第6期。
〔註125〕李學勤先生稱：「一是陽爻，六是陰爻，都是多見的常態；而同樣相當陽爻的五、九，相當陰爻的四、八，則比較少見……五九和一同樣是陽爻，四、八和六同樣是陰爻，在若干占例中得到證實。」（李學勤《清華簡〈筮法〉與數字卦問題》，《文物》2013年第8期）
〔註126〕如《爻象》云：「凡肴，如大如小，作於上，外有咎；作於下，内有咎；上下皆作，邦有兵命，怪、風雨、日月有食。」
〔註127〕王化平先生說：「整理者認爲第二十九節中的『肴』當讀作『爻』，讀音方面當然沒有疑義，但從《周易》的角度看，應該是誤用了『爻』的概念。」（王化平《讀清華簡〈筮法〉隨箚》，《周易研究》，2014年第3期）

幾個經卦方可表徵之象，如《說卦傳》以巽爲風，坎爲水，兌爲口舌，乾爲首，震爲足；《爻象》以八爲風、水、言，以九爲首、足；《說卦》動物之象，《爻象》僅以「九爲大獸」四字概之。《爻象》無涉火、山、雷、澤四象；《爻象》有、《說卦》卦象所無者，有八之爻象「飛鳥、腫脹、魚，罐箭」，五之爻象「貴人、車、方、饑」，九之爻象「戒備、蛇、駝」〔註128〕，四之爻象「鼓、腫、雪、露、霰」等等。

此外，相較《繫辭》「齊小大者存乎卦」、「卦有小大」之說，《筮法》言「肴如大如小」，肴所處之位，小者，則致吝於內或外；大者，則有兵命、天災人禍。此外，從諸含有肴的占例看，「肴」有「混合體」之義，也即筮得之「對卦」混合了兩個或兩個以上的肴數，《筮法》第七節「讎」是其例證，茲不贅述。

3. 爻象之功能

四個數字所承之象或表徵之意義，《筮法》占例足徵之。爻象之功能，主要體現在其與數字卦之吉凶、失得、悔吝、祟等關係密切，如「死生」節，數字卦體卦有九、五，故解筮辭云「惡爻處之，今焉死」〔註129〕；又如「得」之末節「八、五、九、四」依四季之順序現於占例，故解筮辭側重強調其是「得」之關鍵所繫，若易之以它數，結果則異。此外，《爻象》簡文亦以八、五、九、四爲序行文。以「得」末節考之，四數與四季對應，《爻象》亦云「四爲雪，爲霰」與冬季氣候同，《筮法》亦有「四季吉凶」一節，故四數與四季相應，或有更深之內蘊，篇幅所限，亦無贅述。

總之，《筮法》的特質之一是其爻有象；與《說卦傳》以八經卦爲象之載體者異轍，《筮法》以「八、五、九、四」承載象；《筮法》之「肴」《周易》之爻概念歧異，不可混爲一談；爻象於數字爻「對卦」占筮結果影響顯著，當予以關注。

通過上文的分析，我們認爲，《說卦》對《筮法》爻象內容進行了捨棄，所以我們在《易傳》裏尋覓不到《筮法》爻象的痕跡。由《筮法》「爻亦有象」這個特殊的易學現象可以重審《周易》易說與《歸藏》易說或其他易說的淵源與差異。現再觀《筮法》爻象，其謂「八爲水、九爲木」〔註130〕，此與學

〔註128〕簡文此字作「它」，整理者認爲係衍文，筆者認爲若釋爲駝亦可通，因蛇、駝、曲、弓皆有彎曲之形。

〔註129〕李學勤《清華大學藏戰國竹簡（肆）》，第79頁。

〔註130〕李學勤《清華大學藏戰國竹簡（肆）》，第20頁。

界認為的流行於戰國的五行之說〔註131〕相異，此說明《筮法》爻象中的「水、木」與五行「水、木」並不是同一個知識體系，表示五行「水、木」所用者是經卦。《說卦》捨棄了《筮法》爻象之說，而承繼了經卦取象的原理。

第五節　《象傳》之生成及其特徵

何謂《象傳》？《周易・繫辭上》云：「象者，言乎象者也。」〔註132〕《繫辭下》又云：「象者，材〔註133〕也。」〔註134〕《象傳》即是對卦辭即象〔註135〕的解釋。孔穎達《疏》云：「夫子所作《象》辭，統論一卦之義：或說

〔註131〕按五行之說：一水、二火、三木、四金、五土，水的成數六、火的成數七、木的成數八、金的成數九、土的成數十。

〔註132〕〔魏〕王弼注，〔唐〕孔穎達疏《周易注疏》卷十，日本足利學校遺跡圖書館後援會影印南宋初年刊本，1973年版，第617頁第11葉前。

〔註133〕「材」之義，韓康伯《注》云：「材，才德也。象言成卦之材，以統卦義也。」孔穎達《疏》云：「『象者，材也』者，謂卦下象辭者，論此卦之材德也。」（〔魏〕王弼注，〔唐〕孔穎達疏《周易注疏》卷十二，日本足利學校遺跡圖書館後援會影印南宋初年刊本，1973年版，第714頁第11葉後，第717頁第13葉前）

〔註134〕〔魏〕王弼注，〔唐〕孔穎達疏《周易注疏》卷十二，日本足利學校遺跡圖書館後援會影印南宋初年刊本，1973年版，第714頁第11葉後。

〔註135〕清儒阮元《釋易象音》云：「《周易》『象』之為音，今俗皆讀『團』之去聲，與古音有異。古音當讀若『馳』，音近於『才』，亦與『蠡』字音近。故《繫辭傳》曰：『象者，材也。』此乃古音訓相兼。是『象』音必與『才』音同部。……按：《說文》『象』、『彖』二字之注，後人亂之。今本『象，豕走也』當云『彖，豕走挩也』。讀若馳。然則，『象』、『彖』二字分別在多寡一畫之間，『象』之音當若何？曰：此字乃『通貫切』。『豕』也音近『緣』，凡『緣』、『篆』、『瑑』等字皆從之，有緣飾隆起之意。『彖』字音近『材』、近『蠡』，凡『蠡』、『喙』、『憊』、『禒』字從之，有蠡刻分解之意。」（〔清〕阮元《揅經室集》卷一，張元濟主編《四部叢刊》集部第180冊，商務印書館，1936年版，第2頁上～第3頁上；又參〔清〕阮元《揅經室集》卷一，鄧經元點校，中華書局，1993年版，第2～3頁）是阮元以為今本《周易》『象』的正字應是『彖』，『象』為誤用之字，且『彖』有『為分各個部分而解釋文辭』之意。根據《象傳》解卦之爻象、卦象以及卦辭各部分的情況來看，阮元所見甚確。日本學者戶田豐三郎肯定了阮元立論的精審之處，又云：「『象』『彖』互淆也是很早以前的事，舊說難改，可算是一個例子。」（〔日〕戶田豐三郎《〈周易〉「象」「繫」兩傳的形成》，劉文獻譯，〔中國臺灣〕《書目季刊》1971年第5卷第4期），此說亦有利於我們理解「象」「彖」之義。總之，《象傳》即對一個卦的某爻、上下二象的意義以及卦辭的解釋；起初，象傳應是「彖傳」，但後因字形、字義的相類同，而被混用，且最終「象傳」反取代「彖傳」成為「正字」，一直

其卦之德，或說其卦之義，或說其卦之名。故《略例》云：『《彖》者，何也？統論一卦之體，明其所由之主。』案：褚氏、莊氏並云：『彖，斷也。斷定一卦之義。所以名爲《彖》也。』」〔註136〕是孔穎達以爲《彖傳》作者爲孔子，《彖》乃爲讚述一卦的意義而作。此說除了《彖傳》作者有待商榷外，其說可從。

《彖傳》的生成體例，孔穎達《疏》亦有所闡述，其云：

> 夫子爲《彖》之體，斷明一卦之義，體例不同。莊氏以爲凡有一十二體。今則略舉大綱，不可事事繁說。莊氏云「《彖》有發首則歎美卦者」，則此《乾·彖》云：「大哉《乾》元。」《坤》卦《彖》云：「至哉《坤》元。」以《乾》《坤》德大，故先歎美之，乃後詳說其義。或有先疊文解義、而後歎者，則《豫》卦《彖》云「《豫》之時義大矣哉」之類是也。或有先釋卦名之義、後以卦名結之者，則《同人·彖》云「柔得位、得中，而應乎《乾》，曰《同人》」、《大有·彖》云「柔得尊位大中，而上下應之，曰《大有》」之例是也。或有特疊卦名而稱其卦者，則《同人·彖》云「《同人》曰：『同人于野，亨』」。《注》云：「同人于野亨、利涉大川，非二之所能也；是《乾》之所行，故特曰『《同人》曰』。」此等之屬，爲文不同。唯《同人》之《彖》特稱「《同人》曰」，《注》又別釋，其餘諸卦之《彖》或詳或略，或先或後，故上下參差、體例不同，或難具解，或易略解，若一一比並，曲生節例，非聖人之本趣，恐學者之徒勞、心不曉也。今皆略而不言，必有其義於卦下而具說〔註137〕。

是孔穎達以爲《彖傳》之文的製撰之義例主要分爲四種，具體而言，即是：一以首句讚述卦之特徵、後詳說卦辭者，以《乾》《坤》兩卦之《彖傳》爲典例；二是首句之首字與尾字爲卦名，以中間之文解卦名之義，再以結合卦義及卦辭發揮成文，最後歎美卦之德；三是先解釋卦名之意義，後以卦名結其尾；四是特地重複卦名而稱述其卦者。此說對我們研究《彖傳》的生成義例

沿用至今。
〔註136〕〔魏〕王弼注，〔唐〕孔穎達疏《周易注疏》卷一，日本足利學校遺跡圖書館後援會影印南宋初年刊本，1973年版，第17頁第9葉前。
〔註137〕〔魏〕王弼注，〔唐〕孔穎達疏《周易注疏》卷一，日本足利學校遺跡圖書館後援會影印南宋初年刊本，1973年版，第21頁第11葉前～22頁第11葉後。

或特徵有重要的啓發之功，但其弊在於過於簡略，不夠全面、系統，故有必要加以詳述。

（一）《彖傳》的生成義例

《乾‧彖傳》曰：大哉《乾》元！萬物資始，乃統天。雲行雨施，品物流形。大明終始，六位時成，時乘六龍以御天。乾道變化，各正性命，保合大和，乃利貞。首出庶物，萬國咸寧。

《坤‧彖傳》曰：至哉《坤》元！萬物資生，乃順承天。坤厚載物，德合无疆。含弘光大，品物咸亨。牝馬地類，行地无疆，柔順利貞。君子攸行，先迷失道，後順得常。西南得朋，乃與類行；東北喪朋，乃終有慶。安貞之吉，應地无疆。

《屯‧彖傳》曰：「《屯》：剛柔始交而難生，動乎險中。大亨貞。雷雨之動滿盈。天造草昧，宜建侯而不寧。」《屯》䷂，初九爲剛，六四爲柔，剛柔爲地之道〔註138〕，初、四有正應，然外卦☵爲坎難，初九往而應☵之始，即剛柔初交遇而有險難。此是《彖》傳作者從上下卦之爻是否有應的視角闡釋《屯》之卦義。又《屯》內卦☳，爲動；外卦☵，爲險難，所以《彖傳》云「動乎險中」。此乃從上卦之卦畫所構成的卦象之義闡釋《屯》之卦義。「大亨貞」是對「元亨利貞」的解說。又從自然之象言之，《屯》下卦☳，爲雷；上卦☵爲水，雨下於地而爲水，水流而坎滿，所以《彖傳》云「雷雨之動滿盈」，表示事物因難而生，因生而得其盛美的狀態。《易》重在推明人事，所以《彖傳》最終歸於人事而明《屯》之義，以解釋「利建侯」之義。由此觀之，《屯‧彖傳》的文本生成是在綜合考察了上下爻來往情況、上下卦體所構成的卦象的意義，以及卦名之義與卦辭之間的關係等問題後，才得以撰成其文。

《蒙‧彖傳》曰：「《蒙》，山下有險，險而止，《蒙》。蒙亨，以亨行，時中也。匪我求童蒙，童蒙求我，志應也。初筮告，以剛中也。再三瀆，瀆則不告，瀆蒙也。蒙以養正，聖功也。」《蒙》䷃，下卦☵，爲陷，可表險難之意；上卦☶，爲山，爲止，所以《彖傳》云「山下有險，險而止」。遇險難而止步，遲疑不前，不果其行，爲迷惘彷徨之時，所以用「蒙」稱其狀態。此

〔註138〕《説卦》云：「昔者聖人之作《易》也，……立地之道曰柔與剛。」（〔魏〕王弼注，〔唐〕孔穎達疏《周易注疏》卷十三，日本足利學校遺跡圖書館後援會影印南宋初年刊本，1973 年版，第 769 頁第 4 葉前～770 頁第 4 葉後）

從卦體之象釋《蒙》卦之名，其闡釋卦名的體式為「卦名＋卦體之象的意義＋卦名」。處於蒙昧之時，前行之道亨通，以斯而往，應於機遇，則能遂其心中之願。人君以己為蒙昧之人，不獨斷專行，又能果行其《蒙》道，使世道亨通，人心承蒙時遇，德行中正，以斯而行，世道人心皆得其宜。此是《彖傳》「以亨行，時中也」之義。「以剛中也」解釋卦辭「初筮告」之意，「剛」為地道，「中」為人道，此將☶九二之於《蒙》一卦的要義表而出之，即：初筮告誡以吉凶的情況，是因為稽疑者以剛強之品性卻謙遜，而甘居九二之位，為貌似蒙昧而不蒙者。「瀆，蒙也。蒙以養正，聖功也」，是《彖傳》以「蒙」解卦辭「瀆」之義，由此，則「再三瀆，瀆則不告」意即「再三筮蒙，蒙則不告以吉凶之情況」，稽疑者一而再，再而三地以筮稽疑，欲筮得其吉利之象，是迷惘不已的表現。所以筮人不判吉凶的情況，讓其自返而自養正。蒙者能知己之蒙昧，又能自養正氣，此是聖人治世王天下之大功。此是《彖傳》「蒙以養正，聖功也」之義，此亦是從卦體之象而敷衍成文。觀☶之體，九二至上九有《頤》☶之體，故《彖傳》以「養」而發揮開來，並將其功繫於聖人。

《需·彖傳》曰：「《需》，須也，險在前也，剛健而不陷，其義不困窮矣。需有孚，光亨貞吉，位乎天位，以正中也。利涉大川，往有功也。」《需》☵，內卦☰，為健；外卦☵，為陷，此是《需》卦的內外卦的情境，其外部環境有險難或潛伏招致隱患的因素，即前路將遇險境，遇險難或有隱患的情境而不陷滯其中。所以《彖傳》之首句闡釋了《需》之卦名。「需有孚，光亨貞吉」乃迭出卦辭，後簡釋其義。☵，九五、上六為天位，九五又在互體卦☲之上極，是有孚信、有光明者，履中得正，所以《彖傳》云「位乎天位，以正中也」。此統卦象、爻位而論一卦之德，孔穎達《疏》將此文辭的生成方式稱為「以兼象兼爻而為卦德者。」〔註139〕《彖傳》以「往有功也」闡釋「利涉大川」，有激勵人們克服艱險取得成功之用意。準上，此條《彖傳》的生成體式為：先以卦體經卦之體用解釋卦得名之由，後以卦象、爻象而發揮卦辭之義。

《訟·彖傳》曰：「《訟》，上剛下險，險而健，《訟》。訟有孚窒惕中吉，

〔註139〕《需·彖〈疏〉》云：「凡卦之為體，或直取象而為卦德者，或直取爻而為卦德者，或以兼象兼爻而為卦德者。」（（〔魏〕王弼注，〔唐〕孔穎達疏《周易注疏》卷二，日本足利學校遺跡圖書館後援會影印南宋初年刊本，1973年版，第103頁第22葉）

剛來而得中也。終凶，訟不可成也。利見大人，尙中正也。不利涉大川，入于淵也。」《訟》䷅，內卦☵，爲陷；外卦☰，爲健，即䷅之體有「內懷險詐，外露剛暴」之象，如卦象所示而謀事、處世，易陷入訟事，此從訟事雙方性格上解釋爭訟之由，亦闡明了䷅得名之由。䷅之體，九二至九四互體成☲，爲火，爲日，是有孚信、光明之象，而九二處於其初，又居於內卦之中，以剛而來向內卦之第二位，是剛健而謙遜，不好鬥訟者，所以《象傳》云「剛來得中也」。䷅之上卦爲☰，上九爲好於爭訟、務必求勝者，是爲過亢，亢而有悔，有悔而凶生，雖得其訟之勝利，然終因好訟求勝、不尙中正之行而四處樹敵，又不得其類六三之正應，因此其事業不可成就。故此《象傳》云「終凶，訟不可成也」。䷅之九五爲《訟》之主，在☰之中，而☰爲君，是爲大人，大人以至尊、中正而決訟，化訟爲和，是訟之大吉利之象，所以《象傳》云「尙中正也」。再觀䷅，六三至九五互體成☴，爲入；下卦☵，爲水，欲渡過大河而身入於水，爲危咎之象，所以《象傳》以「入於淵也」解「不利涉大川」。此從卦象綜合考探卦辭之意義。

由此例可觀《訟·象傳》生成的一個體式，即：先由卦體之上下經卦之體用，探析卦的命名之由，然後以爻義、象義綜合發揮卦爻的之義。

《師·象》曰：「師，眾也；貞，正也。能以眾正，可以王矣。剛中而應，行險而順，以此毒天下，而民從之，吉又何咎矣。」䷆，內卦☵，爲陷，可表艱險之意；外卦☷，爲順，爲眾。是䷆取人眾之義，《象傳》因此云「師，眾也」，以釋《師》之名。《象傳》又以「正」闡明卦辭「貞」之意，表示出師有名，方爲正。《象傳》又釋「丈人」爲王者，以爲能使眾人循正道而行、務於正事之人，即爲王者之風範，所以《象傳》由「丈人」而敷衍成文。䷆之九二爻以剛處中，又與六五有應，所以《象傳》云「剛中而應」。九二以剛健之質而處於陰位，爲能謙遜而善於用兵者，順應六五之王者，敢於抗擊艱難險阻、力克勁敵，順應王命，以此剛柔並施、統兵帶將，出師而眾心皆依從，所以易克敵制勝，吉莫大焉，所以《象傳》云「行險而順，以此毒天下，而民從之，吉又何咎矣」。準上，則《師·象傳》的製撰體式爲先釋《釋》之卦名，後釋卦辭之義。其中，解釋卦辭之時，以九二之爻的德性、應合情況，以及上下經卦體用之義，詮釋卦辭。

《比·象傳》曰：「比，吉也；比，輔也。下順從也。原筮元永貞无咎，以剛中也。不寧方來，上下應也。後夫凶，其道窮也。」《象傳》先釋《比》

卦之名，後論☷卦體上下經卦的體用之義，即：下卦☷爲順，六二至六四互體成☷，亦爲順，九五之下又皆爲陰爻，有順從九五之象，所以《象傳》稱「下順從也」。九五履中得正，以剛處陽，能和眾人，眾人親比輔助九五，皆應驗初始之筮占，因眾人懷有得大而又久之貞正，又有剛健正位之主之依靠，所以《象傳》以「剛中也」釋「原筮元永貞无咎」，又以「上下應也」解「不寧方來」。最後，《象傳》以上六未能順從九五，其道困窮而至於凶兆隨之，所以《象傳》云「其道窮也」。又此觀之，《象傳》綜合地考察了☷之爻位、爻性以及爻之來往應合情況，並由此而闡明其義。可見，《象傳》遵循了「以象解象」的基本解釋方法。

所以，《比·象傳》之文的生成體式是先釋卦名，後以象解象。

《小畜·象傳》曰：「小畜，柔得位而上下應之，曰小畜。健而巽，剛中而志行，乃亨。密雲不雨，尚往也。自我西郊，施未行也。」《象傳》以上下爻之應承關係解《小畜》之名。將決定一卦義的六四爻特地表出。可見，在《象傳》作者看來，以卦之中，爻性唯一異於其於五爻的爻對於一卦之義及其卦得名之由，起著至關重要的作用，此即王弼所稱「成卦之體」〔註140〕，六四即《小畜》得以成卦之主。觀《小畜》☴之卦體，內卦☰，健也；外卦☴，是《巽》卦，有順應命令之義。是☴有「內剛健而外順應王者命令」之象。又九二、九五各爲陽爻，爲以剛處中，以此中正之性而欲遂其志向，此爲可行之道，所以《象傳》以「健而巽，剛中而志行」解卦辭稱「亨」之由。☴，五陽而一陰，爲陽向陰而動之卦，五陽向六四之方向聚集，所以《象傳》云「尚往也」。《小畜》互體卦☱，爲西；其上卦☴，爲不果，所以《象傳》以「施未行也」解「自我西郊」之義。

由上觀之，《小畜·象傳》的生成體式是先以爻象釋《小畜》卦得名之由，後根據象闡釋卦辭之義。

《履·象傳》曰：「履，柔履剛也。說而應乎乾，是以履虎尾，不咥人，亨。剛中正，履帝位而不疚，光明也。」《履》☱，六三是成卦之主，爲《履》得名之由，六三以小而禮九二之大，是以柔禮剛，於人事言之，即人法此地道而行，所以《象傳》以「柔履剛也」之象解《履》之義。《象傳》又云「說

〔註140〕《履·象注》云：「凡象者，言乎一卦之所以爲主也。成卦之體在六三也。」（〔魏〕王弼注，〔唐〕孔穎達疏《周易注疏》卷三，日本足利學校遺跡圖書館後援會影印南宋初年刊本，1973 年版，第 153 頁第 16 葉前）

而應乎乾」，此爲《彖》之文的一個表述方式，即以「下卦之體用＋而＋上卦之名」的形式解說卦體之意義，如《小畜・彖傳》云「健而巽」之類。《履》九二以剛處內卦之中〔註141〕，又在互體卦☲之初，有光明之光，是恭謹地向九五帝位而行其禮義者，所以《彖傳》云「剛中正，履帝位而不疚，光明也」，再申君臣之禮。由此觀之，《履・彖傳》的生成體式是先由成卦之爻的象之義釋一卦之名，後依象而闡明卦辭之義。

《泰・彖傳》曰：「泰，小往大來吉亨，則是天地交而萬物通也，上下交而其志同也。內陽而外陰，內健而外順，內君子而外小人，君子道長，小人道消也。」《泰》䷊之卦體，下卦☰爲天，上卦☷爲地。天之氣息上升，地之氣息下沉，兩相交匯而相通，如此萬物得亨通之道，此即《彖傳》「天地交而萬物通也」之義。《泰》下卦《乾》又爲君，上卦《坤》爲臣，君臣交往而各行其宜，同務於政事，所以《彖傳》以人事而解「小往大來吉亨」之義。《泰》內卦爲純陽，外卦爲純陰；內《乾》爲健，外《坤》爲順；內《乾》又爲君，外《坤》又爲衆，所以《彖傳》因此而言「內陽而外陰，內健而外順，內君子而外小人」，皆依卦象而解義。在卦辭作者看來，《泰》䷊由《坤》䷁消除其陰而成，所以其稱「小往大來」，小即陰爻，大即陽爻，陰爻往，而陽爻來至內卦。《彖傳》通曉此意，所以云「君子道長，小人道消也」。準上，則《泰・彖》的製撰體式即先迻出卦辭，其次以卦之自然之象、人事之象解之，最後以爻、卦等象綜合論卦體之義。

《否・彖傳》曰：「否之匪人，不利君子貞，大往小來。則是天地不交而萬物不通也，上下不交而天下无邦也。內陰而外陽，內柔而外剛，內小人而外君子。小人道長，君子道消也。」《否》䷋之文的生成體式與《泰》者相同，不再贅述。

《同人・彖傳》曰：「同人，柔得位得中，而應乎乾，曰同人。同人曰『同人于野，亨。利涉大川』，乾行也。文明以健，中正而應，君子正也。唯君子爲能通天下之志。」《同人》䷌，六二是其成卦之主，爲《同人》唯一之陰爻，對䷌之意義的判定起著決定性的作用。六二以柔處陰，居位得正，又與

〔註141〕王弼《注》云：「言五之德」（〔魏〕王弼注，〔唐〕孔穎達疏《周易注疏》卷三，日本足利學校遺跡圖書館後援會影印南宋初年刊本，1973年版，第153頁第16葉前）是認爲《彖傳》所言「剛中正」謂「九五」，孔穎達《疏》用此說，並謂「此兩句贊明《履》卦德義之美，於經無所釋也」。其時，「剛中正」當繫於九二，而不是九五，否則《彖傳》所稱「光明」之言無落實之處。

上卦☰之九五有正應，所以《彖傳》以「同人，柔得位得中，而應乎乾，曰同人」，即贊明六二之於《同人》之義的重要性。《彖傳》考察《同人》之卦體，以「乾行也」釋卦辭「同人于野，亨。利涉大川」，乾行即健行，和同於人而健行在外，能攻堅克難。此專論外卦之義。☲之體，內卦☲，為火，為日，有光明蘊含於內之象；外卦☰，健也，能健行光明之德義，此為君子修身齊家治國平天下之正道。又《同人》六二、九五之爻各居其中，有著正應，君臣各行中正之道，得君臣政治秩序之中正不亂。如斯道而行，嚮明而治，則可通曉天下人之心志，以使眾人同其正道，共享政通人和之政治氣象。所以《彖傳》云「文明以健，中正而應，君子正也。唯君子為能通天下之志」，此將君子的政治情懷予以讚述，由此可見《彖傳》作者政治的思想境界的高遠。從「君子貞」一句出發，《彖傳》既探究了《同人》上下卦體之象義，又闡明上下卦應合之爻的意義，最後昇華了君子和同於人的思想境界。由上可見，《同人・彖傳》之文生成的理路為先論成卦之爻的意義，後迭出卦辭發揮其義。

　　《大有・彖傳》曰：「大有，柔得尊位大中，而上下應之，曰大有。其德剛健而文明，應乎天而時行，是以元亨。」《大有》☲，六五為其成卦之主，為《大有》唯一之陰爻，此爻居於外卦☲之中，六五為天位，是六五以陰柔之質而履於尊位，為以小而能光大其正業者。六五為積微明而成其光大者，眾陽又皆和其光明，應其命令，所以六五能大成其業。《彖傳》作者慮及此象此義，所以以「大有，柔得尊位大中，而上下應之，曰大有」解☲之義，以闡明其得名之由。再觀☲之體，內卦☰為健，純陽居內而剛；外卦☲有光明之象，是《大有》之卦內懷剛健之性，外推文明之政，應合天命而行其時宜，所以其道能大通，其業能大成。《彖傳》作者見此卦之德，故以內卦卦之義而贊明「元亨」之由。準上，《大有・彖傳》的生成之類同《同人・彖傳》。

　　《謙・彖傳》曰：謙亨，天道下濟而光明，地道卑而上行。天道虧盈而益謙，地道變盈而流謙，鬼神害盈而福謙，人道惡盈而好謙。謙尊而光，卑而不可踰，君子之終也。」《謙》☷，下卦☶為山，山高於地而其根基在於地下，根據愈深固，愈能撐其高遠；上卦☷為地，地在天山之下，而其所載萬物皆向上而生。此是《彖傳》釋「謙亨」之意義的大意。但《彖傳》作者並不拘泥於山、地之象，而是以與山有相同特徵（即高離於地）的「天」代替「山」，而藉此闡發天道、地道、鬼神之道、人道中盈、謙的轉化關係，體現

了《象傳》作者推尙謙道的意識。君子尊貴而又謙虛，謙虛而又光明，即物無害己，所以謙卑之道不可逾越，君子以此得其善終；否則，盲目自大，則物必犯之，其身難安，其業難成其久。思慮及此，所以《象傳》以「謙尊而光，卑而不可踰」釋卦辭「君子之終也」。準上，則《謙·象傳》的生成體式爲依卦辭而發揮其義，闡明事理。

《豫·象傳》曰：「豫，剛應而志行，順以動，豫。豫順以動，故天地如之，而況建侯行師乎？天地以順動，故日月不過，而四時不忒；聖人以順動，則刑罰清而民服。豫之時義大矣哉。」《豫》䷏，九四是其成卦之主，以剛強之體處於陰位，與初六有應，且在䷗動之初，爲有志於行者，所以《象傳》稱「豫，剛應而志行」。《豫》內卦☷爲順，外卦☳爲動，內柔順而外動應之，此爲䷏上下二象之體用之象義，所以《象傳》以爻義、象義解說《豫》成卦之特徵。然後依據「順以動」而闡釋天地、日月、四時、聖人施行刑罰之道等之時義，即法天地之道，順應天命，遵行地道，不違日月四時之理，立刑律而懲罰不法之徒，而豫悅於眾，則民心從而呼應王者之命，所以《象傳》製撰如上。由此觀之，《象傳》借「順以動」而發揮了豐富的思想內容，所歎美之「時義」亦具有可反覆品味的深意。準上，《豫·象傳》的生成體式爲先以成卦之爻、上下二象體用之義釋卦之特徵，後以卦之特徵贊明天道、地道及人道，最後歎美一卦之時並義。

在此值得統而論《象傳》之中歎美卦德之文。孔穎達《疏》對此有詳說，其云：

> 歎卦有三體：一、直歎時，如「《大過》之時大矣哉」之例是也；二、歎時並用，如「險之時用大矣哉」之例是也；三、歎時并義，「《豫》之時義大矣哉」之例是也。夫立卦之體，各象其時，時有屯夷，事非一揆，故爻來適時，有凶有吉。人之生世亦復如斯，或逢治世，或遇亂時，出處存身，此道豈小？故曰「大矣哉也」。然時運雖多，大體不出四種者：一者，治時頤養之世是也；二者，亂時大過之世是也；三者，離散之時，解緩之世是也；四者，改易之時，革變之世是也。故舉此四卦之時爲歎，餘皆可知。言用者，謂適時之用也。雖知居時之難，此事不小而未知以何而用之耳，故《坎》《睽》《蹇》之時，宜用君子，小人勿用。用險取濟，不可爲常，斟酌得宜，是用時之大。略舉險、難等三卦，餘從可知矣。又言義者，

《姤》卦《注》云：「凡言義者，不盡於所見，中有意謂者也」。是
其時皆有義也，略明佚樂之世，相隨、相遇之日，隱遯羈旅之時，
凡五卦，其義不小，則餘卦亦可知也。今所歎者十二卦，足以發明
大義，恢弘妙理者也〔註142〕。

孔穎達所言甚確，然尚忽視了《乾·彖傳》之「大哉《乾》元」及《坤·彖
傳》之「至哉《坤》元」，即以「大」、「至」歎美《乾》《坤》卦德。

《隨·彖傳》曰：「隨，剛來而下柔，動而說，隨。大亨貞无咎，而天
下隨時。隨時之義大矣哉。」《隨》䷐，內卦☳為剛健之卦，外卦☱為陰柔之
卦，是剛卦在下，柔卦在上，所以《彖傳》云「隨，剛來而下柔」。又，內卦
☳為動，外卦☱為說，內動而外說，此以經卦體用之意義範圍《隨》之意義，
《彖傳》作者留意之，故云「動而說，隨」。相較於他卦多迭出卦辭之文，此
《彖傳》直言「大亨貞无咎」，即以「大」釋「元」，並不引用卦辭之「利」。
《彖傳》又以「隨時」而釋《隨》之卦義，以為隨順時世而動，動而有悅，
即為大亨通、貞正而無咎害。最後《彖傳》歎美「隨時而動」之要義。孔穎
達《疏》云：「《隨》卦則『隨時之義』者，非但其中別有義意，又取隨逐其
時，故變云隨時之義大矣哉。」〔註143〕是《彖傳》之歎美卦德之辭突出了隨
遂時而動，動而說的重要性。準上，則《隨·彖傳》之文的生成體式為先據
卦體上下二象而範圍卦之義，然後彰顯、歎美卦德。

《蠱·彖傳》曰：「蠱，剛上而柔下，巽而止，蠱。蠱元亨，而天下治也。
利涉大川，往有事也。先甲三日，後甲三日，終則有始，天行也。」《蠱》䷑，
下卦☴為陰柔之卦，上卦☶為陽剛之卦，所以《彖傳》以「剛上而柔下」釋
《蠱》卦體上下二象。又《蠱》下卦為《巽》，外卦《艮》為止，即是「巽而
止」之意，此是《蠱》之卦德。《彖傳》又以「天下治」使「蠱元亨」之義得
以明瞭，即有事而能圓滿解決之，其治理之道大得亨通，以斯而行，則天下
可的嚮明而治。依《蠱》之卦體，內有令而外止之，是外有滯事，需往而決
之，所以《彖傳》以「往有事」釋「利涉大川」。最後《彖傳》以「終則有始，
天行也」釋「先甲三日，後甲三日」。此亦是據☶之象釋文，上卦☶為止，可

〔註142〕〔魏〕王弼注，〔唐〕孔穎達疏《周易注疏》卷四，日本足利學校遺跡圖書館
後援會影印南宋初年刊本，1973年版，第203頁第10葉前～204頁第10葉
後。

〔註143〕〔魏〕王弼注，〔唐〕孔穎達疏《周易注疏》卷四，日本足利學校遺跡圖書館
後援會影印南宋初年刊本，1973年版，第204頁第10葉後。

表終結或中止之意，止是一個事件或事件的一部分的終點，又是另一個事件發展或事物的另一部分發展的起點，就如同天運行的剛健，所以結合《蠱》之卦義及上卦之象，《彖傳》作者撰文如上。準此，《蠱·彖傳》的生成體式是先以卦象解說卦德，後釋卦辭。

《臨·彖傳》曰：「臨，剛浸而長，說而順，剛中而應，大亨以正，天之道也。至于八月有凶，消不久也。」《觀》䷓之卦體，下有二陽爻，上戴四陰爻，有陰爻消而陽爻漸長之象〔註144〕，《彖傳》作者觀察卦體而會得此意，所以云「臨，剛浸而長」。此從陰陽爻消長的角度闡釋《臨》之卦體。〔註145〕《臨》之上下二卦，下《兌》爲說，上卦《坤》爲順，可用兩經卦之體用解上下卦象的意義〔註146〕，所以《彖傳》云「說而順」。《彖傳》作者又考察了九二之於《臨》卦的重要意義，即：一是只有初九一個陽爻，不能稱剛之漸長，而自初九而上，又增一陽爻，方可言剛之漸長；九二以陽剛之質而謙遜地居於二之中位，並與上卦䷁之中爻相應，以此表示上下往來之通暢，此是

〔註144〕虞翻云：「剛謂二也，《兌》爲水澤，自下浸上，故浸而長也。」（〔唐〕李鼎祚《周易集解》卷五，《景印文淵閣四庫全書》經部第 7 冊，臺灣商務印書館，1986 年版，第 679 頁下）是虞翻認爲卦辭之「剛」即「九二」，「浸」即水澤自下而浸上之「浸」，即：將「浸」解爲「浸水」之「浸」。此解有牽強之弊。「浸」實爲「漸」之義。宋儒胡瑗云：「浸，漸也。言所以爲臨者，二陽始生，其德漸進，猶君子得其時，遇其君，以漸而進於位，興立事業，以臨於天下也。故曰『臨，剛浸而長。』」（〔宋〕胡瑗撰，〔宋〕倪天隱述《周易口義》卷四，《景印文淵閣四庫全書》經部第 8 冊，臺灣商務印書館，1986 年版，第 270 頁上）。宋儒程頤亦云：「浸，漸也，二陽長於下而漸進也。」（〔宋〕程頤《伊川易傳》卷二，《景印文淵閣四庫全書》經部第 9 冊，臺灣商務印書館，1986 年版，第 229 頁下）

〔註145〕清儒連斗山云：「『剛浸而長』一句，是釋卦名。『浸』字取澤在地下，浸潤上行之意。言卦之所以名《臨》者，因一陽初來，其勢尚小，只可名《復》；今一陽又來，其勢漸長，故名曰《臨》。」（〔清〕連斗山《周易辨畫》卷十一，《景印文淵閣四庫全書》經部第 53 冊，臺灣商務印書館，1986 年版，第 109 頁下），其實此僅是釋《臨》卦名的一部分。孔穎達《疏》云：「『臨，剛浸而長，說而順』者，此釋《臨》義也。據諸卦之例，『說而順』之下應以『臨』字結之。此無『臨』字者，以其『剛中而應』亦是《臨》義，故不得於『剛中』之上而加『臨』也。」（〔魏〕王弼注，〔唐〕孔穎達疏《周易注疏》卷四，日本足利學校遺跡圖書館後援會影印南宋初年刊本，1973 年版，第 225 頁第 21 葉前～226 第 21 葉後）此說可從。

〔註146〕虞翻曰：「說《兌》順《坤》也。」（〔唐〕李鼎祚《周易集解》卷五，《景印文淵閣四庫全書》經部第 7 冊，臺灣商務印書館，1986 年版，第 680 頁上）

《臨》卦卦體的一個重要特徵。按上文所述《彖傳》生成體式，「剛中而應」當在「剛浸而長」之前，「說而順」後以「臨」結首句之尾，但此例則不然，表明了《彖傳》作者行文並不拘泥於形式，此爲其一；其二是，《彖傳》欲將《臨》卦的意義詮釋得更加充實〔註147〕。也即爲了使《臨》卦的意義得到進一步的明確，《彖傳》對爻象解說益加詳細，且連同卦辭而一同釋卦之義，足顯《彖傳》運思的細密。最後，《彖傳》以「消不長」解「至于八月有凶」的原因〔註148〕，此與《彖傳》前文「剛浸而長」而成《臨》卦盛大之義相反，其用意在於告誡盛大之時亦有轉衰之危機〔註149〕。準上，則《臨·彖傳》的生成體式是先解說卦體陰陽爻消長之態勢、上下而象的卦德以及連同卦辭釋卦之名，後比照上文而解卦辭之意義。

《觀·彖傳》曰：「大觀在上，順而巽，中正以觀天下。觀盥而不薦，有孚顒若，下觀而化也。觀天之神道，而四時不忒；聖人以神道設教，而天下服矣。」《觀》䷓，上卦☴爲長，爲高，可表事物發展程度之至深者，於觀而

〔註147〕孔穎達《疏》云：「據諸卦之例，『說而順』之下應以『臨』字結之。此無『臨』字者，以其『剛中而應』亦是《臨》義，故不得於『剛中』之上而加『臨』也。」（〔魏〕王弼注，〔唐〕孔穎達疏《周易注疏》卷四，日本足利學校遺跡圖書館後援會影印南宋初年刊本，1973年版，第225頁第21葉前～226第21葉後）此說可從。

〔註148〕王弼《注》云：「八月陽衰而陰長，小人道長，君子道消也。故曰『有凶』。」（〔魏〕王弼注，〔唐〕孔穎達疏《周易注疏》卷四，日本足利學校遺跡圖書館後援會影印南宋初年刊本，1973年版，第225頁第21葉前）是以人事中的「小人道」、「君子道」的消長解說卦體中陰陽爻的消長情況，將「消不長」具體化。

〔註149〕孔穎達《疏》云：「『至于八月有凶，消不久也』者，證『有凶』之義，以其陽道既消，不可常久，故有凶也。但《復》卦一陽始復，剛性尚微，又不得其中，故未有『元亨利貞』。《泰》卦三陽之時，三陽在下而成《乾》體，《乾》下《坤》上，象天降下、地升上，上下通泰，物通則失正，故不具四德。唯此卦二陽浸長，陽浸大，特得稱《臨》，所以四德具也。然陽長之卦，每卦皆應八月有凶。但此卦名《臨》，是盛大之義，故於此卦特戒之耳。若以類言之，則陽長之卦，至其終末，皆有凶也。……八月者，何氏云：『從建子陽生至建未爲八月。』褚氏云：『自建寅至建酉爲八月。』今案此《注》云『小人道長，君子道消』，宜據《否》卦之時，故以《臨》卦建丑而至《否》卦建申爲八月也。」（〔魏〕王弼注，〔唐〕孔穎達疏《周易注疏》卷四，日本足利學校遺跡圖書館後援會影印南宋初年刊本，1973年版，第226頁第21葉後～227頁第22葉前）是從《復》《臨》《泰》之內卦陽長陰消的角度解釋陽長之卦所具有的卦德，並特表出《臨》之剛漸轉入壯盛之狀態，故得以「凶」誡稽疑者或習《易》者，以使人們趨利避害，未雨綢繆，防患於未然。

言，即爲「大觀」，所以《彖傳》云「大觀在上」。〔註150〕此從☷☴上卦所具有的象之義釋卦之名。「順而巽」是以「內卦卦德＋而＋外卦卦德」的方法分層解釋☷☴其卦之義。解《觀》上下二象，《彖傳》言「順而巽」；《觀》卦上下二象置換，其卦成《升》，《彖傳》云「巽而順」。所以《彖傳》此中分層解釋卦象的方法是對卦體的定位。《彖傳》以「中正以觀天下」彰顯六二、九五之爻義〔註151〕。《彖傳》以「下觀而化也」釋「觀盥而不薦，有孚顒若」〔註152〕，

〔註150〕蜀才曰：「此本《乾》卦。案柔小浸長，剛大在上，其德可觀，故曰『大觀在上』也。」（〔唐〕李鼎祚《周易集解》卷五，《景印文淵閣四庫全書》經部第7冊，臺灣商務印書館，1986年版，第681頁下）是從《觀》卦陰陽消長的角度解釋「大觀在上」之義，以卦體的四個陰爻爲柔小，九五、上九二爻爲剛大，剛大履柔小之上，益加彰顯其大，所以爲「大觀」。王弼《注》云：「下賤而上貴也。」（〔魏〕王弼注，〔唐〕孔穎達《周易注疏》卷四，日本足利學校遺跡圖書館後援會影印南宋初年刊本，1973年版，第232頁第24葉後）王弼以爲四陰在下爲賤位，二陽在上爲貴位，此從爻之貴賤位置而解說「大觀在上」之意。孔穎達《疏》云：「『大觀在上』者，謂大爲在下所觀，唯在於上，由在上既貴，故在下大觀。」（〔魏〕王弼注，〔唐〕孔穎達疏《周易注疏》卷四，日本足利學校遺跡圖書館後援會影印南宋初年刊本，1973年版，第233頁第25葉前）孔穎達認爲「大觀」是因爲上處貴位，被下所觀，而反襯其大。宋儒胡瑗云：「『大觀在上』者，謂此卦以二陽居於上，臨觀於下，使其教化浹洽，而天下之所觀仰也。」（〔宋〕胡瑗撰，〔宋〕倪天隱述《周易口義》卷四，《景印文淵閣四庫全書》經部第8冊，臺灣商務印書館，1986年版，第274頁上）是從上之教化的角度闡釋「大觀」之義。宋儒司馬光亦稱：「觀者，上以德示人，使人觀而化之也。」（〔宋〕司馬光《溫公易說》卷二，《景印文淵閣四庫全書》經部第8冊，臺灣商務印書館，1986年版，第594頁下）上之德大，於下觀之，即爲「大觀」。程顥云：「五居尊位，以剛陽中正之德爲下所觀，其德甚大，故曰『大觀在上』。」（〔宋〕程頤《伊川易傳》卷二，《景印文淵閣四庫全書》經部第9冊，臺灣商務印書館，1986年版，第232頁下）是認爲「大觀在上」乃言九五之德爲大觀，與胡瑗所解有異。臺灣學者朱學瓊同胡瑗之說，其云：「九五居上，四陰仰之，所以爲觀也。」（〔中國臺灣〕朱學瓊《周易象象傳例補》，〔中國臺灣〕《書目季刊》1972年第7卷第1期）總之，「大觀」凡有三說：一是陰爻在下爲柔小，陽爻在上爲剛大，即上卦而陽爻爲大；二是以上下卦位置而言卦體之貴賤，貴爲大觀；三是以九五爲大觀。

〔註151〕虞翻曰：「『中正』謂五，五以天神道觀示，天下咸服其化，賓於王庭。」（〔唐〕李鼎祚《周易集解》卷五，《景印文淵閣四庫全書》經部第7冊，臺灣商務印書館，1986年版，第682頁上）是將「中正」繫於九五。孔穎達《疏》云：「居中得正，以觀於天下。」（〔魏〕王弼注，〔唐〕孔穎達疏《周易注疏》卷四，日本足利學校遺跡圖書館後援會影印南宋初年刊本，1973年版，第233頁第25葉前）居中得正之爻有六二、九五之爻，六二爲臣之道，九五爲君之道，兩者皆可以道德言行示範於天下。由此觀之，孔穎達之意似以「六二、

《臨》下卦爲☷，☷爲眾，六二居得正位，爲臣道之中正，應於九五天道、君道之中正者，是呼應君道之教化、推行其政令者。由此教化之道，《象傳》發揮大義，論及天道、神道及聖人教化之旨〔註153〕。準上，則《觀·象傳》之文的生成體式爲首句不表出卦名〔註154〕，而直接解釋卦的上下二象之卦

九五」繫於「中正」。宋儒胡瑗云：「『中正以觀天下』者，夫觀有二義，以度而言之，則謂之觀；以目所觀亦謂之觀也。此一句指九五而言，蓋以陽居陽，又處上卦之中，履至尊之位，有大正大中之德，以臨於天下，使天下皆有所觀法也。」（〔宋〕胡瑗撰，〔宋〕倪天隱述《周易口義》卷四，《景印文淵閣四庫全書》經部第8冊，臺灣商務印書館，1986年版，第274頁上）是胡瑗亦將「中正」繫於九五，並認爲九五有「大正大中之德」，可爲天下所觀所法。綜上所述，儒者或將「中正」繫於九五，或將其繫於六二、九五。我們取後者之意。

〔註152〕孔穎達《疏》云：「『觀盥而不薦，有孚顒若，下觀而化』者，釋『有孚顒若』之義，本由在下，觀效在上而變化，故『有孚顒若』也。」（〔魏〕王弼注，〔唐〕孔穎達疏《周易注疏》卷四，日本足利學校遺跡圖書館後援會影印南宋初年刊本，1973年版，第233頁第25葉前）所言甚是。

〔註153〕虞翻曰：「忒，差也。神道謂五。《臨》：《震》《兌》爲春秋。三、上易位，《坎》冬，《離》夏，日月象正，故四時不忒。……聖人謂《乾》，退藏於密而齊於巽，以神明其德教，故聖人設教，《坤》民順從而天下服矣。」（〔唐〕李鼎祚《周易集解》卷五，《景印文淵閣四庫全書》經部第7冊，臺灣商務印書館，1986年版，第682頁上～下）此解以爲《象傳》亦以象而解卦體之義。其實不然，《象傳》末句之文是作者因「下觀而化也」而敷衍開來，與卦體之象並不具有一一對應的關係。孔穎達《疏》云：「『觀天之神道而四時不忒』者，此盛明《觀》卦之美，言觀盥與天之神道相合。觀此天之神道，而四時不有忒變。神道者，微妙無方，理不可知，目不可見，不知所以然而然，謂之神道。而四時之節氣見矣，豈見天之所爲，不知從何而來，唯見四時流行不有差忒，故云『觀天之神道而四時不忒也』。『聖人以神道設教而天下服矣』者，此明聖人用此天之神道，以觀設教而天下服矣。天既不言而行，不爲而成，聖人法則天之神道，唯身自行善，垂化於人，不假言語，教戒不須威刑恐逼，在下自然觀化服從，故云『天下服矣』。」（〔魏〕王弼注，〔唐〕孔穎達疏《周易注疏》卷四，日本足利學校遺跡圖書館後援會影印南宋初年刊本，1973年版，第233頁第25葉前～234頁第25葉後）是孔穎達以爲《象傳》末句爲讚述《觀》卦之美及聖人法《觀》卦而天下歸從之語。孔穎達之說可從。

〔註154〕孔穎達《疏》云：「案諸卦之象，先標卦名，乃復言曰『某卦曰同人，曰大有，曰小畜』之類是也。此發首不疊卦名者，若義幽隱者，先出卦名，後更以卦名結之；若其義顯露，則不先出卦名，……其事可知，故不先出卦名，此乃夫子因義理文勢，隨義而發，不爲例也。」（〔魏〕王弼注，〔唐〕孔穎達疏《周易注疏》卷四，日本足利學校遺跡圖書館後援會影印南宋初年刊本，1973年版，第240頁第28葉前後）此例首句既不先表卦名，也不以卦名結尾，是《象傳》作者「因義理文勢，隨義而發」而成文之例。

德、上下卦中爻之意義，後闡釋卦辭，並依所解之義發揮成文。

　　《噬嗑·象傳》曰：「頤中有物，曰噬嗑。噬嗑而亨，剛柔分，動而明〔註155〕，雷電合而章。柔得中而上行，雖不當位，利用獄也。」觀《噬嗑》䷔之卦體，無九四之陽爻，即成《頤》䷚，爲口中無實物之象〔註156〕。較之䷚，䷔之第四爻爲實，爲一畫之陽爻，也即頤中之「物」〔註157〕。《噬嗑》九四爻

〔註155〕王弼云：「剛柔分動，不溷乃明。」是將「剛柔分動而明」當成一句作解，武英殿《周易注疏》從之（〔魏〕王弼注，〔唐〕孔穎達疏《周易注疏》卷四，武英殿本《十三經注疏》，清同治十年（1871 年）廣東書局重刊本，第 24 頁）。孔穎達察王弼之疏忽，其《疏》云：「剛柔既分，不相溷雜，故動而顯明也。」（〔魏〕王弼注，〔唐〕孔穎達疏《周易注疏》卷四，日本足利學校遺跡圖書館後援會影印南宋初年刊本，1973 年版，第 239 頁第 28 葉前～240 頁第 28 葉後）是爲王弼《注》作了正解。清儒毛奇齡以王弼之句讀爲「大謬」（〔清〕翟均廉《周易章句證異》卷三，《景印文淵閣四庫全書》經部第 53 冊，臺灣商務印書館，1986 年版，第 740 頁下）。儒者多以「剛柔分，動而明」解《象傳》，此符合《象傳》解釋一卦上下二象之例，故爲正解。

〔註156〕鄭玄云：「頤中有物曰口實，自二至五有二《坤》，坤載養物，而人所食之物皆存焉。」（〔漢〕鄭玄撰、〔宋〕王應麟輯，〔清〕惠棟考補《增補鄭氏周易》卷上，《景印文淵閣四庫全書》經部第 7 冊，臺灣商務印書館，1986 年版，第 159 頁上）其實，《頤》卦之象並無口實，因無口實，所以將求人之口實。

〔註157〕虞翻曰：「物謂四，則所噬乾腑也。頤中无物，則口不噬。故先舉『頤中有物，曰噬嗑』也。」（〔唐〕李鼎祚《周易集解》卷五，《景印文淵閣四庫全書》經部第 7 冊，臺灣商務印書館，1986 年版，第 684 頁下）物，《繫辭下》云：「道有變動，故曰爻。爻有等，故曰物。」韓康伯《注》云：「等，類也。《乾》，陽物也；《坤》，陰物也。爻有陰陽之類，而後有剛柔之用，故曰『爻有等，故曰物』。」（〔魏〕王弼注，〔唐〕孔穎達疏《周易注疏》卷十二，日本足利學校遺跡圖書館後援會影印南宋初年刊本，1973 年版，第 753 頁第 31 葉前）干寶曰：「等，群也。爻中之義，群物交集。五星、四氣、六親、九族、福德、刑殺、眾形萬類，皆來發於爻，故總謂之物也。象『頤中有物，曰噬嗑』，是其義也。」（〔唐〕李鼎祚《周易集解》卷十六，《景印文淵閣四庫全書》經部第 7 冊，臺灣商務印書館，1986 年版，第 862 頁上）因此，「頤中有物」之物區別於陰爻之九四陽爻。四是陰爻或陽爻，對於《頤》與《噬嗑》兩卦的成卦有著決定的作用，《象傳》作者觀卦之形，會卦名之意，所以繫之以「頤中有物」之語。後世儒者如胡瑗者亦知此爻之於《噬嗑》卦之意義，他稱：「『頤中有物，曰噬嗑』者，夫剛梗之物在於頤中，是爲口頰之患，噬齧之，然後得合也。」（〔宋〕胡瑗撰，〔宋〕倪天隱述《周易口義》卷四，《景印文淵閣四庫全書》經部第 8 冊，臺灣商務印書館，1986 年版，第 277 頁下）宋儒朱震稱：「九四之剛，頤中之物。嗑，合也。噬而合之，剛決而上下亨矣。推之人事，上下之際，有間之者強梗讒邪奸究，弗率噬而合，合而享。」（〔宋〕朱震《漢上易傳》卷三，《景印文淵閣四庫全書》經部第 11 冊，臺灣商務印書館，1986 年版，第 79 頁下）是胡瑗、朱震皆以九四之剛陽爲《噬嗑》之

在內卦☲之上，有「人之口嚙合食物」之象，所以《彖傳》作者觀察☲之象而直言「頤中有物，曰噬嗑」〔註158〕。《彖傳》以「噬嗑而亨」解「亨」之意，噬嗑是因，亨是噬嗑之果〔註159〕。「剛柔分，動而明，雷電合而章」則以解釋☲上下二象的方式，重申「亨」之義〔註160〕。既考察了《噬嗑》卦體上下二象，《彖傳》又考論上下卦中之爻對於卦意義生成的影響上下卦之中爻皆為陰爻，六二以陰處陰為得正位，六五以陰居陽，為不當其位，所以《彖傳》云

患，去其患，即為決斷之義，所以《噬嗑》有決獄之警示意義。

〔註158〕王弼《注》云：「頤中有物，齧而合之，噬嗑之義也。」孔穎達《疏》云：「『頤中有物，曰噬嗑』者，此釋《噬嗑》名也。」（〔魏〕王弼注，〔唐〕孔穎達疏《周易注疏》卷四，日本足利學校遺跡圖書館後援會影印南宋初年刊本，1973年版，第239頁第28葉前）此皆從義理的角度闡釋「頤中有物」之意，即人之口中有食物，人之口震動而咀嚼之。清儒焦循云：「中謂五。中有物，則《井》二來之五。」（〔清〕焦循《雕菰樓經學叢書·易章句》卷三，《清代稿本百種彙刊》經部第21冊，臺北：文海出版社，1974年版，第123頁）此則從卦爻與《彖傳》之辭對應關係的視角解釋「頤中有物」之義，未免牽強。

〔註159〕孔穎達《疏》云：「『噬嗑而亨』者，釋『亨』義，由噬嗑而得亨也。」（〔魏〕王弼注，〔唐〕孔穎達疏《周易注疏》卷四，日本足利學校遺跡圖書館後援會影印南宋初年刊本，1973年版，第239頁第28葉後）。是認為人口齒咀嚼食物，使其能順利下咽，口腔終得以亨通。崔憬曰：「物在頤中，隔其上下，因齧而合，乃得其亨焉。以喻人於上下之間，有亂群者，當用刑去之，故言『利用獄』。」（〔唐〕李鼎祚《周易集解》卷五，《景印文淵閣四庫全書》經部第7冊，臺灣商務印書館，1986年版，第684頁下）此結合人事之刑罰言政治通亨之道。

〔註160〕孔穎達《疏》云：「『剛柔分，動而明，雷電合而章』者，釋『利用獄』之義。」（〔魏〕王弼注，〔唐〕孔穎達疏《周易注疏》卷四，日本足利學校遺跡圖書館後援會影印南宋初年刊本，1973年版，第239頁第28葉後）其實，「剛柔分，動而明，雷電合而章」亦當繫於「亨」，而不當繫於「利用獄」，因為「分」「明」「章」皆是「亨」的體現。盧氏則稱：「此本《否》卦《乾》之九五分降《坤》初，《坤》之初六分升《乾》五，是『剛柔分』也。分則雷動於下，電照於上，合成天威，故曰『雷電合而成章』也。」（〔唐〕李鼎祚《周易集解》卷五，《景印文淵閣四庫全書》經部第7冊，臺灣商務印書館，1986年版，第684頁下）此從《噬嗑》卦與《否》卦的陰陽爻的往來的角度解說《彖傳》，顯得枝蔓。按《彖傳》解說卦象、卦爻之義例，《彖傳》這段文字是解說卦上下之象。宋儒胡瑗云：「『剛柔分』者，《離》，陰也，為柔，為明；《震》，陽也，為剛為威。以威剛至明而用刑，則君子小人分而無間廁也。『動而明，雷電合而章』者，夫有剛威之才而不能明察，則暴而傷於物；有明察之才而不能剛威，則柔懦而不能立事。是必威明兼濟，則事無不立也。今《噬嗑》之卦，動而且明，雷電相合而和同，故其道光顯而章著也。（〔宋〕胡瑗撰，〔宋〕倪天隱述《周易口義》卷四，《景印文淵閣四庫全書》經部第8冊，臺灣商務印書館，1986年版，第277頁下）

「柔得中而上行」及「不當位」。六五處於《離》明之中，爲九四、上九之光明所輔佐，是能中正而行其陰事，而刑爲陰〔註161〕，所以《象傳》又云「雖不當位，利用獄也」。準上，《噬嗑・象傳》之文的生成體式是先以卦形基本特徵釋卦名〔註162〕，後結合卦畫上下二象、特殊位置爻象解釋卦辭。

《賁・象傳》云：「賁亨，柔來而文剛，故亨；分剛上而文柔，故小利有攸往。天文也〔註163〕。文明以止，人文也。觀乎天文，以察時變；觀乎人文，

〔註161〕董仲舒云：「天地之常，一陰一陽。陽者天之德也，陰者天之刑也。」（蘇輿《春秋繁露義證》卷十二《陰陽義第四十九》，鍾哲點校，《新編諸子集成》本，中華書局，1992年版，第341頁）董氏所說當本於先秦舊說，「刑爲陰」符合《象傳》之思想。

〔註162〕孔穎達《疏》云：「案諸卦之象先標卦名，乃復言曰某卦，曰同人，曰大有，曰小畜之類是也。此發首不疊卦名者，若義幽隱者，先出卦名，後更以卦名結之；若其義顯露，則不先出卦名，則此『頤中有物，曰噬嗑』之類，其事可知，故不先出卦名。」（〔魏〕王弼注，〔唐〕孔穎達疏《周易注疏》卷四，日本足利學校遺跡圖書館後援會影印南宋初年刊本，1973年版，第239頁第28葉前～240頁第28葉後）是《噬嗑》釋名與其他卦釋名行文體式有所異。

〔註163〕唐儒郭京云：「《注》：『剛柔交錯而成文焉，天之文也。』『文明以止，人文也』，《注》：『止物不以威武而以文明，人之文也。』『天文』上脫『剛柔交錯』一句，此是夫子廣美《賁》卦有天文之象，欲人君取義，以理化人。審詳天文及人文《注》義，誤脫昭然可知。」（〔唐〕郭京《周易舉正》卷上，《景印文淵閣四庫全書》經部第8冊，臺灣商務印書館，1986年版，第111頁下）是郭京根據王弼《注》之意而推定「天文」之上有脫文。朱子云：「先儒云：『天文也』上有『剛柔相錯』四字。恐有之，方與下文相似，且得分曉。」（〔宋〕黎靖德編《朱子語類》卷七十一《易七》，王星賢點校，中華書局，1986年版，第1781頁）是朱子亦肯定郭京之說的合理性。清儒張照則不同郭京之說，其稱：「按《既濟・象》曰『既濟亨小』，則此《賁・象》亦應作『賁亨小』。蓋賁者，文也。『禮儀三百，威儀三千』，皆文也。陽大而陰小，仁大而禮小，質大而文小，自然之理也。《雜卦傳》曰：『賁，無色也。』言《賁》之本也。本《象》曰『君子以明庶政，無敢折獄』，即亨小之義也。《象傳》曰「柔來而文剛，故亨；分剛上而文柔，故小」，柔來而文剛，柔爲剛文，則剛之本體得亨矣。剛上文柔，則唯小者乃可，是故柔來文剛，爲《離》明文之盛也。剛上文柔，爲《艮》止，《賁》之白也。此亨小之義。《象傳》於二句中分著之者也，下文云『利有攸往，天文也』。天文自然而然，非可勉強，故『觀乎天文，以察時變』、『利有攸往』也。『文明以止，人文也』，人文雖極文明，必知其所止，乃不爲無質之文，故『觀乎人文，以化成天下』，亦利有攸往也。化成天下必在亨小，小者咸亨，即成其大也。然則郭京謂『小』應作『不』字，『天文也』句上脫『剛柔交錯』四字者，皆未爲得也。」（〔魏〕王弼注，〔唐〕孔穎達疏《周易注疏》第二冊卷四《考證》，武英殿本《十三經注疏》，清同治十年（1871年）廣東書局重刊本，第3頁下～第4頁下）是將卦辭「賁亨小利有攸往」句讀爲「賁亨小，利有攸往」，以「分剛上而文柔故小利有攸

以化成天下。」是此彖之文直接解釋卦辭，而不釋卦名之義。《彖傳》先以《賁》☲內外卦的卦性闡釋卦辭之義〔註164〕，後借前文所闡發之義加以發揮，以「天文」及「人文」昇華卦的人事意義。準上，《賁·彖傳》之文的生成體式是先闡釋卦辭之文，後發揮卦的意義。

　　《剝·彖傳》云：「剝，剝也，柔變剛也。不利有攸往，小人長也。順而止之，觀象也。君子尙消息盈虛，天行也。」與《賁·彖傳》之文的生成體式相同，《剝·彖傳》亦重在解釋卦辭之文。

　　《復·彖傳》云：「復亨，剛反。動而以順行，是以出入无疾，朋來无咎。反復其道，七日來復，天行也。利有攸往，剛長也，復其見天地之心乎？」觀察《復》☷之卦形，《彖傳》以「剛反」釋「復亨」〔註165〕，以爲剛返回而使剛柔相濟，所以爲☷之亨通之原因。☷卦，內卦☳爲動，外卦☷爲順，「動」、「順」皆是☷內外卦之卦德，所以☷有「內動而外順」之象，即對內能行其剛正，對外而能使人依順，得眾人之擁戴。觀《復》此象此義，故《彖傳》作者云「動而以順行，是以出入无疾，朋來无咎」。卦辭「出入无疾，朋

往天文也」爲「分剛上而文柔，故小。利有攸往，天文也」。此說爲新解，但將「利有攸往」之人事繫於天文，有違情理。若按《彖傳》行文情勢，「天文也」之上或脫「陰陽交錯」四字，而不是「剛柔交錯」四字。《說卦傳》云：「昔者聖人之作《易》也，將以順性命之理，是以立天之道，曰陰與陽；立地之道，曰柔與剛；立人之道，曰仁與義。」（〔魏〕王弼注，〔唐〕孔穎達疏《周易注疏》卷十三，日本足利學校遺跡圖書館後援會影印南宋初年刊本，1973年版，第769頁第4葉前～770頁第4葉後）準此，則「天文也」或脫「陰陽交錯」四字。

〔註164〕孔穎達《疏》云：「『賁亨，柔來而文剛，故亨』者，此釋『賁亨』之義。……『柔來而文剛，故亨』，柔來文剛，以文相飾，是《賁》義也。相飾即有爲亨，故云『賁亨』。……『分剛上而文柔，故小利有攸往』者，釋『小利有攸往』義。」（〔魏〕王弼注，〔唐〕孔穎達疏《周易注疏》卷四，日本足利學校遺跡圖書館後援會影印南宋初年刊本，1973年版，第247頁第32葉前～248頁第32葉後）孔氏之說可從。

〔註165〕孔穎達《疏》云：「『復亨』者，以陽復則亨，故以『亨』連『復』而釋之也。『剛反，動而以順行』者，既上釋『復亨』之義，又下釋『出入无疾，朋來无咎』之理。」（〔魏〕王弼注，〔唐〕孔穎達疏《周易注疏》卷五，日本足利學校遺跡圖書館後援會影印南宋初年刊本，1973年版，第264頁第1葉後）「復亨」是卦辭，不能自解，其下文「剛反」才是其解，此《疏》將「剛反」繫於「出入无疾，朋來无咎」未免欠安。宋儒朱震云：「《坤》爲順，剛反，動而得位，以順道而上行，斯《復》所以亨歟。」」（〔宋〕朱震《漢上易傳》卷三，《景印文淵閣四庫全書》經部第11冊，臺灣商務印書館，1986年版，第89頁下）此以「剛反」解釋「復」之所以「亨」之義，爲正解。

來无咎」是《復》卦亨通之義的具體表現，《象傳》以「動而以順行」〔註166〕
解釋其原因，是從䷗上下二象的卦德的角度進行闡釋，此是《象傳》解釋卦
辭的一個最重要的特徵。觀䷗之象，有陽剛返回之義，陽息《坤》之初六，
有陰消陽長之象，此與天道反覆運行相同，所以《象傳》以「天行也」解釋
「反復其道，七日來復」〔註167〕。《復》䷗之形制，初爻、二爻爲地道，初九
爻爲剛，六二爻爲柔，內卦䷗爲動，是剛始長之態，所以《象傳》以「剛長
也」解「利有攸往」。又因天道、地道可爲相通，剛柔相互轉化、陰陽反覆更
替，人事亦然，所以《象傳》在「剛長」之下繫以「復其見天地之心乎」，以
啓示人事〔註168〕。準上，《復·象傳》之文的生成體式是以卦形之意義解釋卦

〔註166〕虞翻曰：「剛從《艮》入《坤》，從反《震》，故曰『反動』。《坤》順《震》行，
故『而以順行』。陽不從上來反初，故不言『剛自外來』，是以明不遠之復，
入《坤》出《震》義也。」（〔唐〕李鼎祚《周易集解》卷六，《景印文淵閣四
庫全書》經部第 7 冊，臺灣商務印書館，1986 年版，第 692 頁）是虞翻將
「反動」繫於「剛」，孔穎達從之。陸德明則不同此説，其云：「『剛反』，絕
句。」（〔唐〕陸德明《經典釋文》卷二《周易音義》，上海古籍出版社，2013
年版，第 91 頁）唐儒郭京云：「『剛反』下有『也』字。」（〔清〕翟均廉《周
易章句證異》卷三，《景印文淵閣四庫全書》經部第 53 冊，臺灣商務印書館，
1986 年版，第 741 頁下）元儒吳澄云：「復亨，剛反也。」（〔元〕吳澄《易
纂言》卷三，《景印文淵閣四庫全書》經部第 22 冊，臺灣商務印書館，1986
年版，第 499 頁下）明儒朱升亦云：「復亨，剛反也。」（〔明〕朱升《周易旁
注·象上傳第一》，《續修四庫全書》經部第 4 冊，上海古籍出版社，2002 年
版，第 557 頁）清儒毛奇齡申孔穎達之句讀之法，稱：「『剛反動而』連下至
『順行』七字，漢魏讀皆如此，後儒以此作句本屬杜撰，而朱升《旁注》竟
增『也』字，彼亦以世無『剛反』句也，然增字則益妄矣。」（〔清〕翟均廉
《周易章句證異》卷三，《景印文淵閣四庫全書》經部第 53 冊，臺灣商務印
書館，1986 年版，第 741 頁下）。準上，則「剛反動而以順行」的句讀，先
儒主要有兩種句讀，而根據《象傳》以上下二象解説卦辭的行文體例，「剛反」
應獨立成句，是解釋「復亨」，而「動而以順行」則是解釋「出入無疾，朋來
無咎」之文。

〔註167〕虞翻云：「謂《乾》成《坤》，反出於《震》而來復，陽爲『道』，故『復其道』。
剛爲畫日，消《乾》六爻爲六日，剛來初初，故『七日來復，天行也』。」（〔唐〕
李鼎祚《周易集解》卷六，《景印文淵閣四庫全書》經部第 7 冊，臺灣商務印
書館，1986 年版，第 693 頁上）此從《乾》《坤》兩卦相互作用的角度以及
陰陽消息的角度解説《象傳》。王弼《注》云：「以天之行，反復不過七日，
復之不可遠也。」（〔魏〕王弼注，〔唐〕孔穎達疏《周易注疏》卷五，日本足
利學校遺跡圖書館後援會影印南宋初年刊本，1973 年版，第 264 頁第 1 葉後）
孔穎達《疏》從之。歷來儒者對「反復其道，七日來復」解説不一，有的專
主象數，有的長於義理，有的兩者兼有，皆可作參考。

〔註168〕孔穎達《疏》云：「『復其見天地之心乎』者，此贊明《復》卦之義，天地養

辭之義。

　　《无妄・彖傳》云：「无妄，剛自外來，而爲主於內。動而健，剛中而應，大亨以正，天之命也。其匪正有眚，不利有攸往，无妄之往，何之矣？天命不祐，行矣哉？」觀《无妄》䷘之形，《震》貞《乾》悔，《否》初六變而可成《无妄》卦，而初九爲《震》之主，所以云「无妄，剛自外來，而爲主於內」〔註169〕。䷗之內卦☳爲動，外卦☰爲健；又內卦中爻爲陰，外卦中爻爲陽，陰陽各居於正位，有其正應，所以《彖傳》云「動而健〔註170〕，剛中而應」。因《无妄》有如此之卦德，所以能「大亨以正」，如此，又能應「天之命」。以上釋卦辭「元亨貞」之義〔註171〕。考尋卦辭之意，剛正則利於行，不正則不得亨通，《彖傳》會此意，故以「無妄之往，何之矣？天命不祐〔註172〕，行矣哉」〔註173〕解「其匪正有眚，不利有攸往」。準上，《无妄・彖傳》之文

　　　　萬物以靜爲心，不爲而物自爲，不生而物自生，寂然不動，此天地之心也。此《復》卦之象，動息地中，雷在地下，息而不動，靜寂之義與天地之心相似，觀此《復》象，乃見天地之心也。天地非有主宰，何得有心？以人事之心託天地，以示法爾。」（（〔魏〕王弼注，〔唐〕孔穎達疏《周易注疏》卷五，日本足利學校遺跡圖書館後援會影印南宋初年刊本，1973年版，第265頁第2葉前）

〔註169〕蜀才曰：「此本《遯》卦。」（〔唐〕李鼎祚《周易集解》卷六，《景印文淵閣四庫全書》經部第7冊，臺灣商務印書館，1986年版，第695頁下）宋儒胡瑗云：「剛即陽也，《无妄》由《否》卦而來，是《乾》之一陽自外而來，居於內卦之初，是爲主於內卦也。」（〔宋〕胡瑗撰，〔唐〕倪天隱述《周易口義》卷五，《景印文淵閣四庫全書》經部第8冊，臺灣商務印書館，1986年版，第293頁下）兩說不同，胡瑗之說較爲可信，今取用之。

〔註170〕唐儒郭京考稽王弼《注》之義，以爲「《經》脫『愈』字」（〔唐〕郭京《周易舉正》卷上，《景印文淵閣四庫全書》經部第8冊，臺灣商務印書館，1986年版，第112頁下），所以「動而健」當爲「動而愈健」。考《彖傳》其他解說卦之二象，無有在表卦德之詞前添加程度副詞的體例，所以郭京之說不可從。

〔註171〕孔穎達《疏》云：「『大亨以正，天之命』者，釋『元亨利貞』之義。」

〔註172〕清儒翟均廉云：「祐，馬融作右，謂天不右行。李鼎祚作右，引虞翻曰『右，助也。馬君云天命不右行，非矣』，晁說之曰『馬非』。陸德明曰『本又作祐』。呂祖謙曰『今本作祐』。」（〔清〕翟均廉《周易章句證異》卷三，《景印文淵閣四庫全書》經部第53冊，臺灣商務印書館，1986年版，第741頁下～742頁上）

〔註173〕虞翻曰：「謂四已變，上動體《屯》《坎》，爲『泣血漣如』，故「何之矣」。……天，五也；巽爲命；祐，助也。四已變成《坤》，天道助順，上動逆乘巽命，故『天命不祐，行矣哉』，言不可行也。馬君云『天命不祐行』，非矣。」（〔唐〕李鼎祚《周易集解》卷六，《景印文淵閣四庫全書》經部第7冊，臺灣商務印書館，1986年版，第695頁下）此從卦爻變化的角度解說卦辭，雖能自圓其

的生成體式是先解說《無妄》卦成卦之來由，後闡釋卦辭之意義。

　　《大畜·象傳》云：「大畜，剛健篤實，輝光日新其德〔註174〕，剛上而尚賢。能止健，大正也。不家食吉，養賢也。利涉大川，應乎天也。」觀《大畜》▤之卦形，內卦☰爲健，爲純陽之剛；外卦☶爲表厚實之義〔註175〕；《大畜》卦九三至上九體☲，爲日，可表光明之德行。是若人能日日使其德行處於增新的狀態，又不失剛健、務實的作風，即能大養天下，是爲「大畜」，思慮及此，所以《象傳》云「大畜，剛健篤實，輝光日新其德」。此從卦之上下二象的角度闡釋《大畜》卦名之義，「剛上而尚賢」則是從卦爻的方面彰顯《大畜》推尚賢者之意〔註176〕。其後，《象傳》以《大畜》上下二象之卦德解釋「利貞」，即闡明「利貞」之由爲「能止健，大正也」。《象傳》最後以養賢、應乎天命解釋卦辭，突出了卦辭的微言大義。準上，則《大畜·象傳》之文的生成體式是從卦上下二象、互體卦、卦爻解釋《大畜》之義，後結合卦德、義

說，但未免有支離之弊。

〔註174〕「大畜剛健篤實輝光日新其德剛上而尚賢」之文，句讀歷來儒者意見不一。
　　　　鄭玄云：「『日新』絕句，『其德』連下句。」（〔漢〕鄭玄撰、〔宋〕王應麟輯，
　　　　〔清〕惠棟考補《增補鄭氏周易》，《景印文淵閣四庫全書》經部第7冊，臺
　　　　灣商務印書館，1986年版，第742頁上）是將該文讀爲「大畜，剛健篤實，
　　　　輝光日新，其德剛上而尚賢」。虞翻云：「『剛健』謂《乾》，『篤實』謂《艮》。
　　　　二已之五，利涉大川。互體《離》《坎》，《離》爲日，故『輝光日新』也。」
　　　　（〔唐〕李鼎祚《周易集解》卷六，《景印文淵閣四庫全書》經部第7冊，臺
　　　　灣商務印書館，1986年版，第697頁下）是虞翻亦以「輝光日新」爲句。王
　　　　弼《注》云：「凡物既厭而退者，弱也；既榮而隕者，薄也。夫能輝光日新其
　　　　德者，唯剛健篤實也。」孔穎達《疏》從之，黃侃《黃侃手批白文十三經》
　　　　（黃侃《黃侃手批白文十三經》，上海古籍出版社，2008年版，第17頁）亦
　　　　同王弼（〔魏〕王弼注，〔唐〕孔穎達疏《周易注疏》卷五，日本足利學校遺
　　　　跡圖書館後援會影印南宋初年刊本，1973年版，第281頁第10葉前）是將
　　　　《象傳》之文讀爲「大畜，剛健篤實，輝光日新其德，剛上而尚賢」。陸德明
　　　　則云：「大畜剛健，篤實輝光，日新其德。」（〔唐〕陸德明《經典釋文》卷二
　　　　《周易音義》，上海古籍出版社，2013年版，第92頁）根據《象傳》的行文
　　　　體例，當依王弼之句讀。
〔註175〕《說卦》云：「《艮》爲山。」山體厚實穩重，所以《艮》有厚實之義。《說卦》
　　　　又云：「《艮》……於木也，爲堅多節。」木結實而多枝節，所以《艮》有堅
　　　　實之義。
〔註176〕孔穎達《疏》云：「『剛上而尚賢』者，『剛上』謂上九也，《乾》剛向上，上
　　　　九不距，是貴尚賢也。」（〔魏〕王弼注，〔唐〕孔穎達疏《周易注疏》卷五，
　　　　日本足利學校遺跡圖書館後援會影印南宋初年刊本，1973年版，第282頁第
　　　　10葉後）此說是也。

理解說卦辭。

　　《頤‧彖傳》云：「頤貞吉，養正則吉也。觀頤，觀其所養也；自求口實，觀其自養也。天地養萬物，聖人養賢以及萬民。頤之時大矣哉。」《頤》☲之象，內卦☳其於稼，為反生；外卦☶為果蓏，皆是能養人之物，所以☶有「養」之義。卦辭「貞」，《文言》將之釋為「正」，此與《象傳》所解一樣，所以《象傳》以「養正則吉也」詮釋「頤貞吉」之義〔註177〕。此表明了《象傳》作者的「養正」思想。「觀頤」、「自求口實」是觀察人是否「養正」的兩個重要方面，即「觀其所養」而能知其能否養賢及萬民，觀人能否「自求口實」而知其能否修身以自養正。如此觀之，則《頤》所表達之義為大。故《象傳》讚述如上。準上，則《頤‧彖傳》之文的生成體式是針對卦辭而發揮義理。

　　《大過‧彖傳》云：「大過，大者過也〔註178〕。棟橈，本末弱〔註179〕也。

〔註177〕孔穎達《疏》云：「『頤貞吉，養正則吉』者，釋『頤貞吉』之義。頤，養也；貞，正也。所養得正，則有吉也。其『養正』之言，乃兼二義：一者養此賢人，是其養正，故下云『聖人養賢以及萬民』；二者謂養身得正，故《象》云『慎言語，節飲食』。以此言之，則『養正』之文兼養賢及自養之義也。」（〔魏〕王弼注，〔唐〕孔穎達疏《周易注疏》卷五，日本足利學校遺跡圖書館後援會影印南宋初年刊本，1973年版，第289頁第14葉前）

〔註178〕「大過」之義，吳儒陸績云：「大者相過。」（〔吳〕陸績撰，〔明〕姚士粦輯《陸氏易解》，《景印文淵閣四庫全書》經部第7冊，臺灣商務印書館，1986年版，第190頁上）虞翻云：「陽稱大，謂二也。二失位，故『大者過也』。」（〔唐〕李鼎祚《周易集解》卷六，《景印文淵閣四庫全書》經部第7冊，臺灣商務印書館，1986年版，第703頁上）是虞翻以「過」為「過失」之過。王弼《注》則云：「音相過之『過』。」（〔魏〕王弼注，〔唐〕孔穎達疏《周易注疏》卷五，日本足利學校遺跡圖書館後援會影印南宋初年刊本，1973年版，第296頁第17葉後）唐儒郭京云：「謹按：『音』字下誤增『相』字，『之』字上脫『越』字，其過越之『過』惟在去聲，相過之『過』在平聲，誤亦明矣。」（〔唐〕郭京《周易舉正》卷上，《景印文淵閣四庫全書》經部第8冊，臺灣商務印書館，1986年版，第113頁上）是王弼、郭京皆以為「過」有通過之義。孔穎達《疏》云：「『大者過』謂盛大者乃能過其分理以拯難也，故於二爻陽處陰位，乃能拯難也，亦是過甚之義。」（〔魏〕王弼注，〔唐〕孔穎達疏《周易注疏》卷五，日本足利學校遺跡圖書館後援會影印南宋初年刊本，1973年版，第297頁第18葉前～298葉第18頁後）是孔穎達彌縫「過甚」「相過」兩說。

〔註179〕弱，陸德明曰：「本亦作溺。」（〔唐〕陸德明《經典釋文》卷二《周易音義》，上海古籍出版社，2013年版，第94頁）宋儒晁說之云：「案溺古文弱字。」（〔宋〕呂祖謙《古易音訓‧彖上傳第一》，《續修四庫全書》經部第2冊，上

剛過而中，巽而說行，利有攸往，乃亨。大過之時大矣哉。」《大過》䷛，內卦☴爲入，外卦☱有「出」之象與義；又內卦☴爲長，爲高，可表事情發展階段之深者，故可表「大」之意。大之事物可出可入，可進可退，所以爲「大過」。《彖傳》會此意，所以以「大者過也」釋《大過》卦名。觀䷛之卦形，初爻與上爻皆爲陰，中間夾有四陽爻，陰爻爲小，陽爻爲大，是卦「有根基、末端皆較弱小」之象，所以卦辭以棟橈而陳述其形制，《彖傳》觀察卦形並且結合卦辭之義而繫以「本末弱也」之文。九二之爻越過初六之爻位，以剛陽之質謙居於陰位，是謙遜者，所以《彖傳》云「剛過而中」，此是就九二之爻而解說「利有攸往」之義。《大過》䷛，內卦☴爲巽，外卦☱爲說，內巽服而外行其令而心悅誠服，所以在此大過之時，宜有所作爲，使政通人和，達到文明盛世，故《彖傳》撰辭如上。準上，則《大過·彖傳》之文的生成體式是先解釋卦之名，其次以卦象、爻象之含義解說卦辭，最後讚述一卦所具之德。

《坎·彖傳》云：「習坎，重險也。水流而不盈，行險而不失其信。維心亨，乃以剛中也。行有尚，往有功也。天險不可升也，地險山川丘陵也，王公設險以守其國。險之時用大矣哉。」《習坎》䷜，上下卦皆是☵，爲陷〔註180〕，可表險之義，是「險上加險」之象〔註181〕，所以《彖傳》云「習坎，重險也。」以此解釋《習坎》之卦名。䷜內外卦皆是《坎》，坎爲溝瀆，溝瀆之水不斷流動，所以不盈溢；䷜內外卦皆可表險難之義，處於險難之境，而有體☲明之象，是有光明之孚信，所以其所行之道終將亨通，所以云「水流而不盈，行險而不失其信」，以此昇華卦名之義〔註182〕。䷜之《坎》又

海古籍出版社，2002 年版，第 42 頁）

〔註180〕孔穎達《疏》云：「坎，陷也。坎象水，水處險陷，故爲陷也。」（〔魏〕王弼注，〔唐〕孔穎達疏《周易注疏》卷十三，日本足利學校遺跡圖書館後援會影印南宋初年刊本，1973 年版，第 779 頁第 9 葉前）

〔註181〕虞翻云：「兩象也。天險，地險，故曰『重險』也。」（〔唐〕李鼎祚《周易集解》卷六，《景印文淵閣四庫全書》經部第 7 冊，臺灣商務印書館，1986 年版，第 705 頁下）

〔註182〕荀爽曰：「陽動陰中，故『流』；陽陷陰中，故『不盈』也。……陽來爲險，而不失中，中稱『信』也。」（〔唐〕李鼎祚《周易集解》卷六，《景印文淵閣四庫全書》經部第 7 冊，臺灣商務印書館，1986 年版，第 705 頁下）是以卦之陰陽爻之位置及關係解說《彖傳》。王弼《注》云：「險陷之極，故水流而不能盈也；處至險而不失剛中，行險而不失其信者，『習坎』之謂也。」孔穎達《疏》從王弼之說，其云：「『水流而不盈，行險而不失其信』者，此釋『重

爲加憂，爲心病，心病得通，乃因九二、九五能以剛處中，爲能通其心之閉塞、鬱悶者，所以云「維心亨，乃以剛中也」〔註183〕。人遭遇險難，在適當之時機，應當迎難而上，開創功業，所以云「行有尙，往有功也」〔註184〕。隨後，《彖傳》以「天險」、「地險」闡釋地利對於國防的重要意義，並歎美《坎》之時用之意義。準上，則《習坎・彖傳》之文的生成體式是先以卦形的基本特徵釋卦名，並結合上下卦象、互體卦解釋卦義，其此解釋卦辭，最後歎美一卦之德。

　　《離・彖傳》云：「離，麗也；日月麗乎天，百穀草木麗乎土，重明以麗乎正，乃化成天下。柔麗乎中正，故亨，是以畜牝牛吉也。」《離》䷝，內外卦皆爲☲，是光明之象，光明附麗於人或明，使之彰顯光明，所以《彖傳》以「麗也」釋《離》之卦名。日與月附麗於天，使天光明；百穀草木附麗於地，使地富有生機；人君之治亂若能光明又光明，正義之士則附麗之，則天下能嚮明而治，可化成天下。此皆與《離》之意義密切關聯，所以《彖傳》以「日月麗乎天，百穀草木麗乎土，重明以麗乎正，乃化成天下」彰顯《離》卦的之義〔註185〕。《離》䷝，陰柔居於上下卦☲之中，六二以陰居陰，爲得位

險習坎』之義。『水流而不盈』謂險陷既極，坑阱特深，水雖流注，不能盈滿，言險之甚也。此釋『重險』之義也。『行險而不失其信』謂行此至險，能守其剛中，不失其信也。此釋『習坎』及『有孚』之義也。以能便習於險，故守剛中不失其信也。『維心亨，乃以剛中也』者，釋『維心亨』義也，以剛在於中故。」（〔魏〕王弼注，〔唐〕孔穎達疏《周易注疏》卷五，日本足利學校遺跡圖書館後援會影印南宋初年刊本，1973年版，第308頁第23葉後）

〔註183〕侯果曰：「二五剛而居中，則心亨也。」（〔唐〕李鼎祚《周易集解》卷六，《景印文淵閣四庫全書》經部第7冊，臺灣商務印書館，1986年版，第705頁下）

〔註184〕虞翻曰：「『功』謂五，二動應五，故『往有功』也。」（〔唐〕李鼎祚《周易集解》卷六，《景印文淵閣四庫全書》經部第7冊，臺灣商務印書館，1986年版，第706頁上）此從《彖傳》之文與爻位的對應關係解說卦辭之義。孔穎達《疏》則云：「『行有尙，往有功』者，此釋『行有尙』也。既便習於坎，而往之險地，必有其功，故云『行有尙，往有功也』。」（〔魏〕王弼注，〔唐〕孔穎達疏《周易注疏》卷五，日本足利學校遺跡圖書館後援會影印南宋初年刊本，1973年版，第308頁第23葉後）此從義理闡釋的角度解釋卦辭，其義更勝。

〔註185〕孔穎達《疏》云：「『日月麗乎天，百穀草木麗乎土』者，此廣明附著之義，以柔附著中正，是附得宜，故廣言所附得宜之事也。『重明以麗乎正，乃化成天下』者此以卦象説《離》之功德也，並明『利貞』之義也。『重明』謂上下俱《離》；『麗乎正也』謂，兩陰在內，既有重明之德，又附於正道，所以化成天下也。然陰居二位，可謂爲正；若陰居五位，非其正位，而云『重明麗

之正；六五能附麗於光明之中，所以其事能得亨通。以人事言之，卦辭以「畜
牝牛吉」實之。準上，則《離・象傳》之文的生成體式是先釋卦之名，其次
歎美卦之德，後解釋卦辭。〔註186〕

　　《咸・象傳》云：「咸，感也。柔上而剛下，二氣感應以相與。止而說，
男下女，是以『亨利貞，取女吉』也。〔註187〕天地感而萬物化生，聖人感人
心而天下和平。觀其所感，而天地萬物之情可見矣。」《咸》☷，內卦☶為少
男，外卦☱為少女，少男少女相互吸引，此是人倫之始，所以是卦有男女
感應之意，所以《象傳》云「咸，感也」。〔註188〕從卦上下二象的剛柔性質而
言，《咸》上卦☱為陰柔之卦，下卦☶為陽剛之卦；從陰陽氣息交互交錯而

　　　　乎正』者，以五處於中正，又居尊位，雖非陰陽之正，乃是事理之正，故總
　　　　云『麗於正』也。」（〔魏〕王弼注，〔唐〕孔穎達疏《周易注疏》卷五，日本
　　　　足利學校遺跡圖書館後援會影印南宋初年刊本，1973 年版，第 308 頁第 23
　　　　葉後）

〔註186〕孔穎達《疏》云：「案諸卦之《象》，釋卦名之下乃釋卦下之義，於後乃歎而
　　　　美之。此《象》既釋卦名，即廣歎為卦之美，乃釋卦下之義。與諸卦不例者，
　　　　此乃夫子隨義則言，因文之便也。此既釋《離》名『麗』，因廣說日月、草木
　　　　所麗之事，然後卻明卦下之義，更無義例。（〔魏〕王弼注，〔唐〕孔穎達疏《周
　　　　易注疏》卷五，日本足利學校遺跡圖書館後援會影印南宋初年刊本，1973 年
　　　　版，第 318 頁第 28 葉後）此可作參考。

〔註187〕《荀子・大略》云：「《易》之《咸》見夫婦。夫婦之道不可不正也，君臣父
　　　　子之本也。咸，感也，以高下下，以男下女，柔上而剛下。」（〔清〕王先謙
　　　　《荀子集解》，《新編諸子集成》，中華書局，1988 年版，第 495 頁）此可與
　　　　《象傳》之文對照解讀。此表明了此《象》之文在荀子之時已經生成。《荀子・
　　　　大略》混合了《象傳》與《序卦》之文。《序卦》云：「有天地然後有萬物，
　　　　有萬物然後有男女，有男女然後有夫婦，有夫婦然後有父子，有父子然後有
　　　　君臣，有君臣然後有上下，有上下然後禮義有所錯。」（〔魏〕王弼注，〔唐〕
　　　　孔穎達疏《周易注疏》卷十三，日本足利學校遺跡圖書館後援會影印南宋初
　　　　年刊本，1973 年版，第 795 頁第 17 葉前）

〔註188〕虞翻曰：「咸，感也。《坤》三之上成女，《乾》上之三成男。《乾》《坤》氣交
　　　　以相與。」（〔唐〕李鼎祚《周易集解》卷七，《景印文淵閣四庫全書》經部第
　　　　7 冊，臺灣商務印書館，1986 年版，第 711 頁下）鄭玄云：「咸，感也。艮為
　　　　山，兌為澤，山氣下，澤氣上，二氣通而相應，以生萬物，故曰『咸』也。」
　　　　（〔漢〕鄭玄撰，〔宋〕王應麟輯，〔清〕惠棟考補《增補鄭氏周易》卷中，《景
　　　　印文淵閣四庫全書》經部第 7 冊，臺灣商務印書館，1986 年版，第 162 頁上）
　　　　是鄭玄從山澤通氣的角度解說《咸》之意。《說卦》云：「山澤通氣。」（〔魏〕
　　　　王弼注，〔唐〕孔穎達疏《周易注疏》卷十三，日本足利學校遺跡圖書館後援
　　　　會影印南宋初年刊本，1973 年版，第 771 頁第 5 葉前～772 頁第 5 葉後）鄭
　　　　玄等人從《說卦》之說而敷衍成文。

言，上下卦各爻皆有應，所以《彖傳》以「柔上而剛下，二氣感應以相與」詳細解釋「咸，感也」之意義。〔註189〕觀《咸》☶☱之卦體，以上下二象卦德言之，內卦☶爲止，外卦☱爲說，所以《彖傳》云「止而說」；以人事言之，少男在貞卦，少女在悔卦，爲人倫初始之時的貞正。如此行事、娶女則爲吉利。《彖傳》在解釋完卦辭之後，讚述《咸》之意蘊〔註190〕。準上，則《咸‧彖傳》之文的生成體式是先解說卦名，其次以卦象解說卦辭，最後廣明一卦之深意。

《恒‧彖傳》云：「恒，久也；剛上而柔下，雷風相與，巽而動，剛柔皆應，恒。『恒亨无咎，利貞』，久於其道也。天地之道，恒久而不已也。『利有攸往』，終則有始也。日月得天，而能久照。四時變化，而能久成。聖人久於其道，而天下化成。觀其所恒，而天地萬物之情可見矣。」《恒》☳☴有「久」之義，其上卦☳爲多陰之陽卦，於物象爲雷；下卦☴爲多陽之陰卦，於物象爲風，雷風相薄〔註191〕，因而可以相與相成，可成長久之道。若就《恒》二體卦德言之，內卦☴爲巽，外卦☳爲動，此規定了《恒》卦的性質及意義；就《恒》上下六爻相互應和而言，六爻皆得其應。思慮及此，所以《彖傳》作者撰辭如上，並以「恒」結首句之尾〔註192〕。《彖傳》會卦體之意，以「久

〔註189〕王弼《注》云：「是以亨也。」（〔魏〕王弼注，〔唐〕孔穎達疏《周易注疏》卷六，日本足利學校遺跡圖書館後援會影印南宋初年刊本，1973 年版，第 326 頁第 1 葉後）孔穎達《疏》從之，云：「『柔上而剛下，二氣感應以相與』者，此因上下二體釋『咸亨』之義也。」（〔魏〕王弼注，〔唐〕孔穎達疏《周易注疏》卷六，日本足利學校遺跡圖書館後援會影印南宋初年刊本，1973 年版，第 327 頁第 2 葉前）其實，此句乃是詳解「咸，感也」之義，「亨」義，《彖傳》在下句解釋它。

〔註190〕孔穎達《疏》云：「總舉繇辭以結之。『天地感而萬物化生』者以下，廣明『感』之義也。天地二氣若不感應相與，則萬物無由得變化而生。『聖人感人心而天下和平』者，聖人設教，感動人心，使變惡從善，然後天下和平。『觀其所感而天地萬物之情可見矣』者，結歎咸道之廣，大則包天地，小則該萬物。感物而動謂之情也，天地萬物皆以氣類共相感應，，故『觀其所感而天地萬物之情可見矣』。」（〔魏〕王弼注，〔唐〕孔穎達疏《周易注疏》卷六，日本足利學校遺跡圖書館後援會影印南宋初年刊本，1973 年版，第 328 頁第 2 葉後）

〔註191〕〔魏〕王弼注，〔唐〕孔穎達疏《周易注疏》卷十三，日本足利學校遺跡圖書館後援會影印南宋初年刊本，1973 年版，第 772 頁第 5 葉後。

〔註192〕孔穎達《疏》云：「『恒，久也』者，訓釋卦名也。恒之爲名，以長久爲義。『剛上而柔下』者，既訓恒爲久，因名此卦，得其恒名，所以釋可久之意，此就二體以釋《恒》也。《震》剛而《巽》柔，《震》則剛尊在上，《巽》則柔卑在

於其道也」闡釋卦辭「恒亨无咎，利貞」，並廣明天地恒久之道。順著此運思，《彖傳》亦以此方式解釋「利有攸往」之義，借題發揮，論及日月久照之道、聖人久化天下之道，並歎美《恒》卦對於「觀政」的啓示意義。準上，《恒·彖傳》之文的生成體式是先闡釋卦名，並以卦名結之，其次闡釋卦辭並充實卦義的內容，最後歎美《恒》卦的治政的啓示意義。

《遯·彖傳》云：「遯亨，遯而亨也，剛當位而應，與時行也。小利貞，浸而長也。遯之時義大矣哉。」《遯》䷠卦名之義顯明，所以《彖傳》不釋卦名，直接解釋卦辭。《彖傳》釋「遯亨」採用補詞法〔註193〕，其在使卦辭中間增補一個「而」字，使「遯」與「亨」有了因果聯繫，即因遯而能亨通。〔註194〕䷠，九五居上卦之中，與下卦六二有正應，此即是「當遯即遯，當有作爲，即勇於作爲」之義，所以《彖傳》借「剛當位而應，與時行也」昇華《遯》之意蘊，即雖是遯而能亨通，但剛中而得眾人之援應之時，亦當勇於承擔責任，能相時而動〔註195〕。《彖傳》作者觀察䷠之陰陽消息之象，其有陰長而陽漸消之趨勢，陰爲小而得以漸長〔註196〕，漸長而能應於九五，是爲《遯》

下，得其順序，所以爲恒也。『雷風相與』者，此就二象釋《恒》也。雷之與風，陰陽交感，二氣相與，更互而相成，故得恒久也。『巽而動』者，此就二卦之義，因釋恒名。《震》動而《巽》順，無有違逆，所以可恒也。『剛柔皆應』者，此就六爻釋《恒》。此卦六爻剛柔皆相應和，無孤媲者，故可長久也。恒者，歷就四義釋《恒》名訖，故更舉卦名以結之也，明上四事皆可久之道，故名此卦爲『恒』。」（〔魏〕王弼注，〔唐〕孔穎達疏《周易注疏》卷六，日本足利學校遺跡圖書館後援會影印南宋初年刊本，1973年版，第336頁第6葉後～337頁第7葉前）

〔註193〕補詞法，即在卦辭中間增補詞語而使卦辭之義明暢的詮釋之法。

〔註194〕王弼《注》云：「遯之爲義，遯乃通也。」是認爲遯乃能得亨通之道路。孔穎達《疏》云：「『遯而亨』者，此釋遯之所以得亨通之義。小人之道方長，君子非遯不通，故曰『遯而亨也』。」（〔魏〕王弼注，〔唐〕孔穎達疏《周易注疏》卷六，日本足利學校遺跡圖書館後援會影印南宋初年刊本，1973年版，第343頁第10葉前）此言君子處於不利於己之險惡環境，遯避小人，方可得亨通之路。

〔註195〕孔穎達《疏》云：「『剛當位而應，與時行』者，舉九五之爻，釋所以能遯而致亨之由。良由九五以剛而當其位，有應於二，非爲否亢。遯不否亢，即是相時而動，所以遯而得亨，故云『剛當位而應，與時行也』。」（〔魏〕王弼注，〔唐〕孔穎達疏《周易注疏》卷六，日本足利學校遺跡圖書館後援會影印南宋初年刊本，1973年版，第343頁第10葉前）

〔註196〕荀爽云：「陰稱小，浸而長，則將消陽，故利正，居二與五相應也。」孔穎達《疏》則云：「『小利貞，浸而長』者釋『小利貞』之義。浸者，漸進之名。若陰德暴進，即消正道，良由二陰漸長，而正道亦未即全滅，故云『小利貞』

道之正，所以《彖傳》以「浸而長也」釋「小利貞」。遯隱於世，講究時機，所以《彖傳》最後歎美《遯》卦之德。準上，《遯‧彖傳》之文的生成體式是先解釋卦辭，後歎美卦之「時」義之大。

　　《大壯‧彖傳》云：「大壯，大者壯也。剛以動，故壯。大壯利貞，大者正也。正大，而天地之情可見矣。」《大壯》䷡，二陰爻戴四陽爻，有陽大而壯之象，所以《彖傳》以「大者壯也」解《大壯》之名。〔註197〕䷡，內卦☰爲純剛之卦，外卦☳爲動，內剛而外動，是事物能成其大，所以爲壯，所以《彖傳》云「剛以動，故壯」。〔註198〕《彖傳》以「大者正也」釋「大壯利貞」，是認爲大而正者方得其正當之利〔註199〕。「正大，而天地之情可見矣」則廣美《大壯》卦正大之義。準上，《大壯‧彖傳》之文的生成體式是先解說卦名，並以上下卦德解說卦得名之由，其次釋卦辭，最後歎美《大壯》正大之義。

也。」（〔唐〕李鼎祚《周易集解》卷七，王雲五《叢書集成初編》第387冊，上海商務印書館，1935年版，第167頁）是認爲陰爲小，「小利貞」即「陰利貞」。此解可從。（〔魏〕王弼注，〔唐〕孔穎達疏《周易注疏》卷六，日本足利學校遺跡圖書館後援會影印南宋初年刊本，1973年版，第343頁第10葉前）是認爲「小利貞」是「利貞」之程度小者。

〔註197〕宋儒朱震云：「陰陽迭壯者也。以三畫卦言之，初爲少，二爲壯，三爲究；以重卦言之，初、二爲少，三、四爲壯，陽動於《復》，長於《臨》，交於《泰》，至四爻而後壯。《泰》不曰『壯』者，陰陽敵也；過於陰，則陽壯矣。猶人血氣方剛，故曰『大壯，大者壯也』。」（〔宋〕朱震《漢上易傳》卷四，《景印文淵閣四庫全書》經部第11冊，臺灣商務印書館，1986年版，第120頁下）此論可謂精審。

〔註198〕荀爽曰：「《乾》剛《震》動，陽從下升，陽氣大動，故壯也。」（〔唐〕李鼎祚《周易集解》卷七，《景印文淵閣四庫全書》經部第7冊，臺灣商務印書館，1986年版，第719頁上）孔穎達《疏》云：「『剛以動，故壯』者，就二體釋卦名，《乾》剛而《震》動。柔弱而動，即有退溺；剛強以動，所以成壯。」（〔魏〕王弼注，〔唐〕孔穎達疏《周易注疏》卷六，日本足利學校遺跡圖書館後援會影印南宋初年刊本，1973年版，第349頁第13葉前）宋儒朱震云：「陽之初，其動甚微；動而不已，物莫能御。君子之道義，其大至於塞乎天地之間者，以剛動也。故曰『剛以動，故壯』。此合《震》《乾》二體而言壯之時也。」（〔宋〕朱震《漢上易傳》卷四，《景印文淵閣四庫全書》經部第11冊，臺灣商務印書館，1986年版，第121頁上）以上所說皆合《彖傳》之意。

〔註199〕宋儒朱震云：「初九，大者正也。大者正，乃能動而不屈。壯而不以正，則失之暴，不能久也。飄風暴雨，江河之大，皆不能久，故曰『利貞，大者正也』。此以初九言壯之道也。」（〔宋〕朱震《漢上易傳》卷四，《景印文淵閣四庫全書》經部第11冊，臺灣商務印書館，1986年版，第121頁上）此爲精悍之論。

　　《晉‧彖傳》云：「晉，進也。明出地上，順而麗乎大明，柔進而上行，是以康侯用錫馬蕃庶，晝日三接也。」《晉》䷢，下卦☷爲地，上卦爲☲，爲日，是「明」之意，故《晉》有「明出地上」之象。就上下卦之德而言，《晉》下卦《坤》爲順，上卦《離》爲麗，爲明。光明進而成大明，六五進而上行，以人事言之，即類似「康侯用錫馬蕃庶，晝日三接」之意義，所以卦辭特保留此卦辭生成之本事，以明《晉》之意義。準上，則《晉‧彖傳》的生成體式是先釋卦名，後以二體卦德、中爻情況解說卦辭之義。

　　《明夷‧彖傳》云：「明入地中，明夷。內文明而外柔順，以蒙大難，文王以之。利艱貞，晦其明也。內難而能正其志，箕子以之。」《明夷》䷣，內卦☲爲火，有「明」之意；外卦☷爲地，是《明夷》有「明入于地中」之象，所以《彖傳》以「明入地中」闡明卦的形制。《明夷》內卦☲有光明之象，外卦☷爲柔順之質，有此德行而蒙難者，周文王是其典型，所以《彖傳》特舉周文王而言之。處在明夷之世，能堅守其貞正，時世雖黑暗而光明之志不動搖，是能修身而正其志之人，此以箕子爲代表，所以《彖傳》云「利艱貞，晦其明也。內難而能正其志，箕子以之」。準上，則《明夷‧彖傳》之文的生成體式是先以卦形基本特徵闡釋卦名，後舉上下卦體之德，以人事解說卦辭。

　　《家人‧彖傳》云：「家人，女正位乎內，男正位乎外。男女正，天地之大義也。家人有嚴君焉，父母之謂也。父父、子子、兄兄、弟弟、夫夫、婦婦，而家道正。正家，而天下定矣。」《家人》䷤之《彖傳》以「女正」爲主題，發揮人倫之要義。準此，則《家人‧彖傳》的生成體式是以卦辭爲主題發揮卦名之義，敷衍成文。

　　《睽‧彖傳》云：「睽，火動而上，澤動而下。二女同居，其志不同行。說而麗乎明，柔進而上行，得中而應乎剛，是以小事吉。天地睽而其事同也，男女睽而其志通也，萬物睽而其事類也。睽之時用大矣哉。」《睽》䷥，上卦☲爲火，在上；下卦☱爲澤，在下。所以《彖傳》以「火動而上，澤動而下」闡釋《睽》卦之結構特徵。《睽》下卦《兌》爲少女，上卦《離》爲中女，如同火性炎上，水性流下，其志不同，所以不同行。所以《彖傳》以「二女同居，其志不同行」解說上下卦於人事的意義。《睽》於上下卦體才而言，內卦《兌》爲說，外卦《離》爲麗，是《睽》有「說而麗，麗於明」之義；又上卦中爻六五以陰柔之質而上行，與上九有應，以小而應大，未能成大

事，小事則吉，所以《象傳》云「說而麗乎明，柔進而上行，得中而應乎剛，是以小事吉」。處於《睽》之時，事物相反相成，所以《象傳》以「天地」「男女」「萬物事類」而廣明《睽》之義，以告誡人們《睽》之「時用」的重要意義。

　　《蹇·象傳》云：「蹇，難也，險在前也，見險而能止，知矣哉。蹇利西南，往得中也。不利東北，其道窮也。利見大人，往有功也。當位貞吉，以正邦也。蹇之時用大矣哉。」《蹇》☵☶，內卦☶爲止，外卦☵爲險，是☵☶有「外有險，止於外險之前」之象，見險而知止，止而思解難之策，此爲明智之舉，所以《象傳》云「蹇，難也，險在前也，見險而能止，知矣哉」。〔註200〕《蹇》六二之爻之九五，其卦變成《師》☷☵，此卦上卦《坤》爲西南，險難之象消除，所以云「蹇利西南，往得中也」；《師》內卦《坎》爲險，險在原來東北之處，所以云「不利東北，其道窮也」。〔註201〕處於蹇難之時，往而得眾人之助，所以能建立其功業，以此正其位，也可正國家之政治，所以《象傳》云「利見大人，往有功也。當位貞吉，以正邦也」。處於險難在前之際，或進或退，應審時度勢，所以《象傳》以「蹇之時用大矣哉」告誡於人。準上，則《蹇·象傳》之文的生成體式是先釋卦名，並依據二體卦德發揮卦義，其次以變卦解釋卦辭，最後以「時用」告誡世人。

　　《解·象傳》云：「解，險以動，動而免乎險，解。解利西南，往得眾也。其來復吉〔註202〕，乃得中也。『有攸往，夙吉』，往有功也。天地解而雷

〔註200〕孔穎達《疏》云：「『蹇，難也，險在前也，見險而能止，知矣哉』者，釋卦名也，蹇者，有難而不進，能止而不犯，故就二體有險有止，以釋蹇名。《坎》在其外，是『險在前也』。有險在前，所以爲難。若冒險而行，或罹其害。《艮》居其內，止而不往，相時而動，非知不能，故曰『見險而能止，知矣哉也』。」（〔魏〕王弼注，〔唐〕孔穎達疏《周易注疏》卷六，日本足利學校遺跡圖書館後援會影印南宋初年刊本，1973 年版，第 385 頁第 31 葉前～386 頁第 31 葉後）

〔註201〕「蹇利西南，往得中也」，荀爽曰：「西南謂《坤》，升二往居《坤》五，故『得中也』。」「不利東北，其道窮也」，荀爽曰：「東北，《艮》也。《艮》在《坎》下，見險而止，故『其道窮也』。」（〔唐〕李鼎祚《周易集解》卷八，《景印文淵閣四庫全書》經部第 7 冊，臺灣商務印書館，1986 年版，第 732 頁上）

〔註202〕「其來復吉」，李鼎祚作「無所往，其來復吉」（〔唐〕李鼎祚《周易集解》卷八，《景印文淵閣四庫全書》經部第 7 冊，臺灣商務印書館，1986 年版，第 734 頁下）宋儒程頤則云：「不云『無所往，省文爾。」（〔宋〕程頤《周易程氏傳》卷三，王孝魚點校，中華書局，2011 年版，第 226 頁）

雨作，雷雨作而百果草木皆甲坼〔註203〕。解之時大矣哉。」《解》☳☵，內卦☵為險，外卦☳為動，是☳有「身陷於險而欲脫險」之象，所以《彖傳》以「險以動，動而免乎險」釋卦名。〔註204〕西南，為《坤》眾之地，下卦中爻往上卦六五，使其位得正，而卦變成《萃》☱☷，是二、五各得其正而得《坤》眾。所以《彖傳》云「解利西南，往得眾也」。〔註205〕《解》之六五來，復其正位於二，下卦九二往之五，得其正位，解其險難，所以《彖傳》云「其來復吉，乃得中也」。〔註206〕能聚眾人，能應難而上，利用天時地利人和，以此而往，將創立功業，所以《彖傳》云「『有攸往，夙吉』，往有功也」〔註207〕。《解》內卦☵為雨，外卦☳為雷，是《解》有「雷動於天下，雨下於地上」之象，所以《彖傳》云「天地解而雷雨作」。雷雨作，利於草木萬物之生長，所以云「雷雨作而百果草木皆甲坼」。〔註208〕處於解之時，於人於物皆為重要的轉折

〔註203〕甲坼，馬融、鄭玄、荀爽、陸績作甲宅（〔清〕翟均廉《周易章句證異》卷四，《景印文淵閣四庫全書》經部第53冊，臺灣商務印書館，1986年版，第745頁上）

〔註204〕虞翻云：「險，《坎》；動，《震》。《解》，二月，雷以動之，雨以潤之，物咸孚甲，萬物生震。震出險上，故『免乎險』也。」（〔唐〕李鼎祚《周易集解》卷八，《景印文淵閣四庫全書》經部第7冊，臺灣商務印書館，1986年版，第734頁下）孔穎達《疏》云：「『解，險以動，動而免乎險，解』者，此就二體以釋卦名。遇險不動，無由解難。動在險中，亦未能免咎。今動於險外，即是免脫於險，所以為解也。」（〔魏〕王弼注，〔唐〕孔穎達疏《周易注疏》卷六，日本足利學校遺跡圖書館後援會影印南宋初年刊本，1973年版，第392頁第34葉前～393頁第35葉前）

〔註205〕荀爽曰：「《乾》動之《坤》而得眾。西南，眾之象也。」（〔唐〕李鼎祚《周易集解》卷八，《景印文淵閣四庫全書》經部第7冊，臺灣商務印書館，1986年版，第734頁下）孔穎達《疏》云：「『解利西南，往得眾』者，解之為義，兼濟為美，往之西南，得施解於眾，所以為利也。」（〔魏〕王弼注，〔唐〕孔穎達疏《周易注疏》卷六，日本足利學校遺跡圖書館後援會影印南宋初年刊本，1973年版，第393頁第35葉前）

〔註206〕荀爽曰：「來復居二，處中成險，故曰『復吉』也。」（〔唐〕李鼎祚《周易集解》卷八，《景印文淵閣四庫全書》經部第7冊，臺灣商務印書館，1986年版，第734頁下）宋儒程頤云：「救亂除難，一時之事，未能成治道也，必待解難，無所往，然後來復先王之治，乃得中道，謂合宜也。」（〔宋〕程頤《周易程氏傳》卷三，王孝魚點校，中華書局，2011年版，第226頁）

〔註207〕荀爽曰：「五位無君，二陽又卑，往居之者則吉。據五解難，故『有功也』。」（〔唐〕李鼎祚《周易集解》卷八，《景印文淵閣四庫全書》經部第7冊，臺灣商務印書館，1986年版，第734頁下）

〔註208〕荀爽曰：「《解》者，《震》世也。仲春之月，草木萌牙，雷以動之，雨以潤之，日以烜之，故『甲宅』（筆者按：宅，《文淵閣四庫全書》本誤作坼，參〔唐〕

點，所以最後《象傳》歎美其「時」義。準上，《解‧象傳》之文的生成體式是先出卦名，以二體卦德釋之，並以卦名結之，其次以卦變闡釋卦辭，最後廣明天地《解》之大義，並歎美卦之「時義」之德。

《損‧象傳》云：「損，損下益上，其道上行。損而有孚，元吉无咎，可貞，利有攸往。『曷之用？二簋可用享』，二簋應有時，損剛益柔有時。損益盈虛，與時偕行。」《損》䷨，下卦☱是陰卦，爲說；上卦☶是陽卦，爲止；六三至六五互體成☷，爲順。說而止，因悅於上而順之，所以《象傳》云「損，損下益上，其道上行」。〔註209〕「損而有孚，元吉无咎，可貞，利有攸往」，《象傳》採用補詞法闡釋卦辭，「損而有孚」使「損有孚」之義更爲明確。「損而有孚」是獲得大吉、無有過失、可正其身及利有所往的主要原因。〔註210〕處於損之時，享祀鬼神等禮節可從簡，損剛益柔可應時而用之。根據損益盈虛之需要，而應時而動。所以《象傳》云「『曷之用？二簋可用享』，二簋應有時，損剛益柔有時。損益盈虛，與時偕行」。〔註211〕準上，《損‧象傳》之文的生成體式是根據上下卦之性質、上下卦爻之來往等情況解釋卦之名義，後以順應《損》道爲主題而解釋卦辭。

《益‧象傳》云：「益，損上益下，民說无疆；自上下下，其道大光。利

李鼎祚《周易集解》卷八，《景印文淵閣四庫全書》經部第 7 冊，臺灣商務印書館，1986 年版，第 735 頁上）也。」（〔清〕李道平《周易集解纂疏》卷五，潘雨廷點校，中華書局，1994 年版，第 368 頁）

〔註209〕 王弼《注》云：「《艮》爲陽，《兌》爲陰。凡陰，順於陽者也。陽止於上，陰說而順，『損下益上，上行』之義也。」（〔魏〕王弼注，〔唐〕孔穎達疏《周易注疏》卷七，日本足利學校遺跡圖書館後援會影印南宋初年刊本，1973 年版，第 402 頁第 1 葉前）唐儒李鼎祚云：「蜀才曰：『此本《泰》卦。』案：《坤》之上六（筆者按，六，《文淵閣四庫全書》本誤作九，參〔唐〕李鼎祚《周易集解》卷八，《景印文淵閣四庫全書》經部第 7 冊，臺灣商務印書館，1986 年版，第 737 頁上），下處《乾》三。《乾》之九三，上升《坤》六，損下益上者也。陽德上行，故曰『其道上行』矣。」（〔清〕李道平《周易集解纂疏》卷五，潘雨廷點校，中華書局，1994 年版，第 374 頁）

〔註210〕 孔穎達《疏》云：「『損而有孚，元吉，無咎，可貞，利有攸往』者，卦有『元吉』已下等事，由於『有孚』，故加一『而』字，則其義可見矣。」（〔魏〕王弼注，〔唐〕孔穎達疏《周易注疏》卷七，日本足利學校遺跡圖書館後援會影印南宋初年刊本，1973 年版，第 403 頁第 2 葉前）

〔註211〕 「二簋應有時」，虞翻云：「時謂春秋也。損二之五，震二月，益正月，春也。損七月，兌八月，秋也。謂春秋祭祀，以時思之。艮爲時，震爲應，故『應有時』也。」（〔唐〕李鼎祚《周易集解》卷八，《景印文淵閣四庫全書》經部第 7 冊，臺灣商務印書館，1986 年版，第 737 頁下）

有攸往，中正有慶。利涉大川，木道乃行。益動而巽，日進无疆。天施地生，其益无方。凡益之道，與時偕行。」《益》䷩，下卦☳為陽卦，上卦☴為陰卦，六四來應於初九，上九來應於六三，六二往應於九五，是上下卦各爻皆有其應，而上卦有兩爻來應於下卦，所以《彖傳》云「損下益上」。〔註212〕《益》六二至六四互體成☷，為眾人；《益》上卦☴，為長，為高，表程度之深者；又初九至九五體《頤》䷚，有養之義。是眾人得上長久之幫助，所以能長養自己，所以眾人之心安樂。故《彖傳》云「民說无疆」。〔註213〕如此，《益》之道，損減君上，而增益下民，此是聖人養萬民之光明之政治氣象，所以《彖傳》以「自上下下，其道大光」〔註214〕進一步闡明《益》之政治意義。《益》下卦之中爻六二、上卦之中爻九五，皆居位得正，是九五養萬民，六二之民得明君之惠澤，亦能自求口實，是以有慶樂之事。民能中正以自養，即王政無所不利。所以《彖傳》云「利有攸往，中正有慶」。〔註215〕《益》上卦☴為木，舟以木造之；下卦☳為動。是《益》有「木舟震動」之象，故此《彖傳》云「利涉大川，木道乃行」。〔註216〕《益》䷩，下卦☳為動，

〔註212〕蜀才曰：「此本《否》卦。案《乾》之上九下處《坤》初，《坤》之初六上升《乾》四，『損上益下』者也。」（〔唐〕李鼎祚《周易集解》卷八，《景印文淵閣四庫全書》經部第7冊，臺灣商務印書館，1986年版，第740頁上）王弼《注》云：「《震》，陽也；《巽》，陰也。《巽》非違《震》者也。處上而《巽》不違於下，『損上益下』之謂也。」（〔魏〕王弼注，〔唐〕孔穎達疏《周易注疏》卷七，日本足利學校遺跡圖書館後援會影印南宋初年刊本，1973年版，第411頁第6葉前～412頁第6葉後）

〔註213〕虞翻曰：「上之初，《坤》為『无疆』，《震》為喜笑。以貴下賤，大得民，故『說無疆』矣。」（〔唐〕李鼎祚《周易集解》卷八，《景印文淵閣四庫全書》經部第7冊，臺灣商務印書館，1986年版，第740頁上）此以「《坤》為『無疆』，《震》為喜笑」未免枝蔓。

〔註214〕虞翻曰：「《乾》為大明，以《乾》照《坤》，故『其道大光』。或以上之三，《離》為大光矣。」（〔唐〕李鼎祚《周易集解》卷八，《景印文淵閣四庫全書》經部第7冊，臺灣商務印書館，1986年版，第740頁上）此有牽合《象傳》之文強就卦象之病。其實，《益》卦體《頤》象，《頤》又有光明之象，所以為「光」。

〔註215〕虞翻曰：「中正謂五，而二應之。《乾》為慶也。」（〔唐〕李鼎祚《周易集解》卷八，《景印文淵閣四庫全書》經部第7冊，臺灣商務印書館，1986年版，第740頁上）王弼《注》則云：「五處中正，自上下下，故有慶也。以中正有慶之德，有攸往也，何適而不利哉？」（〔魏〕王弼注，〔唐〕孔穎達疏《周易注疏》卷七，日本足利學校遺跡圖書館後援會影印南宋初年刊本，1973年版，第412頁第6葉後）

〔註216〕虞翻曰：「謂三動成《渙》。《渙》，舟楫象。《巽》木得水，故『木道乃行』也。」（〔唐〕李鼎祚《周易集解》卷八，《景印文淵閣四庫全書》經部第7冊，臺

上卦☴爲巽，下民能自養而勤勞不已，君上又能以光明之政令施仁於下，即民能日進其財富，君上之政治亦能長治久安。所以《彖傳》云「益動而巽，日進无疆」。天地皆有益於人之道，天廣施陽光雨露於下，地廣生萬物以利於自然與人事，天地所施生之利益無窮無盡。所以《彖傳》云「天施地生，其益无方」。《益》道與時節、機遇相聯繫，在當增益民之資財，援助下民之時，當損上益下，鼓勵民自給自足，自求口實。所以《彖傳》云「凡益之道，與時偕行」。準上，《益‧彖傳》之文的生成體式是先根據上下卦相互關係之特徵釋卦之德，其次以卦德及中爻之意義闡釋卦辭，最後以卦德、天地之道光明《益》之意義。

　　《夬‧彖傳》云：「夬，決也，剛決柔也。健而說，決而和。揚于王庭，柔乘五剛也。孚號有厲，其危乃光也。『告自邑，不利即戎』，所尙乃窮也。利有攸往，剛長乃終也。」《夬》☰，一陰乘於五陽之上，柔爲亢極，故五陽合其力而決之，所以《彖傳》云「夬，決也，剛決柔也」。〔註217〕《夬》☱，內卦☰爲健，外卦☱爲說，決策剛健而不失眾人之和氣，此是《夬》上下二體之卦德所具有的意義。所以《彖傳》云「健而說，決而和」。〔註218〕《夬》上六一陰在五剛之上極，是當決定上六命運之時，所以《彖傳》云「揚

灣商務印書館，1986 年版，第 740 頁下）王弼《注》云：「木者，以涉大川爲常而不溺者也。以《益》涉難，同乎木也。」（〔魏〕王弼注，〔唐〕孔穎達疏《周易注疏》卷七，日本足利學校遺跡圖書館後援會影印南宋初年刊本，1973 年版，第 412 頁第 6 葉後）

〔註217〕虞翻曰：「《乾》決《坤》也。」（〔唐〕李鼎祚《周易集解》卷九，《景印文淵閣四庫全書》經部第 7 冊，臺灣商務印書館，1986 年版，第 745 頁上）孔穎達《疏》云：「『夬，決也，剛決柔』者，此就爻釋卦名也。」（〔魏〕王弼注，〔唐〕孔穎達疏《周易注疏》卷七，日本足利學校遺跡圖書館後援會影印南宋初年刊本，1973 年版，第 422 頁第 11 葉後）宋儒朱震云：「五陽長於下，一陰消於上，五陽合力而決一陰，故曰『夬，決也，剛決柔也』。此以五剛言《夬》之時也。」（〔宋〕朱震《漢上易傳》卷五，《景印文淵閣四庫全書》經部第 11 冊，臺灣商務印書館，1986 年版，第 149 頁上）

〔註218〕虞翻曰：「健，《乾》；說，《兌》也。以《乾》陽獲陰之和，故『決而和』也。」（〔唐〕李鼎祚《周易集解》卷九，《景印文淵閣四庫全書》經部第 7 冊，臺灣商務印書館，1986 年版，第 745 頁上）孔穎達《疏》云：「『健而說，決而和』者，此就二體之義，明決而能和，《乾》健而《兌》說，健則能決，說則能和，故曰『決而和』。」（〔魏〕王弼注，〔唐〕孔穎達疏《周易注疏》卷七，日本足利學校遺跡圖書館後援會影印南宋初年刊本，1973 年版，第 422 頁第 11 葉後）

于王庭，柔乘五剛也」。〔註219〕《夬》上卦☱爲口，號令自口出，有孚信之號令被天下所屬行，危局方可出現轉機，治亂方可廣明。故《彖傳》云「孚號有屬，其危乃光也」。〔註220〕《夬》上卦☱爲口，口能報告軍情；下卦☰爲土，可表邑土，自邑而告知軍情，在不利於迎戰之時而興兵，則其將陷入困境，所以《彖傳》云「『告自邑，不利即戎』，所尚乃窮也」。〔註221〕剛健而出其策略，以剛強消除柔弱，終成其《夬》道，所以《彖傳》云「利有攸往，剛長乃終也」。〔註222〕準上，則《夬·彖傳》之文的生成體式是先以卦形之基本特徵定位卦之名義，闡明上下卦體之德，最後結合卦形、上下卦之卦象解釋卦辭。

〔註219〕王弼《注》云：「剛德齊長，一柔爲逆，眾所同誅而無忌者也，故可揚於王庭。」孔穎達《疏》云：「『揚於王庭，柔乘五剛』者，此因一陰而居五陽之上，釋行決之法。以剛德齊長，一柔爲逆，眾所同誅，誅而無忌也。故曰『揚於王庭』，言所以得顯然揚於王庭者，只謂柔乘五剛也。」（〔魏〕王弼注，〔唐〕孔穎達疏《周易注疏》卷七，日本足利學校遺跡圖書館後援會影印南宋初年刊本，1973 年版，第 422 頁第 11 葉後）

〔註220〕荀爽曰：「信其號令於下，眾陽危去上六，陽乃光明也。」（〔唐〕李鼎祚《周易集解》卷九，《景印文淵閣四庫全書》經部第 7 冊，臺灣商務印書館，1986 年版，第 745 頁上）王弼《注》云：「剛正明信以宣其令，則柔邪者危，故曰『其危乃光也』。」孔穎達《疏》云：「『孚號有屬，其危乃光』者，以明信而宣號令，即柔邪者危屬，危屬之理分明可見，故曰『其危乃光』也。」（〔魏〕王弼注，〔唐〕孔穎達疏《周易注疏》卷七，日本足利學校遺跡圖書館後援會影印南宋初年刊本，1973 年版，第 422 頁第 11 葉後～423 頁第 12 葉前）

〔註221〕「告自邑」，翟元曰：「《坤》稱邑也。」「不利即戎，所尚乃窮也」，荀爽曰：「不利即尚兵戎，而與陽爭，必困窮。」（〔唐〕李鼎祚《周易集解》卷九，《景印文淵閣四庫全書》經部第 7 冊，臺灣商務印書館，1986 年版，第 751 頁下）王弼《注》云：「以剛斷制，告令可也，『告自邑』謂行令於邑也。用剛即戎，尚力取勝也。尚力取勝。物所同疾也。」孔穎達《疏》云：「『告自邑，不利即戎，所尚乃窮』者，剛克之道，不可常行。若專用威猛。以此即戎，則便爲尚力取勝，，即是決而不和，其道窮矣。行決所以惟『告自邑，不利即戎』者，只謂所尚乃窮故也。」（〔魏〕王弼注，〔唐〕孔穎達疏《周易注疏》卷七，日本足利學校遺跡圖書館後援會影印南宋初年刊本，1973 年版，第 422 頁第 11 葉後～423 頁第 12 葉前）

〔註222〕虞翻曰：「《乾》體大成，以決小人，終《乾》之剛，故乃以終也。」（〔唐〕李鼎祚《周易集解》卷九，《景印文淵閣四庫全書》經部第 7 冊，臺灣商務印書館，1986 年版，第 745 頁下）王弼《注》云：「剛德愈長，柔邪愈消，故『利有攸往，道乃成也』。」孔穎達《疏》云：「『利有攸往，剛長乃終』者，剛長柔消，《夬》道乃成也。」（〔魏〕王弼注，〔唐〕孔穎達疏《周易注疏》卷七，日本足利學校遺跡圖書館後援會影印南宋初年刊本，1973 年版，第 422 頁第 11 葉後～423 頁第 12 葉前）

　　《姤‧彖傳》云：「姤，遇也，柔遇剛也。勿用取女，不可與長也。天地相遇，品物咸章也。剛遇中正，天下大行也。《姤》之時義大矣哉。」《姤》☰，為一陰戴五陽之象，卦辭以「女壯」稱陰之盛，此以一女上承五男的特殊之例闡明《姤》卦「遇」之名義。《彖傳》因《姤》卦這一最基本的卦形特徵而云「姤，遇也，柔遇剛也」。於婚媾而言，女壯則悍，難成攜手共進之婚姻，故難與其丈夫長久，所以《彖傳》以「不可與長也」釋「勿用取女」之由。於天地氣息交應而言，天地之氣協和，相遇而萬品庶物，各取其宜，不為否塞，皆得以伸展其性，此為《姤》之中正。如此治理朝政，處理政務，則天下可致盛世。處於陰盛之世，如能使天地之氣相遇，推行正義之政策，民得其惠澤，遇見其明君，則對君對民之意義皆為重大。故《彖傳》最後歎美《姤》之「時」義。

　　《萃‧彖傳》云：「萃，聚也。順以說，剛中而應，故聚也。王假有廟，致孝享也。『利見大人，亨』，聚以正也。『用大牲吉，利有攸往』，順天命也。觀其所聚，而天地萬物之情可見矣。」《萃》☷，內卦☷為順，外卦☱為說；又內卦中爻為柔，外卦中爻為剛，九五得六二之正應，是為得眾，故為「聚」之義。所以《彖傳》云「萃，聚也。順以說，剛中而應，故聚也」。〔註223〕《升》卦初六至九五體《觀》☷，《觀》有行祭禮之象，所以《萃》有「眾人聚於王廟而孝享先王」之象，《彖傳》會此意，因此而云「王假有廟，致孝享也」。〔註224〕《萃》能聚諸侯群臣於大廟，能以大牲之禮祭祀先王烈祖，可見

〔註223〕荀爽曰：「謂五以剛居中，群陰順說而從之，故能聚眾也。」（〔唐〕李鼎祚《周易集解》卷九，《景印文淵閣四庫全書》經部第7冊，臺灣商務印書館，1986年版，第751頁上）此從卦的陰陽爻順應的角度闡釋《彖傳》之文，其論可通。孔穎達《疏》云：「『萃，聚』者，訓《萃》名也。『順以說，剛中而應，故聚』者，此就二體及九五之爻，釋所以能聚也。若全用順說，則邪佞之道興；全用剛陽而違於中應，則強亢之德著，何由得聚？今順以說而剛為主，則非邪佞也；應不失中，則非偏亢也。如此，方能聚物。故曰『順以說，剛中而應，故聚』也。」（〔魏〕王弼注，〔唐〕孔穎達疏《周易注疏》卷七，日本足利學校遺跡圖書館後援會影印南宋初年刊本，1973年版，第438頁第19葉後～439頁第20葉前）此兼顧象數、義理而解釋《彖傳》，內容詳實。
〔註224〕王假有廟，陸績曰：「王，五；廟，上也。王者聚百物以祭其先，諸侯助祭於廟中。假，大也。言五親奉上矣。」致孝享也。虞翻曰：「享，享祀也。五至初，有《觀》象，謂享《坤》牛，故『致孝享』矣。」（〔唐〕李鼎祚《周易集解》卷九，《景印文淵閣四庫全書》經部第7冊，臺灣商務印書館，1986年版，第751頁上）此兩說自圓其說，體現了象數《易》學的精妙、獨到之處。孔穎達《疏》云：「『王假有廟，致孝享』者，享，獻也。聚道既全，可

其聚會正，其道亨通，是順應天命的體現。所以彖傳云「『利見大人，亨』，聚以正也。『用大牲吉，利有攸往』，順天命也」。觀察聚會之眾人的總體狀況，則可知人心向背、君上之德行、鬼神之情狀、天命之順逆。如此觀之，則《萃》卦之意義甚為重要，所以《彖傳》予以彰顯而稱「觀其所聚，而天地萬物之情可見矣」。準上，《萃‧彖傳》之文的生成體式是先釋卦名，其次以義理闡釋卦辭，最後歎美卦德。

《升‧彖傳》云：「柔以時升，巽而順，剛中而應，是以大亨。『用見大人，勿恤』，有慶也。南征吉，志行也。」《升》䷭，內卦䷸，為陰柔之卦，於物象為木；外卦䷁，為純陰之卦，於物象為土，是《升》卦有「柔弱之木生於地中，隨時間而增升」之象，所以《彖傳》云「柔以時升」。〔註225〕就《升》內卦卦二體之德而言，內卦䷸為巽，外卦䷁為順，故《升》卦有「巽而順」之德。《升》內卦中爻九二為剛，外卦中爻六五為柔，剛柔相應，即《彖傳》所言「剛中而應」。因《升》卦有「柔以時升」、「巽而順」及「剛中而應」三個方面的內容，所以能得「大亨」之道。〔註226〕《升》內卦䷸為長，為高，為進退；外卦䷁為眾，為順。處於升之時機，於自身而言，能銳意進取，成

以至於有廟，設祭祀而致孝享也。」（〔魏〕王弼注，〔唐〕孔穎達疏《周易注疏》卷七，日本足利學校遺跡圖書館後援會影印南宋初年刊本，1973年版，第439頁第20葉前）此說不如虞翻之充實。

〔註225〕升，鄭玄作昇，他稱：「昇，上也。《坤》，地；《巽》，木。木生地中，日長而上。猶聖人在諸侯之中，明德日益高大也。故謂之昇。昇，進益之象。」（〔漢〕鄭玄撰，〔宋〕王應麟輯，〔清〕惠棟考補《增補鄭氏周易》卷中，《景印文淵閣四庫全書》經部第7冊，臺灣商務印書館，1986年版，第167頁下）虞翻云：「柔謂五，《坤》也。升謂二。《坤》邑無君，二當升五虛。《震》《兌》為春秋；二升，《坎》《離》為冬夏。四時象正，故『柔以時升』也。」（〔唐〕李鼎祚《周易集解》卷九，《景印文淵閣四庫全書》經部第7冊，臺灣商務印書館，1986年版，第753頁下～754頁上）孔穎達《疏》云：「『柔以時升』者，升之為義，自下升高，故就六五居尊以釋名升之意。六五以陰柔之質超昇貴位，若不得時，則不能升耳。故曰『柔以時升』也。」（〔魏〕王弼注，〔唐〕孔穎達疏《周易注疏》卷七，日本足利學校遺跡圖書館後援會影印南宋初年刊本，1973年版，第446頁第23葉後）

〔註226〕孔穎達《疏》云：「卦體既巽且順，爻又剛中而應於五，有此眾德，故得『元亨』。」（〔魏〕王弼注，〔唐〕孔穎達疏《周易注疏》卷七，日本足利學校遺跡圖書館後援會影印南宋初年刊本，1973年版，第446頁第23葉後）清儒胡煦云：「『柔以時升』三句，皆『升』而『元亨』之義。」（〔清〕胡煦《周易函書約注》卷九，《景印文淵閣四庫全書》經部第7冊，臺灣商務印書館，1986年版，第619頁上）

其功業，又知進退之機；於外部環境而言，能得眾人之依順，是得成就功業的有利條件。《彖傳》作者審此卦辭之意，所以云「『用見大人，勿恤』，有慶也。南征吉，志行也」。準上，則《升‧彖傳》之文的生成體式是以先以闡釋卦之眾德的方式闡釋卦辭，後結合卦辭本意發揮其義。

　　《困‧彖傳》云：「困，剛揜也。險以說，困而不失其所亨〔註227〕，其唯君子乎？貞大人吉〔註228〕，以剛中也。有言不信，尚口乃窮也。」《困》䷮，下卦之剛陽爲初六、六三之陰所包圍；上卦九四、九五之剛爲六三、上六之陰所遮蔽，所以《彖傳》以「剛揜也」闡明《困》卦的卦體特徵。〔註229〕《困》內卦☵爲陷，可表示艱險之意；外卦☱爲說，處於艱險之時境，而能知亨通之道，思脫困之法，此是君子之當所爲，所以《彖傳》借闡釋「困亨」之時，將論述的重點放在闡釋君子所爲上，故而云「險以說，困而不失其所亨，其唯君子乎」。〔註230〕《困》內卦之中爻爲剛，以陽處陰，是爲謙遜

〔註227〕元儒龍仁夫將之句讀爲「困而不失其所，亨」（〔元〕龍仁夫《周易集傳》卷八，《景印文淵閣四庫全書》經部第25冊，臺灣商務印書館，1986年版，第504頁上）東漢郎顗引作「困而不失其所，其唯君子乎」（〔宋〕范曄撰，〔唐〕李賢等注《後漢書》卷三十下《郎顗襄楷列傳第二十下》，中華書局，1965年版，第1065頁），無「亨」字。

〔註228〕朱震稱：「范諤昌曰：『《彖》文『貞大人吉』下脫『无咎』二字。理或然也。』」（〔宋〕朱震《漢上易傳》卷五，《景印文淵閣四庫全書》經部第11冊，臺灣商務印書館，1986年版，第163頁上）無「亨」字。

〔註229〕荀爽云：「謂二五爲陰所揜也。」（〔唐〕李鼎祚《周易集解》卷十，《景印文淵閣四庫全書》經部第7冊，臺灣商務印書館，1986年版，第756頁上）其實，爲陰所弊者還有九四爻。孔穎達《疏》云：「『困剛揜』者，此就二體以釋卦名。《兌》，陰卦，爲柔；《坎》，陽卦，爲剛。《坎》在《兌》下，是剛見揜於柔也。剛應陞進，今被柔揜。施之於人，其猶君子爲小人所蔽，以爲困窮矣。」（〔魏〕王弼注，〔唐〕孔穎達疏《周易注疏》卷七，日本足利學校遺跡圖書館後援會影印南宋初年刊本，1973年版，第451頁第26葉前）此從上下卦陰陽性關係解說《彖傳》之文。其實，從剛柔之性及其位置的角度闡釋《彖傳》之文更妥當。

〔註230〕荀爽曰：「『困而不失其所亨，其唯君子乎』，謂二雖揜陰陷險，猶不失中，與正陰合，故通也。喻君子雖陷險中，不失中和之行也。」（〔唐〕李鼎祚《周易集解》卷十，《景印文淵閣四庫全書》經部第7冊，臺灣商務印書館，1986年版，第756頁上）此從象數的角度解說《彖傳》之文，認爲此句乃就九二之爻而言。其實，「困亨」乃是就全卦而言，《彖傳》此文有發揮卦辭微言大義的嘗試，故其聯繫「君子」而論卦辭之意。孔穎達《疏》云：「『險以說，困而不失其所亨』者，此又就二體名訓，以釋亨德也。坎《險》而《兌》說，所以困而能亨者，良由君子遇困，安其所遇。雖居險困之世，不失暢說之心，故曰『險以說，困而不失其所亨』也。『其唯君子乎』者，結歎處困能通，非

者；外卦之中爻亦爲剛，履得正位，爲有所作爲者。處艱險之時，能思其變，不陷於慌亂而求脫困之策，不背正道而行，所以九二、九五能得其吉利，無有過失。所以《象傳》云「貞大人吉，以剛中也」。〔註231〕《困》上卦☱爲口，口出言語，故可表示「有言」；九二至九四互體成☴，有「孚信」之義，但初六至九四體《未濟》，爲孚信未能爲人們所認同，故不宜空談，當有所作爲。故《象傳》云「有言不信，尙口乃窮也」。〔註232〕準上，則《困·象傳》之文的生成體式是先以論述陽爻在一卦之中的狀態而釋卦名，其次以上下卦二體之德發揮義理，最後以剛中之爻的意義、互體卦、上卦等方面綜合闡釋卦辭。

《井·象傳》云：「巽乎水而上水，井。井，養而不窮也。改邑不改井，乃以剛中也。『汔至，亦未繘井』，未有功也。羸其瓶，是以凶也。」〔註233〕

〔註231〕 荀爽曰：「謂五雖拚於陰，近無所據，遠無所應。體剛得中，正居五位，則『吉無咎』也。」（〔唐〕李鼎祚《周易集解》卷十，《景印文淵閣四庫全書》經部第7冊，臺灣商務印書館，1986年版，第756頁下）孔穎達《疏》則云：「『貞大人吉，以剛中』者，此就二、五之爻釋『貞大人』之義。剛則正直，所以爲貞中而不偏，所以能大。若正而不大，未能濟困。處困能濟，濟乃得吉而無咎也。故曰『貞大人吉，以剛中也』。」（〔魏〕王弼注，〔唐〕孔穎達疏《周易注疏》卷七，日本足利學校遺跡圖書館後援會影印南宋初年刊本，1973年版，第452頁第26葉後）相較兩義，後者更爲充實。

〔註232〕 虞翻曰：「《兌》爲口，上變口滅，故『尙口乃窮』。」荀爽曰：「陰從二升上六，成《兌》爲『有言』，失中爲『不信』。動而乘陽，故曰『尙口乃窮也』。」（〔唐〕李鼎祚《周易集解》卷十，《景印文淵閣四庫全書》經部第7冊，臺灣商務印書館，1986年版，第756頁下）此兩說較爲迂折支離。孔穎達《疏》云：「『有言不信，尙口乃窮』者，處困求通，在於修德，非用言以免困，徒尙口說，更致困窮。故曰『尙口乃窮也』。」（〔魏〕王弼注，〔唐〕孔穎達疏《周易注疏》卷七，日本足利學校遺跡圖書館後援會影印南宋初年刊本，1973年版，第452頁第26葉後）此可作參考。

〔註233〕 此《象傳》之文，先儒之見不同。李鼎祚作「巽乎水而上水，井。改邑不改井，乃以剛中也。『無喪無得，往來井井。汔至，亦未繘』，未有功也。井羸其瓶，是以凶也」（〔唐〕李鼎祚《周易集解》卷十，《景印文淵閣四庫全書》經部第7冊，臺灣商務印書館，1986年版，第760頁上～下）。唐儒郭京云：「謹按脫『無喪無得，往來井井』兩句。凡《象》先舉卦名，釋訖次舉爻辭後以義結六十三卦。無如此者，足明誤脫矣。」（〔唐〕郭京《周易舉正》卷中，《景印文淵閣四庫全書》經部第8冊，臺灣商務印書館，1986年版，第116頁下）宋儒朱震作「此卦《象》文脫錯，當曰『巽乎水而上水，井。改

〔引文〕小人之事，唯君子能然也。」（〔魏〕王弼注，〔唐〕孔穎達疏《周易注疏》卷七，日本足利學校遺跡圖書館後援會影印南宋初年刊本，1973年版，第452頁第26葉後）此從義理角度闡釋《象傳》之文，其義更優。

《井》☵，下卦☴爲巽，可表提水之繩索，上卦☵爲水，是《井》卦有「以井繩向上提水」之象，所以《象傳》云「巽乎水而上水」。〔註234〕水是維持人生命的基本之物，井是人取水的重要來源之所，有人的地方，就有井，井給養人，無有窮盡之時，所以《象傳》云「井，養而不窮也」。〔註235〕《井》卦上下卦之中爻皆陽剛之質，爲不易變者，所以《象傳》云「改邑不改井，乃以剛中也」。〔註236〕從井中取水爲用，而今取水不成功，所以《象傳》云「未有功也」。汲水之瓶傾覆，無法取水，即無以成其井功。此爲凶象，所以卦辭云「羸其瓶，凶」。〔註237〕《象傳》以補詞法在「羸其瓶」添加一「井」字，以使其表意清晰。準上，《井·象傳》之文的生成體式是以卦體之象而解說卦

邑不改井，乃以剛中也。無喪無得，往來井井，井養而不窮也。汔至，亦未繘井，未有功也。井羸其瓶，是以凶也」（〔宋〕朱震《漢上易傳》卷五，《景印文淵閣四庫全書》經部第 11 冊，臺灣商務印書館，1986 年版，第 166 頁下）。孔穎達《疏》則云：「不釋往來二德者：『無喪無得，往來井井』皆由以剛居中，更無他義。故不具舉經文也。」（〔魏〕王弼注，〔唐〕孔穎達疏《周易注疏》卷七，日本足利學校遺跡圖書館後援會影印南宋初年刊本，1973 年版，第 462 頁第 31 葉後）孔穎達之說可信從。

〔註234〕荀爽云：「『巽乎水』，謂陰下謂巽也。『而上水』，謂陽上爲《坎》也。木入水出，井之象也。」孔穎達《疏》云：「『巽乎水而上水，井』者，此就二體釋《井》之名義。此卦《坎》爲水在上，《巽》爲木在下；又《巽》爲入，以木入於水而又上水，井之象也。」（〔魏〕王弼注，〔唐〕孔穎達疏《周易注疏》卷七，日本足利學校遺跡圖書館後援會影印南宋初年刊本，1973 年版，第 462 頁第 31 葉後）

〔註235〕虞翻云：「《兌》口飲水，《坎》爲通，往來井井，故『養不窮也』。」（〔唐〕李鼎祚《周易集解》卷十，《景印文淵閣四庫全書》經部第 7 冊，臺灣商務印書館，1986 年版，第 760 頁下）孔穎達《疏》云：「『井，養而不窮』者歎美井德，愈汲愈生，給養於人，無有窮已也。」（〔魏〕王弼注，〔唐〕孔穎達疏《周易注疏》卷七，日本足利學校遺跡圖書館後援會影印南宋初年刊本，1973 年版，第 462 頁第 31 葉後）

〔註236〕孔穎達《疏》云：「『改邑不改井，乃以剛中也』者，此釋井體有常，由於二五也。二五以剛居中，故能定居其所而不改變也。（〔魏〕王弼注，〔唐〕孔穎達疏《周易注疏》卷七，日本足利學校遺跡圖書館後援會影印南宋初年刊本，1973 年版，第 462 頁第 31 葉後）

〔註237〕荀爽云：「井謂二，瓶謂初。初欲應五，今爲二所拘羸，故凶也。」（〔唐〕李鼎祚《周易集解》卷十，《景印文淵閣四庫全書》經部第 7 冊，臺灣商務印書館，1986 年版，第 761 頁上）孔穎達《疏》云：「『羸其瓶，是以凶也』者，汲水未用而覆，喻修德未成而止，所以致凶也。（〔魏〕王弼注，〔唐〕孔穎達疏《周易注疏》卷七，日本足利學校遺跡圖書館後援會影印南宋初年刊本，1973 年版，第 462 頁第 31 葉後）

義，後以爻性及卦辭文意闡釋卦辭。

《革・彖傳》云：「革，水火相息，二女同居，其志不相得，曰革。已日乃孚，革而信之。文明以說，大亨以正，革而當，其悔乃亡。天地革而四時成。湯武革命，順乎天而應乎人。革之時大矣哉。」《革》☲，內卦☲爲火，外卦☱爲澤，澤中有水，故亦可表水〔註238〕，水性向下而流，火性炎上而行，於《革》卦而言，水火有相互消滅之象，此就水火物象而言《革》之象及義。《革》內卦☲爲中女，外卦☱爲少女；又內卦之主爲中爻六二，其應在上卦九五，外卦之主爲上六，其應在下卦九三，剛柔之應不同，其志向各異，因而不能相與而相得，如此則生怨，積怨則生變，積變而成革。所以《彖傳》以「革，水火相息，二女同居，其志不相得，曰革」釋《革》之名。〔註239〕處於變革之時，若能推行孚信於民之道，則得民之信從，所以《彖傳》以「革而信之」解「已日乃孚」〔註240〕。《革》內卦☲爲光明，外卦☱爲說，有光明之德行而又能悅豫眾人，得眾人之擁戴，以此而處在大亨之正道，當變革而即變革，如此，則無悔恨之心。所以《彖傳》云「文明以說，大亨以正，革

〔註238〕宋儒朱震云：「《兌》澤《離》火，而《象》曰『水火』，何也？曰：『《坎》《兌》一也。澤者，水所鍾，無水則無澤矣。坎，上爲雲，下爲雨。上爲云者，澤之氣也；下爲雨，則澤萬物也。故《屯》《需》之《坎》爲雲，《小畜》之《兌》亦爲雲，《坎》爲川，《大畜》之《兌》亦爲川，《坎》爲水，《革》《兌》亦爲水。又《兌》爲金。金者，水之母，此水所以周流而不窮乎。」（〔宋〕朱震《漢上易傳》卷五，《景印文淵閣四庫全書》經部第 11 冊，臺灣商務印書館，1986 年版，第 169 頁上～下）

〔註239〕虞翻云：「二女，《離》《兌》，體同人象，《蒙》《艮》爲居，故『二女同居』。四變體兩《坎》象，二女有志，《離》火志上，《兌》水志下，故其『志不相得』。《坎》爲志也。」（〔唐〕李鼎祚《周易集解》卷十，《景印文淵閣四庫全書》經部第 7 冊，臺灣商務印書館，1986 年版，第 763 頁上）此充象數及《革》《蒙》兩卦關係的角度解釋《彖傳》之文。王弼《注》云：「凡不合而後乃變生，變之所生，生於不合者也。故取不合之象以爲革也。息者，生變之謂也。火欲上而澤欲下，水火相戰，而後生變者也。二女同居，而有水火之性，近而不相得也。」（〔魏〕王弼注，〔唐〕孔穎達疏《周易注疏》卷七，日本足利學校遺跡圖書館後援會影印南宋初年刊本，1973 年版，第 469 頁第 35 葉前）此從義理解說的角度闡釋《彖傳》之文。

〔註240〕干寶云：「天命已至之日也。乃孚，大信著也。武王陳兵孟津之上，諸侯不期而會者八百國，皆曰『紂可伐矣』。武王曰『爾未知天命，未可也。』還歸。二年，紂殺比干，囚箕子，周（筆者注：周，《文淵閣四庫》本作爾）乃伐之。所謂『已日乃孚，革而信』也。」（〔清〕李道平《周易集解纂疏》卷六，潘雨廷點校，中華書局，1994 年版，第 437 頁）

而當，其悔乃亡」。最後《象傳》以「革而當」爲主題廣明「革」之大義，並歎美《革》之「時」義。準上，則《革·象傳》之文的生成體式是以卦之上下二體之物象、人事之意義釋卦之名，其次以義理解說卦辭，最後發揮卦義、歎美卦德。

　　《鼎·象傳》云：「鼎，象也。以木巽火，亨飪也。聖人亨以享上帝，而大亨以養聖賢。巽而耳目聰明，柔進而上行，得中而應乎剛，是以元亨。」《鼎》☲☴，有鼎之象，所以云「鼎，象也」。《鼎》卦，內卦☴爲木，外卦☲爲火，是《鼎》有「木上有火」之象，此與以木燒火而用以烹飪相聯繫〔註241〕，所以《象傳》云「以木巽火，亨飪也」〔註242〕。此烹飪之主題，《象傳》發揮「享上帝」、「養聖賢」之深意。《鼎》內卦爲《巽》，《巽》爲耳；外卦爲《離》，《離》爲目，是《鼎》有耳聰目明之義。《鼎》有兩個陰爻，初六應於九四，下卦中爻爲剛，應於上卦中爻六五，其有廣明深遠之象，所以能得大亨。故此，《象傳》云「巽而耳目聰明，柔進而上行，得中而應乎剛，是以元亨」。準上，《鼎·象傳》之文的生成體式是以卦之物象闡發卦之義，後以卦上下二體之卦德及上下爻之來往、應合解說卦辭。

　　《震·象傳》云：「震亨。震來虩虩，恐致福也。笑言啞啞，後有則也。震驚百里，驚遠而懼邇也。出，可以守宗廟社稷〔註243〕，以爲祭主也。」

〔註241〕鄭玄云：「鼎，象也。卦有木火之用。互體《乾》《兌》。《乾》爲金，《兌》爲澤。澤鍾金而含水，爨以木火，鼎亨熟物之象。鼎烹熟以養人，猶聖君興仁義之道，以教天下也，故謂之鼎矣。」（〔漢〕鄭玄撰，〔宋〕王應麟輯《周易鄭康成注》，鄭振鋒點校，中華書局，2012年版，第46頁）

〔註242〕孔穎達《疏》云：「『鼎，象也』者，明《鼎》有亨飪成新之法象也。『以木巽火，亨飪也』者，此明上下二象有亨飪之用，此就用釋卦名也。」（〔魏〕王弼注，〔唐〕孔穎達疏《周易注疏》卷八，日本足利學校遺跡圖書館後援會影印南宋初年刊本，1973年版，第478頁第1葉後～479頁第2葉前）

〔註243〕郭京云：「謹按經脫『不喪匕鬯』字。」（〔唐〕郭京《周易舉正》卷中，《景印文淵閣四庫全書》經部第8冊，臺灣商務印書館，1986年版，第117頁上）宋儒程頤亦云：「《象》文脫『不喪匕鬯』一句。」（〔宋〕程頤《周易程氏傳》卷四，王孝魚點校，中華書局，2011年版，第294頁）朱子云：「程子以爲『邇也』下，脫『不喪匕鬯』四字。今從之。」（〔宋〕朱熹《周易本義》卷之二，廖名春點校，中華書局，2009年版，第184頁）清儒翟均廉對此論之甚詳，其稱：「郭京曰：『出』字上脫『不喪匕鬯』四字。徐氏、王昭素、歐陽修、晁說之、朱震、晁公武、王宗傳、朱子、鄭汝諧、王申子、俞琰諸儒同。虞翻、王弼無『不喪匕鬯』字。石介、張子、呂大臨、趙彥肅、項安世、李舜臣、梁寅、鄭維岳、陳仁錫、查愼行，皆不從郭京。」（〔清〕翟均廉《周易章句證異》卷四，《景印文淵閣四庫全書》經部第53冊，臺灣商務印書館，

《震》䷲，上下卦皆爲☳，爲動而又動，是威震不已之意，因此而得其亨通之道，所以卦辭云「震亨」，此層意蘊明顯，所以《象傳》對之不作闡釋。〔註244〕「恐致福也」，因恐懼而引致福利之來，此是《象傳》以義理闡釋的方式解釋卦辭「震來虩虩」〔註245〕，以「後又則也」釋「笑言啞啞」〔註246〕，以「驚遠而懼邇也」解「震驚百里」〔註247〕，以「出，可以守宗廟社稷，以爲祭主也」釋「不喪匕鬯」。〔註248〕此表明了《象傳》闡釋卦辭的靈活性，其不唯《震》卦之象數而釋卦辭，而是以《震》卦「震驚」「威震」之義爲主題，對卦辭之義展開義理上的闡釋。準上，則《震·象傳》之文的生成體式是依據《震》卦名之意義，並以其卦義爲中心以義理闡釋的方式發揮卦辭的意義。

《艮·象傳》云：「艮，止也。時止則止，時行則行，動靜不失其時，其道光明。艮其止，止其所也。上下敵應，不相與也，是以『不獲其身；行其庭，不見其人，无咎也』。」《艮》爲山，能正物，是艮有「止」之義，所以《象傳》作者以「止」釋《艮》䷳之名，並以「止」爲主題發揮其義，其言及「止與行」、「動與靜」及「明與暗」，使《艮》卦意蘊及外延更加充實。《艮》之義教人止於所當止，各人止於其所，不相勾結而行事，如此則無有過失。《艮》䷳上下各卦之爻，皆無其應，是爲「敵應」而無相互呼應，處

1986 年版，第 747 頁下）

〔註244〕孔穎達《疏》云：「『震亨』者，卦之名德。但舉經而不釋名德所由者，正明由懼得通，故曰『震亨』，更無他義。或本無此二字。」（〔魏〕王弼注，〔唐〕孔穎達疏《周易注疏》卷八，日本足利學校遺跡圖書館後援會影印南宋初年刊本，1973 年版，第 488 頁第 6 葉後）

〔註245〕虞翻云：「懼變，承五應初，故『恐致福』也。」（〔唐〕李鼎祚《周易集解》卷十，《景印文淵閣四庫全書》經部第 7 冊，臺灣商務印書館，1986 年版，第 770 頁上）

〔註246〕虞翻云：「則，法也。《坎》爲則也。」（〔唐〕李鼎祚《周易集解》卷十，《景印文淵閣四庫全書》經部第 7 冊，臺灣商務印書館，1986 年版，第 770 頁上）

〔註247〕虞翻云：「遠謂四，近謂初，震爲百。謂四出驚遠，初應懼近也。」（〔唐〕李鼎祚《周易集解》卷十，《景印文淵閣四庫全書》經部第 7 冊，臺灣商務印書館，1986 年版，第 770 頁上～下）

〔註248〕虞翻云：「謂（筆者按：謂，《文淵閣四庫全書》本作爲。參：〔唐〕李鼎祚《周易集解》卷十，《景印文淵閣四庫全書》經部第 7 冊，臺灣商務印書館，1986 年版，第 770 頁下）五出之正，《震》爲守，《艮》爲宗廟社稷，長子主祭器，故『以爲祭主也』。」（〔唐〕李鼎祚《周易集解》卷十，王雲五《叢書集成初編》第 388 冊，上海商務印書館，1935 年版，第 250 頁。）

於當靜以修身之，能貞守其寧靜之心，不務急進，不結黨朋，所以能得無咎。《象傳》作者會此意，故以其文解釋卦辭及發揮卦名之義。準上，則《艮·象傳》之文的生成體式是先解釋卦名，並發揮卦義，最後以卦爻敵應而闡釋卦辭。

《漸·象傳》云：「漸，之進也，女歸吉也。進得位，往有功也。進以正，可以正邦也。其位，剛得中也。止而巽，動不窮也。」漸，有「漸進」之義項，《漸》☷☶之卦義取之，《象傳》亦因之而釋卦名。《漸》內卦☶爲陽卦，外卦☴爲陰卦，如此，陽卦在下，陰卦在上，於婚娶而言，此爲吉利之象，所以卦辭云有收穫「女歸吉」，女歸於男，持男之家而助其家業漸興，故《象傳》因此而言「漸，之進也，女歸吉也」。於進取而成就事業而言，六二、九五皆得其中正，如此德行而進取正業，將獲得功績，王者將可以正其邦國之政治。《漸》之爲名，是事物發展的一個上升階段，其尚未到達盛極的狀態，所以無有亢極有悔之憂。事物在此堅貞而又能循序漸進，所以其發展的空間尚大，故《象傳》云「止而巽，動不窮也」。準上，《漸·象傳》之文的生成體式是結合卦辭解說卦名，後以爻位、爻性、上下二體之卦德解說卦辭。

《歸妹·象傳》云：「歸妹，天地之大義也。天地不交，而萬物不興。歸妹，人之終始也。說以動，所歸妹也。征凶，位不當也。无攸利，柔乘剛也。」此卦的命名體現了命名者對婚姻人倫的重視，所以《象傳》以「天地之大義也。天地不交，而萬物不興。歸妹，人之終始也」發揮嫁娶的重要意義。《歸妹》☳☱，內卦☱爲說，外卦☳爲動，因婚嫁而悅豫，或迎娶，或送嫁，是婚媾之初，所以《象傳》云「說以動，所歸妹也」。☳☱，九二之剛居於下卦之中，六五之柔處於上卦之中，女強而男弱，於婚姻而言，有不吉利之象，所以《象傳》云「征凶，位不當也」。☳☱，與內卦而言，六三乘與初九、九二之上；於外卦二言，六五、上六乘於九四之上，是剛柔相違逆之象，所以無有所利，故《象傳》云「无攸利，柔乘剛也」。準上，則《歸妹·篆體》之文的生成體式是先以明理的方式闡釋卦名之義，後以爻位、爻性解釋卦辭。

《豐·象傳》云：「豐，大也。明以動，故豐。王假之，尚大也。勿憂宜日中，宜照天下也。日中則昃，月盈則食，天地盈虛，與時消息，而況於人乎，況於鬼神乎？」《豐》☳☲，內卦☲有光明之意，外卦☳爲動，有光明之德行而又堅持不懈，如此能成事業之盛大。《象傳》作者會此之意，所以云「豐，大也。明以動，故豐」。於王者而言，若能行其光明之德行，推行明政，嚮往

盛世，即能成其偉業，所以《彖傳》以「尙大也」解「王假之」，此是《彖傳》的一個政治導向，其釋「勿憂宜日中」以「宜照天下也」亦是如此，貫穿了「嚮明而治」的運思理念。《彖傳》最後以日月明暗相互轉化、天地盈虛與時消息，告誡人們盛衰相互轉變之理。準上，則《豐·彖傳》之文的生成體式是先釋卦名，並以上下卦體之德，進一步闡明卦名之義，其次以義理解說卦辭，最後廣明《豐》之意蘊。

《旅·彖傳》云：「『旅，小亨』，柔得中乎外而順乎剛，止而麗乎明，是以『小亨，旅貞吉』也。旅之時義大矣哉。」《旅》☲☶，六二、六五皆爲陰爻，爲小，小而能無違逆於九三、上九之剛，所以能得其亨通。《旅》內卦☶爲止，外卦☲爲麗，可表光明，是《旅》能止於光明之處，因其正而獲吉利。旅而得正獲吉，其時義甚大，所以《彖傳》歎美之。準上，《旅·彖傳》之文的生成體式是先以卦形之特徵解說卦辭，最後歎美其卦之德。

《巽·彖傳》云：「重巽以申命，剛巽乎中正而志行。柔皆順乎剛，是以小亨，利有攸往，利見大人。」《巽》☴☴，上下卦皆是☴，所以爲「重巽」，巽而又巽，以此發布命令，則令可行；☴卦上卦、下卦之中爻皆是陽剛之質，可以申王者之命令，宣王者之心志，所以《彖傳》云「重巽以申命，剛巽乎中正而志行」。〔註249〕《巽》☴☴，初六、六四爲卦之主，陰爲小，其皆順應剛之志，無有違逆，所以《巽》之主能得其亨通〔註250〕，如此則「利有攸往，利見大人」，所以《彖辭》撰寫如上。準上，則《巽·彖傳》之文的生成體式是解說卦形之意義，後以剛柔之應解說卦辭。

《兌·彖傳》云：「兌，說也。剛中而柔外，說以利貞，是以順乎天而應乎人。說以先民，民忘其勞；說以犯難，民忘其死。說之大，民勸矣哉。」《兌》☱☱，上下卦皆是☱，爲口，言語自口出，人心之悅則口顯露其情，因卦有此象此意，所以《彖傳》以「兌，說也」釋《兌》之卦名。〔註251〕☱之卦形，

〔註249〕陸績曰：「『重巽以申命』，巽爲命令，重命令者，欲丁寧也。『剛巽乎中正而志行』，二得中，五得正，體兩《巽》，故曰『剛巽乎中正』也。皆據陰，故『志行』也。」（〔吳〕陸績撰，〔明〕姚士粦輯《陸氏易解》，《景印文淵閣四庫全書》經部第 7 冊，臺灣商務印書館，1986 年版，第 195 頁下）

〔註250〕陸績云：「陰爲卦主，故『小亨』。」（〔吳〕陸績撰，〔明〕姚士粦輯《陸氏易解》，《景印文淵閣四庫全書》經部第 7 冊，臺灣商務印書館，1986 年版，第 195 頁下）

〔註251〕虞翻云：「兌口，故『說也』。」（〔唐〕李鼎祚《周易集解》卷十一，《景印文淵閣四庫全書》經部第 7 冊，臺灣商務印書館，1986 年版，第 790 頁下）

九二、九五皆爲剛陽之爻，分別居於上卦、下卦之中；六三、上六分別居於上下卦之極，是☱有「剛得中而正，柔在外而爲卦之主」之意，所以《彖傳》云「剛中而柔外，說以利貞」〔註252〕。因《兌》卦有勉勵人悅豫以正之意義，即悅豫人、悅豫己及鬼神，皆求其正，不過其非禮之分，如此，則能上順應天命，下得人之呼應，所以《彖傳》云「是以順乎天而應乎人」。〔註253〕最後《彖傳》以「說民」爲主題發揮「以說治民」之義。〔註254〕準上，則《兌·彖傳》之文的生成體式是先釋卦名，其次依據卦形特徵解說卦辭，最後發揮卦之政教意義。

《渙·彖傳》云：「渙亨，剛來而不窮，柔得位乎外而上同。王假有廟，王乃在中也。利涉大川〔註255〕，乘木有功也。」《渙》☴☵，內卦☵之中爻爲剛陽之體，而☵爲通，是九二有亨通之義；外卦☴六四之爻爲《渙》卦之中陰爻唯一當位者，在上卦中與九五一樣得位，故亦得亨通。《彖傳》作者觀察☴☵之卦形，依據其內外卦陰陽爻的特徵描述《渙》卦的形制特點，以

〔註252〕虞翻云：「剛中謂二、五，柔外謂三、上也。二、三、四利之正，故『說以利貞』也。」（〔唐〕李鼎祚《周易集解》卷十一，《景印文淵閣四庫全書》經部第 7 冊，臺灣商務印書館，1986 年版，第 790 頁下）王弼《注》云：「說而違剛，則諂；剛而違說，則暴。剛中而柔外，所以『說以利貞』也。剛中，故『利貞』；柔外，故『說亨』。」（〔魏〕王弼注，〔唐〕孔穎達疏《周易注疏》卷九，日本足利學校遺跡圖書館後援會影印南宋初年刊本，1973 年版，第 546 頁第 8 葉後）

〔註253〕虞翻云：「《大壯》《乾》爲天，謂五也。人謂三矣。二變順五承三，故『順乎天應乎人』。《坤》爲順也。」孔穎達《疏》云：「『是以應乎天而順乎人』者，廣明說義合於天人。天爲剛德而有柔克，是剛而不失其說也。今『說以利貞』是上順乎天也；人心說於惠澤，能以惠澤說人，是下應乎人也。」（〔魏〕王弼注，〔唐〕孔穎達疏《周易注疏》卷九，日本足利學校遺跡圖書館後援會影印南宋初年刊本，1973 年版，第 546 頁第 8 葉後）

〔註254〕孔穎達《疏》云：「『說以先民，民忘其勞』以下，歎美說之所致，亦申明應人之法。先以說豫撫民，然後使之從事，則民皆竭力，忘其從事之勞，故曰『說以先民，民忘其勞』也。『說以犯難，民忘其死』者，先以說豫勞民，然後使之犯難，則民皆授命，忘其犯難之死，故曰『說以犯難，民忘其死』也。施說於人，所致如此，豈非說義之大，能使民勸勉矣哉，故曰『說之大，民勸矣哉』。」（〔魏〕王弼注，〔唐〕孔穎達疏《周易注疏》卷九，日本足利學校遺跡圖書館後援會影印南宋初年刊本，1973 年版，第 546 頁第 8 葉後～547 頁第 9 葉前）

〔註255〕唐儒郭京云：「謹按『利涉大川』下脫『利貞』字。審詳爻辭及《象·注》，足明脫矣。」（〔唐〕郭京《周易舉正》卷中，《景印文淵閣四庫全書》經部第 8 冊，臺灣商務印書館，1986 年版，第 119 頁下）此可供參考。

闡明《渙》卦之所以得亨通之由，所以《彖傳》以「剛來而不窮，柔得位乎外而上同」釋「渙亨」。〔註256〕《渙》之上卦☴，爲木，可用以造廟，而九五代表至尊之位，表示王者在廟之中，所以《彖傳》云「王假有廟，王乃在中也」〔註257〕。《渙》外卦☴爲木，木可造舟；內卦☵爲水，可表江河，是《渙》有「木舟浮於江河之上」之象，所以《彖傳》結合卦辭之意而以「乘木有功也」釋「利涉大川」。準上，則《渙·彖傳》之文的生成體式以卦形特徵解釋卦辭。

　　《節·彖傳》云：「節亨，剛柔分而剛得中。苦節不可貞，其道窮也。說以行險，當位以節，中正以通。〔註258〕天地節，而四時成。節以制度，不傷

〔註256〕盧氏云：「此本《否》卦。《乾》之九四，來居《坤》中，剛來成《坎》，水流而不窮也。《坤》之六二，上升《乾》四，柔得位乎外，上承貴王，與上同也。」（〔唐〕李鼎祚《周易集解》卷十二，《景印文淵閣四庫全書》經部第 7 冊，臺灣商務印書館，1986 年版，第 792 頁下～793 頁上）此從《渙》卦成卦的情形解釋《彖傳》之文。王弼《注》云：「二以剛來居內，而不窮於險；四以柔得位乎外，而與上同。內剛而無險困之難，外順而無違逆之乖，是以『亨，利涉大川，利貞』也。凡剛得暢而無忌回之累，柔履正而同志乎剛，則皆『亨，利涉大川利貞』也。」（〔魏〕王弼注，〔唐〕孔穎達疏《周易注疏》卷九，日本足利學校遺跡圖書館後援會影印南宋初年刊本，1973 年版，第 551 頁第 11 葉前）此單從《渙》卦之爻象及爻義解釋《彖傳》之文。宋儒朱震云：「九二之剛，自四而來，動於險中，二陰不能陷，解難散險，又處之以中者也。險豈能窮之哉？五得中道，出乎險外。六四之柔，自二而往，正位乎外而以巽順上同於五。君臣協比，能守其中者也天。下之難患，處之者不以道，及其出險，又或不以道守之，則亂者不解，解者復亂。二、五之剛，四之柔，處之、守之，皆不失中，故曰『剛來而不窮，柔得位乎外而上同』。此以二、四、五三爻言《渙》之才所以致亨也。」（〔宋〕朱震《漢上易傳》卷六，《景印文淵閣四庫全書》經部第 11 冊，臺灣商務印書館，1986 年版，第 204 頁上）此從卦變及上下卦爻之往來的角度解說《彖傳》之文。

〔註257〕荀爽云：「謂陽來居二，在《坤》之中爲立廟。假，大也。言受命之王，居五大位，上體之中，上享天帝，下立宗廟也。」（〔唐〕李鼎祚《周易集解》卷十二，《景印文淵閣四庫全書》經部第 7 冊，臺灣商務印書館，1986 年版，第 793 頁上）

〔註258〕唐儒郭京云：「謹按『然後乃亨也』一句，誤將入《注》。此一句元釋《節》卦有孚通之義。審詳六十四卦爻《象》義例，足見誤矣；且《序卦》云『有天地，然後有萬物』，又《孝經》『富貴不離其身，然後能保其社稷』，子曰『吾自衛反於魯，然後樂正，《雅》《頌》各得其所』，又曰『歲寒然後知松柏之後凋也』，且六經三史及凡著述未有無發端而以然後爲首辭者，理亦明矣。」（〔唐〕郭京《周易舉正》卷中，《景印文淵閣四庫全書》經部第 8 冊，臺灣商務印書館，1986 年版，第 120 頁上）

財，不害民。」《節》☵，內卦☱爲陰卦，其中爻九二爲剛爻；外卦☵爲陽

卦，中爻九五爲剛爻，所以《象傳》以「剛柔分而剛得中」釋「節亨」之義。

〔註259〕《節》之上六處於上卦☵之極，爲心病，爲加憂，是爲「心之過思」

〔註260〕，人過於憂慮，則爲苦，苦則失其中正，而入於困境，所以《象傳》

云「苦節不可貞，其道窮也」〔註261〕。《節》內卦☱爲說，外卦☵爲險，九二

至六四互體成☳爲動，九二以陽剛之質謙居陰位，是爲節制之主；九五居於

尊位，履得正位，在☵通之中，所以《象傳》以「說以行險，當位以節，

中正以通」重釋《節》「亨」及「貞」之意義。〔註262〕最後，《象傳》以天地

〔註259〕盧氏曰：「此本《泰》卦，分《乾》九三升《坤》五，分《坤》六五下處《乾》
　　　　三，是『剛柔分而剛得中』也。」（〔唐〕李鼎祚《周易集解》卷十二，《景印
　　　　文淵閣四庫全書》經部第 7 冊，臺灣商務印書館，1986 年版，第 795 頁上）
　　　　此本《泰》《節》兩卦關係解說《象傳》之文。王弼《注》云：「《坎》陽而
　　　　《兌》陰也。陽上而陰下，剛柔分也。剛柔分而不亂，剛得中而爲制主，節
　　　　之義也。節之大者，莫若剛柔分，男女別也。」（〔魏〕王弼注，〔唐〕孔穎達
　　　　疏《周易注疏》卷九，日本足利學校遺跡圖書館後援會影印南宋初年刊本，
　　　　1973 年版，第 558 頁第 14 葉後）孔穎達《疏》甚王弼之說，稱：「『節亨，
　　　　剛柔分而剛得中』者，此就上下二體及二五剛中釋所以爲節得亨之義也。
　　　　《坎》剛居上，《兌》柔處下，是『剛柔分』也。剛柔分，男女別，節之大義
　　　　也。二五以剛居中，爲制之主，所以得節，節不違中，所以得亨，故曰『節
　　　　亨，剛柔分而剛得中』也。（〔魏〕王弼注，〔唐〕孔穎達疏《周易注疏》卷九，
　　　　日本足利學校遺跡圖書館後援會影印南宋初年刊本，1973 年版，第 558 頁第
　　　　14 葉後）
〔註260〕宋儒朱震云：「凡物過則苦。味之過正，形之過勞，心之過思，皆曰苦。」（〔宋〕
　　　　朱震《漢上易傳》卷六，《景印文淵閣四庫全書》經部第 11 冊，臺灣商務印
　　　　書館，1986 年版，第 207 頁下）
〔註261〕虞翻云：「位極於上，乘陽，故『窮』也。」（〔唐〕李鼎祚《周易集解》卷十
　　　　二，《景印文淵閣四庫全書》經部第 7 冊，臺灣商務印書館，1986 年版，第
　　　　795 頁上）此以上六之爻乘九五之爻而言「窮」。王弼《注》云：「爲節過苦，
　　　　則物所不能堪也。物不能堪。則不可復正也。」（〔魏〕王弼注，〔唐〕孔穎達
　　　　疏《周易注疏》卷九，日本足利學校遺跡圖書館後援會影印南宋初年刊本，
　　　　1973 年版，第 558 頁第 14 葉後）此從物理的角度解說《象傳》之辭。兩說
　　　　皆可通。
〔註262〕虞翻云：「《兌》說，《坎》險，《震》爲行，故『說以行險』也。……『中正』
　　　　謂五，《坎》爲通也。」（〔唐〕李鼎祚《周易集解》卷十二，《景印文淵閣四
　　　　庫全書》經部第 7 冊，臺灣商務印書館，1986 年版，第 795 頁上）王弼《注》
　　　　云：「『說以行險，當位以節，中正以通』，然後乃亨也。無『說而行險』，過
　　　　中而爲節，則道窮也。」（〔魏〕王弼注，〔唐〕孔穎達疏《周易注疏》卷九，
　　　　日本足利學校遺跡圖書館後援會影印南宋初年刊本，1973 年版，第 558 頁第
　　　　14 葉後）

人而廣明《節》之意蘊。準上，則《節‧象傳》生成體式是以卦象、爻象闡釋卦辭，後發揮《節》之微言大義。《中孚‧象傳》云：「中孚，柔在內而剛得中，說而巽，孚乃化邦也。豚魚吉，信及豚魚也。利涉大川，乘木舟虛也。中孚以利貞，乃應乎天也。」觀察《中孚》䷼之全貌，六三、六四是陰柔之爻，被上下各兩陽剛之爻所包圍，並且下卦九二、上卦九五皆是陽剛之爻；就上下卦德而言，內卦☱為說，外卦☴為巽；就卦名的教化意義而言，孚信可以教化邦國。《象傳》會此意，故以「柔在內而剛得中，說而巽，孚乃化邦也」釋《中孚》卦名。〔註263〕繼闡釋《中孚》「孚信」意義之後，《象傳》又以「信及豚魚」〔註264〕闡明孚信的遍及天地萬物。又從「利涉大川」與「木舟」的關係解釋卦辭，☴有木舟之象，所以卦辭云「利涉大川」，《象傳》通其意，故予以揭示。《中孚》之「利貞」，心中有孚信，孚信於人與物，孚信於鬼神，是對天命的呼應，所以《象傳》云「中孚以利貞，乃應乎天也」。準上，則《中孚‧象傳》之文的生成體式是先從卦爻之象解釋卦名，後闡釋卦辭。

〔註263〕「中孚柔在內而剛得中說而巽孚乃化邦也」，第二個「孚」字從「說而巽」，還是繫於「乃化邦也」，歷來學者有所分歧。王弼《注》云：「有上四德，然後乃孚，乃化邦也。」是以「孚」總結「說而巽」之上文，「乃化邦也」單獨成文。王肅云：「三四在內，二五得中，《兌》說而《巽》順，故『孚』也。」虞翻云：「二化應五成《坤》，坤為邦，故『化邦也』。」（〔唐〕李鼎祚《周易集解》卷十二，《景印文淵閣四庫全書》經部第 7 冊，臺灣商務印書館，1986 年版，第 797 頁下）是王肅、虞翻皆將「孚」繫於「說而巽」之後。孔穎達《疏》云：「『中孚，柔在內而剛得中，說而巽，孚』者，此就三、四陰柔並在兩體之內，二、五剛德各處一卦之中，及上下二體『說而以巽』，釋此卦名為『中孚』之義也。剛中各當其所，說而以巽，乖爭不作，所以信發於內謂之中孚，故曰『柔在內而剛得中，說而巽，孚』也。『乃化邦』者，誠信發於內，則邦國化於外，故曰『乃化邦也』。」是孔穎達從王弼《注》。宋儒程頤云：「上巽下說，為上至誠以順巽於下，下有孚以說從其上，如是，其孚乃能化於邦國也。」（〔宋〕程頤《周易程氏傳》卷四，王孝魚點校，中華書局，2011 年版，第 343 頁）是程頤將「孚」繫於「乃化邦也」。清儒胡煦則稱：「古無『乃化邦也。』」（〔清〕胡煦《周易函書》第二冊卷十二，程林點校，中華書局，2008 年版，第 734 頁）參考《象傳》其他卦的行文體式，若「說而巽」與「孚」為句，當言「中孚」結之，而不當當僅一個「孚」字。

〔註264〕唐儒郭京云：「『中孚，豚魚吉，信及也』，謹按『及』字下誤增『豚魚』字。驗六十四卦《象》先舉爻辭，後以義結，更不重言爻文，足明誤矣。」（〔唐〕郭京《周易舉正》卷中，《景印文淵閣四庫全書》經部第 8 冊，臺灣商務印書館，1986 年版，第 120 頁上）

　　《小過·彖傳》云：「小過，小者過而亨也。過以利貞，與時行也。柔得中，是以小事吉也。剛失位而不中，是以不可大事也。有飛鳥之象焉，『飛鳥遺之音，不宜上，宜下，大吉』，上逆而下順也。」《小過》☷☶，「小」即是陰爻，指初六、六二、六五及上六〔註265〕，此「小」者皆過，所以爲「亨」，所以《彖傳》以「小者過而亨也」釋《小過》之名及卦辭「亨」之義。《彖傳》以補詞法在「利貞」之前增加「過以」兩字，以使其解說之意思得以通曉，其後《彖傳》指明「過以利貞」的原因乃是「與時行也」〔註266〕。小過所過者爲小事，不爲大事，六二、六五皆可過其小事，得其亨通，所以爲吉利。然而六五當爲剛陽之卦，而今爲陰爻，是爲剛未得其位，不能居於上卦之中，所以不能成其大事。〔註267〕《彖傳》作者明此卦辭之意，所以云「柔得中，是以小事吉也。剛失位而不中，是以不可大事也」。觀《小過》☷☶之形制，有似飛鳥之形狀〔註268〕，所以《彖傳》云「有飛鳥之象焉」。《彖傳》以「上逆而下順也」闡釋「飛鳥遺之音，不宜上，宜下，大吉」之意蘊，指出了「不

〔註265〕荀爽曰：「陰稱小，謂四應初，過二而去，三應上，過五而去。五處中，見過不見應，故曰『小者過而亨也』。」（〔唐〕李鼎祚《周易集解》卷十二，《景印文淵閣四庫全書》經部第 7 冊，臺灣商務印書館，1986 年版，第 799 頁下）此解實則是釋「小者過」之義，尚未釋「亨」義。宋儒朱震：「《象》曰『小者過而亨也』，此以四陰之中舉六二、六五言小過也。」（〔宋〕朱震《漢上易傳》卷六，《景印文淵閣四庫全書》經部第 11 冊，臺灣商務印書館，1986 年版，第 213 頁）其實，「小」應指《小過》卦中所有的陰爻。

〔註266〕孔穎達《疏》云：「『過以利貞，與時行』者，釋『利貞』之德。由爲過行而得利貞。然矯枉過正，應時所宜，不可常也，故曰『與時行也』。」（〔魏〕王弼注，〔唐〕孔穎達疏《周易注疏》卷九，日本足利學校遺跡圖書館後援會影印南宋初年刊本，1973 年版，第 573 頁第 22 葉前）

〔註267〕「柔得中，是以小事吉也」，虞翻云：「謂五也。陰稱小，故『小事吉也』。」「剛失位而不中，是以『不可大事也』」，虞翻云：「謂四也。陽稱大，故『不可大事也』。」（〔唐〕李鼎祚《周易集解》卷十二，《景印文淵閣四庫全書》經部第 7 冊，臺灣商務印書館，1986 年版，第 800 頁上）孔穎達《疏》云：「『柔得中，是以小事吉。剛失位而不中，是以不可大事也』者，就六二、六五以柔居中，九四失位不中，九三得位不中，釋『可小事，不可大事』之義。柔順之人，惟能行小事。柔而得中，是行小中時，故曰『小事吉也』。剛健之人，乃能行大事。失位不中，是行大不中時，故曰『不可大事也』。」（〔魏〕王弼注，〔唐〕孔穎達疏《周易注疏》卷九，日本足利學校遺跡圖書館後援會影印南宋初年刊本，1973 年版，第 573 頁第 22 葉前）

〔註268〕宋衷曰：「二陽在內，上下各陰，有似飛鳥舒翮之象，故曰『飛鳥』。」（〔唐〕李鼎祚《周易集解》卷十二，《景印文淵閣四庫全書》經部第 7 冊，臺灣商務印書館，1986 年版，第 802 頁上）

宜上，宜下」的主要原因。準上，則《小過·象傳》之文的生成體式即是以
爻義而解釋卦辭。

　　《既濟·象傳》云：「既濟亨，小者亨也。利貞，剛柔正而位當也。初
吉，柔得中也。終止則亂，其道窮也。」《既濟》▤▤，下卦中爻爲陰，是爲
「小」〔註269〕，二處於光明之中，與上卦九五有正應，所以得其亨通，所以
《象傳》以「小者亨也」釋「既濟亨」。〔註270〕▤▤之爻分別爲初九、六二、九
三、六四、九五及上六〔註271〕，是上下卦之爻皆處在正位，且皆有其正應，
故能得利，得正之呼應。所以《象傳》云「利貞，剛柔正而位當也」，此以六
爻當其位而闡釋《既濟》之義。〔註272〕《既濟》卦六二爻以陰柔之質居於下
卦之中，履得正位，是爲能濟者，所以《象傳》以「柔得中也」釋「初吉」
之由。《象傳》以補詞法闡釋卦辭「終亂」，謂「終止則亂」，由此而造成「道
窮」之局面。〔註273〕準上，則《既濟·象傳》之文的生成體式是以爻義、陰

〔註269〕虞翻曰：「《泰》五之二，『小』謂二也。」（〔唐〕李鼎祚《周易集解》卷十二，
　　　　《景印文淵閣四庫全書》經部第 7 冊，臺灣商務印書館，1986 年版，第 800
　　　　頁上）

〔註270〕孔穎達《疏》云：「『既濟亨，小者亨』者，此釋卦名德。既濟之亨，必小者
　　　　皆亨也。但舉小者，則大者可知，所以爲既濟也。具足爲文，當更有一『小』
　　　　字，但既述經文，略足以見，故從省也。」（〔魏〕王弼注，〔唐〕孔穎達疏《周
　　　　易注疏》卷九，日本足利學校遺跡圖書館後援會影印南宋初年刊本，1973 年
　　　　版，第 581 頁第 26 葉前～582 頁第 26 葉後）此從義理的角度闡釋《象傳》
　　　　之義。唐儒郭京云：「謹按《象》『亨小』下脫『小』字。《既濟》之義，只在
　　　　小者亨，若小者不亨，不爲既濟，故夫子先舉爻辭『既濟亨小』，然後以『小
　　　　者亨也』爲義結之。若『小』字空，『者亨』兩字實不成義也。審而詳之，義
　　　　則明矣。」（〔唐〕郭京《周易舉正》卷下，《景印文淵閣四庫全書》經部第 8
　　　　冊，臺灣商務印書館，1986 年版，第 121 頁上）此說可通。

〔註271〕孔穎達《疏》云：「『利貞，剛柔正而位當』者，此就二、三、四、五並皆得
　　　　正，以釋『利貞』也。剛柔皆正，則邪不可行，故唯正乃利貞也。」（〔魏〕
　　　　王弼注，〔唐〕孔穎達疏《周易注疏》卷九，日本足利學校遺跡圖書館後援會
　　　　影印南宋初年刊本，1973 年版，第 582 頁第 26 葉後）其實，初九、上六亦
　　　　爲正，不當將它們忽略。

〔註272〕宋儒朱震云：「以陽下陰，非正也，亨之也。剛，君子也；柔，小人也；剛柔
　　　　不失其正，君子、小人各當其位，無犯分躐等之非，守《既濟》之道也，故
　　　　曰『利貞，剛柔正而位當也』。此以六爻當位而言《既濟》也。」（〔宋〕朱震
　　　　《漢上易傳》卷六，《景印文淵閣四庫全書》經部第 11 冊，臺灣商務印書館，
　　　　1986 年版，第 217 頁下）

〔註273〕宋儒朱震從象數的角度解說《象傳》「止」之義，其論甚爲精彩，其稱：「自
　　　　《泰》至《賁》二復三變，始於二之四成《豐》，次四之五成《既濟》，其終

陽爻是否應和解釋卦辭。

　　《未濟·彖傳》云：「未濟亨，柔得中也。小狐汔濟，未出中也。『濡其尾，无攸利』，不續終也。雖不當位，剛柔應也。」《未濟》☲☵，下卦中爻爲剛，以陽剛之質而居於陰位；上卦中爻爲柔，以陰柔之體而居於陽位，此於未濟之時能謙虛處事，應於九二，所以能得亨通之道，所以《彖傳》以上下中爻的應和而解釋卦辭「未濟亨」〔註274〕。☵之九二在☵之中，未能脫險而出，所以卦辭以「小狐汔濟」之事而陳述其狀態，《彖傳》作者會此意，所以云「未出中也」。〔註275〕《彖傳》以「不續終也」解「濡其尾，无攸利」，卦辭之意即小狐雖欲渡過江河，然有所疏忽，未能聽清冰河之聲，所以濡濕其尾巴，無有獲得預期的利益，即是暫時未能渡河。《彖傳》通此意，所以撰辭

五之上而成《賁》。濟天下之難，莫若剛；過剛，亦不可以濟，失人心也。方濟之初，以柔濟剛，則其柔得中。剛者爲用，天下之難有不濟乎？此既濟之初所以吉，正則吉也。既濟矣，上六變《艮》成《賁》，《艮》，止也。止而不進，不復有爲，文飾而已，濟終則極，衰亂復起，終以亂也。蓋其道已窮，故曰『初吉，終亂』。」（〔宋〕朱震《漢上易傳》卷六，《景印文淵閣四庫全書》經部第11冊，臺灣商務印書館，1986年版，第217頁下）

〔註274〕荀爽曰：「柔上居五，與陽合同，故亨也。」（〔唐〕李鼎祚《周易集解》卷十二，《景印文淵閣四庫全書》經部第7冊，臺灣商務印書館，1986年版，第805頁上）李道平《疏》云：「《否》二柔上居五，五陽位，故『與陽和同』。天地交，故亨也。」（〔清〕李道平《周易集解纂疏》卷七，潘雨廷點校，中華書局，1994年版，第535頁）此從卦爻之性與爻位之性之間的陰陽關係解釋卦辭。宋儒朱震表述更加清晰，其云：「《未濟》自《否》來，《既濟》之反也。否塞之時，六二之柔得中而上行，天地相交，否者亨矣。柔而不中，則介於二剛，其能亨乎？故曰『未濟亨，柔得中也』。此以二、五言《未濟》也。」（〔宋〕朱震《漢上易傳》卷六，《景印文淵閣四庫全書》經部第11冊，臺灣商務印書館，1986年版，第220頁上）此從《未濟》卦來源解說卦爻的變化關係對《未濟》卦意義的影響的角度闡釋卦辭，可資對《彖傳》之文生成的理解。孔穎達《疏》云：「『未濟亨，柔得中』者，此就六五以柔居中，下應九二，釋《未濟》所以得亨。柔而得中，不違剛也，與二相應，納剛自輔，故於未濟之時，終得亨通也。」（〔魏〕王弼注，〔唐〕孔穎達疏《周易注疏》卷九，日本足利學校遺跡圖書館後援會影印南宋初年刊本，1973年版，第589頁第30葉前）此說可從。

〔註275〕虞翻曰：「謂二未變，在《坎》中也。」（〔唐〕李鼎祚《周易集解》卷十二，《景印文淵閣四庫全書》經部第7冊，臺灣商務印書館，1986年版，第805頁上）李道平《疏》云：「二以上體《既濟》，故幾濟也，在《坎》中，故曰『中謂二也』。」（〔清〕李道平《周易集解纂疏》卷七，潘雨廷點校，中華書局，1994年版，第535頁）此從九二之爻所處卦之位置的意義解釋《彖傳》。此說可信從。

如上。《未濟》䷿，初六、九二、六三、九四、九五、上九皆處非其正位，所以暫未能成其事，然上下剛柔皆能有應和，如時機得當，其事可濟，所以《象傳》最後以「雖不當位，剛柔應也」進一步闡明《未濟》卦之義。〔註276〕準上，《未濟·象傳》之文的生成體式是以爻位之意義闡釋卦辭，最後重釋《未濟》卦之意義。〔註277〕

綜上所述，《象傳》之文的生成模式雖在細節上有多種表現，但其大體以釋名、釋爻、釋象爲中心而形成今本《象傳》之文本。

第六節　《象傳》之文本構成

《周易·象傳》分爲《大象》與《小象》，此是漢儒所分，如《詩序》分爲《大序》《小序》。何謂《大象》？孔穎達《疏》云：「大象也，《十翼》之中第三翼，總象一卦，故謂之《大象》。但萬物之體，自然各有形象，聖人設卦以寫萬物之象。」〔註278〕何謂《小象》？孔穎達《疏》云：「夫子釋六爻之象辭，謂之《小象》。」〔註279〕下文將對《大象》《小象》之生成及其特徵展開論述。

〔註276〕荀爽曰：「雖剛柔相應，而不以正，由未能濟也。」」（〔唐〕李鼎祚《周易集解》卷十二，《景印文淵閣四庫全書》經部第 7 冊，臺灣商務印書館，1986 年版，第 805 頁下）李道平《疏》云：「剛柔雖應而爻皆不正，不義之應，由未能濟，重釋《未濟》之義也。」（〔清〕李道平《周易集解纂疏》卷七，潘雨廷點校，中華書局，1994 年版，第 536 頁）

〔註277〕孔穎達《疏》云：「『雖不當位，剛柔應』者，重釋《未濟》之義。凡言『未』者，今日雖未濟，後有可濟之理。以其不當其位，故實時未濟。剛柔皆應，足得相拯，是有可濟之理。故稱『未濟』，不言『不濟』也。」（〔魏〕王弼注，〔唐〕孔穎達疏《周易注疏》卷九，日本足利學校遺跡圖書館後援會影印南宋初年刊本，1973 年版，第 589 頁第 30 葉前～590 頁後）宋儒朱震申孔氏之說，其云：「《未濟》六爻雖不當位，而剛柔相應，苟量力度時，應善而動，上下内外相與，未有不濟者也，故曰『雖不當位，剛柔應也』。此以六爻申《未濟》有可濟之理也。」（〔宋〕朱震《漢上易傳》卷六，《景印文淵閣四庫全書》經部第 11 冊，臺灣商務印書館，1986 年版，第 220 頁下）此說甚是。

〔註278〕〔魏〕王弼注，〔唐〕孔穎達疏《周易注疏》卷一，日本足利學校遺跡圖書館後援會影印南宋初年刊本，1973 年版，第 22 頁第 11 葉後。

〔註279〕〔魏〕王弼注，〔唐〕孔穎達疏《周易注疏》卷一，日本足利學校遺跡圖書館後援會影印南宋初年刊本，1973 年版，第 22 頁第 14 葉前。

一、《大象》的功能及其特徵

《大象》之文生成的體例主要有以下兩類：

一是總括六爻之義，不言內外卦構成之象。此即孔穎達《疏》所言「總包六爻，不顯上體下體」〔註280〕。以此行文者有《乾》《坤》兩卦。《乾》：「天行健〔註281〕；君子以自強不息。」其中，「天」是《乾》之體名，「健」是《乾》的訓義，以此，「天」「健」「乾」齊備，彰顯《乾》之重要性及其統帥重卦之地位。孔穎達《疏》云：「三者並見，最爲詳悉，所以尊《乾》異於他卦。」〔註282〕所言甚是。《坤》：「地勢坤；君子以厚德載物。」其中，「地」是《坤》之體名，「坤」是地之體用。

二是直舉卦之上下兩體，最後以卦名標示之。此類又分爲以下幾種：

1. 先言上卦之象，後言下卦之象。此類又可分爲兩種，一種是直言上下卦體之象，如《屯》云「雲雷」、《履》云「上天下澤」、《同人》云「天與火」、《泰》云「天地交」、《恒》云「雷風」、《睽》云「上火下澤」《解》云「雷雨作」、《益》云「風雷」、《豐》云：「雷電皆至」，凡計 9 卦。另一種是以上卦之象爲主，而說明其狀態。如《蒙》云「山下出泉」、《需》云「雲上於天」、《師》云「地中有水」、《小畜》云「風行天上」、《大有》云「火在天上」、《謙》云「地中有山」、《豫》云「雷出地奮」、《隨》云「澤中有雷」、《蠱》云「山下有風」、《觀》云「風行地上」、《賁》云「山下有火」、《剝》云「山附於地」、《无妄》云「天下雷行」、《頤》云「山下有雷」、《大過》云「澤滅木」、《遯》云「天下有山」、《大壯》云「雷在天上」、《晉》云「明出地上」、《家人》云「風自火出」、《損》云「山下有澤」、《夬》云「澤上於天」、《姤》云「天下有風」、《萃》云「澤上於地」、《升》云「地中生木」、《困》云「澤无水」、《革》云「澤中有火」、《渙》云「風行水上」、《既濟》云「水在火上」及《未濟》

〔註280〕〔魏〕王弼注，〔唐〕孔穎達疏《周易注疏》卷一，日本足利學校遺跡圖書館後援會影印南宋初年刊本，1973 年版，第 23 頁第 12 葉前。

〔註281〕馬王堆《帛書周易》，《乾》作《鍵》（張政烺《馬王堆帛書周易經傳校讀》，中華書局，2008 年版，第 45 頁）清儒朱駿聲云：「卦名實借爲健。」（〔清〕朱駿聲《六十四卦經解》卷一，中華書局，1953 年版，第 2 頁）其實，言「天行健」而不言「天行乾」，反映了《大象》作者思維的靈活，也突出了《乾》爲統卦的不同地位，亦暗示著《大象》之文生成之前，《乾》已被冠於六十四卦之首。

〔註282〕〔魏〕王弼注，〔唐〕孔穎達疏《周易注疏》卷一，日本足利學校遺跡圖書館後援會影印南宋初年刊本，1973 年版，第 23 頁第 12 葉前。

云「火在水上」。凡計 29 卦。

2. 先舉下卦之體，後表上卦之體。此類可分為三種：第一種是上下物象因物性不同而成卦，如《訟》云「天與水違行」、《否》云「天地不交」，共 2 卦；第二是直言上下卦體，如《噬嗑》云「雷電」，有 1 卦；第三種是以下卦卦象為主，說明其所處之狀態，如《比》云「地上有水」、《臨》云「澤上有地」、《復》云「雷在地中」、《大畜》云「天在山中」、《咸》云「山上有澤」、《明夷》云「明入地中」《旅》云「山上有火」、《井》云「木上有水」、《鼎》云「木上有火」、《漸》云「山上有木」、《歸妹》云「澤上有雷」、《蹇》云「山上有水」、《節》云「澤上有水」、《中孚》云「澤上有風」及《小過》云「山上有雷」，計有 15 卦。

3. 上卦卦體相同，增加表重同之文。如《震》云「洊雷」、《巽》云「隨風」、《坎》云「習坎」、《離》云「明兩作」、《艮》云「兼山」及《兌》云「麗澤」，凡計 6 卦。

由《大象》之文，可知卦的上下結構，按照我們今天的理解，其所解說之象難以與卦名及其卦義相互聯繫。初而觀之，此類文字是筮人、師儒為便於講、記卦體而製撰，如同今之口訣。其中，顯得突兀者及悖於情理者有之，孔穎達《疏》將此類象，謂之假象，其云：「假象者，若『天在山中』、『風自火出』如此之類，實無此象，假而為義，故謂之假也。」〔註283〕但如何「假而為義」，孔穎達卻未詳而說之。顯然，今人有今人之運思方式，先秦時期之古人有其思維特點。根據《大象》的內容，可基本斷定其屬於王官之學，其後王官失守，此部分內容以口耳相傳的方式流於私學如孔門，為孔子及其後學所授受。言說者、聽者對之皆甚為熟悉，所以稱引之時甚至不用說明其源頭，如《論語·憲問》載：

> 子曰：「不在其位，不謀其政。」
>
> 曾子曰：「君子思不出其位。」〔註284〕

孔子意為謀事而不越其職，曾子聞之，引《大象》之文證孔子之說的正確性，但卻未言其來自《艮·大象》之「君子以思不出其位」。可見，孔子及其弟子對《大象》這類「格言」的熟悉程度。稱引《周易》之文或同時代之《易》

〔註283〕〔魏〕王弼注，〔唐〕孔穎達疏《周易注疏》卷一，日本足利學校遺跡圖書館後
　　　　援會影印南宋初年刊本，1973 年版，第 25 頁第 13 葉前～26 頁第 13 葉後。

〔註284〕〔魏〕何晏等注，〔宋〕邢昺疏《論語注疏》卷十四，阮元《十三經注疏 8》，
　　　　藝文印書館，2013 年版，第 128 頁下。

說，而不指明其源頭，如《論語・子路》載：

> 子曰：「南人有言曰：『人而無恒，不可以作巫醫。』善夫！『不
> 恒其德，或承之羞』。」子曰：「不占而已矣。」〔註285〕

此可見孔子對《周易》甚爲熟諳，可應表述需要而稱引之。顯然，兩個「子
曰」分別爲不同弟子所記，或同一人所記孔子在不同時間論《易》之言。將
兩言置於一起，說明孔子認爲從事占筮應有耐心。因占筮需要一系列的程序，
而不是隨意即可筮得兩個卦畫，而且筮得卦畫之後，還要審時度勢，即全面
考察稽疑者的位勢、德行以及其所處的內外環境等等要素，最後依據卦畫而
解說吉凶情況。所以孔子說：「〔如果無恒心〕那就不要從事占筮之業算了。」
此又折射出孔子習《易》之耐心及恒心，故晚年的孔子贊述《周易》，作爲私
學的代表，孔子及其門人記錄了《大象》之文，並將之口耳相傳而不至於逸
漏散亡，對《易傳》的生成有著不容否認的貢獻。

　　王官所撰之《大象》，其既考慮了經卦最平常的自然物之象，即天、地、
風（或木）、澤、火（或明或電）、水（或云）、山、雷，既沿用八卦最基本的
以象取義之法，突出《周易》之書「以象生義」的特徵；又以給人印象深刻
的取象輔助人之記憶。如「天在山中」，即「山可容納天」之意，由此引申出
「大畜」之義。又如「澤中有雷」，即「澤容入雷」之義，雷爲空中之物而入
於澤中，必將噴薄而出，水澤亦之同出，因此取「隨之而出」之義；又如「天
與火」，天之氣息上升，火之氣息炎上，其氣息運行一致，以人事言之，即爲
「同人」。又如「山附於地」，山本在地之上，成其高者因有地之依託，王官
以此一言，突出了地之於山之意義，亦彰顯了王官之立意，其取「剝」之義，
以教戒王者或當政者莫剝於民眾，因無民眾之根基，王者無以成其高大。可
見，王官立意之高遠，運思之用力。又如「山下有雷」，即孔穎達《疏》所言
「山止於上，雷動於下」，此與頤之活動類似，故以人事言之，即爲「頤」之
象；又雷當在半空，今震動於山下，爲不尋常之象，特此以異常之象而警示
王者愼言謹行。又如「天下有山」，山本在於天之下，此爲自然之象，實不稀
奇，然山愈高，愈顯天之高遠，天疏離山遠矣，所以王官運思一轉，以「遯」
解之，從而顯出了王官不同尋常的用意〔註286〕。由此觀之，《大象》中解說卦

〔註285〕〔魏〕何晏等注，〔宋〕邢昺疏《論語注疏》卷十三，阮元《十三經注疏8》，
　　　　藝文印書館，2013 年版，第 119 頁上。
〔註286〕清儒于鬯云：「《大象》首句，實古人記問之學也。故於卦義有無涉者：『天性

體的部分，並不是僅僅爲了便於人們記住卦體的上下結構，其與卦名相連，彰顯出了王官特別的用意。

　　《大象》中解說卦體之象並以卦名昇華其象，突出了王官運思的獨特性。《大象》的另一部分亦更重於發揮一卦的教化意義，更閃爍著其思想價值的光芒。按內容分類，詳而言之，可劃分爲以下 13 類：

　　1. 教戒君子修德自強的「格言」有：《乾》之「君子以自強不息」、《坤》之「君子以厚德載物」、《蒙》之「君子以果行育德」、《小畜》之「君子以懿文德」、《晉》之「君子以自昭明德」、《蹇》之「君子以反身修德」、《升》之「君子以順德，積小以高大」及《震》之「君子以恐懼修省」，凡計有 6 卦。

　　2. 教戒君子理政之道的「格言」有：《屯》之「君子以經綸」、《需》之「君子以飲食宴樂」、《師》之「君子以容民畜眾」、《比》之「先王以建萬國，親諸侯」、《履》之「君子以辯上下，定民志」、《泰》之「後以財成天地之道，輔相天地之宜，以左右民」、《大有》之「君子以遏惡揚善，順天休命」、《睽》之「君子以同而異」、《離》之「大人以繼明照于四方」、《明夷》之「君子以蒞眾，用晦而明」、《井》之「君子以勞民勸相」、《鼎》云「君子以正位凝命」、《艮》之「君子以思不出其位」及《漸》之「君子以居賢德善俗」，凡計 14 卦。

　　3. 教戒君子斷獄、刑罰重要性的「格言」有：《噬嗑》之「先王以明罰勅法」、《賁》之「君子以明庶政，无敢折獄」、《豐》之「君子以折獄致刑」、《旅》之「君子以明慎用刑，而不留獄」、《解》之「君子以赦過宥罪」及《中孚》之「君子以議獄緩死」，凡計 6 卦。

鍵」、「地勢順〔筆者按：當爲『地勢坤』〕此其與卦義合者也。乃若『天與火』何以爲《同人》？『山附於地』何以爲《頤》？『天下有山』何以爲《遯》？『風自火出』何以爲《家人》？『山下有澤』何以爲《損》？『木上有水』何以爲《井》？『山上有雷』何以爲《小過》？此古人記問之學也，而說者必欲以義強說之，謬矣。至如《需》之『雲上於天』、《小畜》之『風行天上』、《大有》之「火在天上」、《大畜》之『天在山中』、《咸》之『山上有澤』、《蹇》之『山上有水』、《夬》之『澤上於天』、《萃》之『澤上於地』……則不但與卦義不相涉，並其造語幾於沒理，非記問之學，安得而然乎？」（〔清〕于鬯《香草校書》卷一，《清代學術筆記叢刊》，中華書局，1984 年版，第 11～12 頁）是于鬯意識到《大象》首句之義有悖於常理者，然此僅爲表象，王官通過卦象與卦名的相連，實則達到了立意之妙的境界，當給予揭示，不宜簡而視之。

4. 教戒君子重視祭祀先祖、鬼神的「格言」有：《豫》之「先王以作樂崇德，殷薦之上帝，以配祖考」和《渙》之「先王以享于帝，立廟」，凡計 2 卦。

5. 教戒君子重視制度建設、推行命令的「格言」有：《姤》之「後以施命誥四方」、《巽》之「君子以申命行事」及《節》之「君子以制數度，議德行」，凡計 3 卦。

6. 教戒君子謹慎辨物的「格言」有：《同人》之「君子以類族辨物」和《未濟》之「君子以慎辨物居方」，凡計 2 卦。

7. 教戒君子合理、公平分配社會勞資的「格言」有：《謙》之「君子以裒多益寡，稱物平施」、《剝》之「上以厚下安宅」及《夬》之「君子以施祿及下，居德則忌」，凡計 3 卦。

8. 教戒君子按時作息、按節氣安排農商事務的「格言」有：《隨》之「君子以向晦入宴息」、《復》之「先王以至日閉關，商旅不行，後不省方」、《无妄》之「先王以茂對時育萬物」及《革》之「君子以治歷明時」，凡計 4 卦。

9. 教戒君子重視教化民眾的「格言」有：《蠱》之「君子以振民育德、《臨》之「君子以教思无窮，容保民无疆」及《觀》之「先王以省方觀民設教」，凡計 3 卦。

10. 教戒君子好學之「格言」有：《大畜》之「君子以多識前賢往行，以畜其德」和《兌》之「君子以朋友講習」，凡計 2 卦。

11. 教戒君子嚴以律己、端正生活作風的「格言」有：《否》之「君子以儉德辟難，不可榮以祿」、《頤》之「君子以慎言語，節飲食」、《坎》之「君子以常德行，習教事」、《遯》之「君子以遠小人，不惡而嚴」、《大壯》之「君子以非禮弗履」、《損》之「君子以懲忿窒欲」及《小過》之「君子以行過乎恭，喪過乎哀，用過乎儉」，凡計 7 卦。

12. 教戒君子居安思危的「格言」有：《訟》之「君子以作事謀始」、《萃》之「君子以除戎器，戒不虞」及《既濟》之「君子以思患而豫防之」，凡計 3 卦。

13. 教戒君子處世之道的「格言」有：《大過》之「君子以獨立不懼，遯世无悶」、《咸》之「君子以虛受人」、《恒》之「君子以立不易方」、《家人》之「君子以言有物而行有恒」、《益》之「君子以見善則遷，有過則改」、《困》之「君子以致命遂志」、《歸妹》之「君子以永終知敝」，凡計 7 類。

由上可見，《大象》之「格言」部分蘊含著深刻而豐富的教戒意義，體現著王官「因象立教」的用心。

二、《小象》之特徵

《小象》有 386 條解說爻辭之文辭，是最早有體系地解釋《周易》爻辭的著述，早在西漢司馬遷作《史記》之前，《小象》已經形成〔註287〕。在司馬遷看來，是孔子將《小象》有序地編纂成文，並使之行於世，對王官之《易》學的傳承有著重要的貢獻。此符合孔子晚年整理、編纂及讚述官學典籍的實際情況。顯然，孔子「述而不作」，所「述」者主要是依其所搜集的官學之說而將之復述於弟子，相較於其他私學，孔子以王官正統之學爲正脈，並加以傳承，此是孔子對於中國文化有序傳承的偉大貢獻。孔子及其後學整理並損益過經由王官所解說的爻辭體系《小象》，亦應給予客觀的定位。《史記》將《象傳》生成的貢獻繫於孔子，並非司馬遷的臆斷，其必有所據，而其所據者一是其父司馬談所言所記之《易》說舊聞〔註288〕，二來源於石室金匱之文籍的記載。《小象》在漢以前已經生成，當確有文獻依據，所以司馬遷信從孔子序《易傳》之說。准此，我們對《小象》之文生成的文本結構加以考論。

（一）擇要解義，闡明人事之理

總體而言，除了簡短的爻辭外，《小象》多是擇取爻辭的一部分進行解說，此是《小傳》文本構成的一個重要特徵，可稱之爲「擇要解義」。因王官將《周易》定性爲「推天道、地道、人道以明人事」之書，是「以筮救政」之書，所以其解說以闡明人事爲思想主線。準此，則《小象》之解說意圖即在推闡人事。

〔註287〕其初，《小象》與《周易》經文分行於世，並不附在今本《周易》爻辭之後，孔穎達《疏》云：「夫子所作《象》辭元在六爻經辭之後，以自卑退，不敢干亂先聖正經之辭。及至輔嗣之意，以爲《象》者本釋經文，宜相附近，其義易了，故分爻之《象》辭各附其當爻下言之，猶如元凱注《左傳》，分經之年與傳相附。」（〔魏〕王弼注，〔唐〕孔穎達疏《周易注疏》卷二，日本足利學校遺跡圖書館後援會影印南宋初年刊本，1973 年版，第 68 頁第 4 葉後～69 頁第 5 葉前）

〔註288〕《太史公自序》云：「太史公學天官於唐都，受《易》於楊何。」（〔漢〕司馬遷撰、〔宋〕裴駰集解、〔唐〕司馬貞索隱、〔唐〕張守節正義《史記》第 10 冊卷一百三十，中華書局，2013 年版，第 3965 頁）是司馬談曾習《易》，而其師楊何所講述之《周易》必提及經傳傳承之說。

卦名	《小象》	自然之象	人事之理
乾	初九：「潛龍勿用，陽在下也。」	專明天之自然之氣	
	九二：「見龍在田，德施普也。」		此以人事言之：用龍德在田似聖人已出在世，道德恩施，能普遍也
	九三：「終日乾乾，反復道也。」		亦以人事言之。君子終日乾乾，自強不息。故反之與覆皆合其道
	九四：「或躍在淵，進无咎也。」		此亦人事言之。進則跳躍在上，退則潛處在淵，猶聖人疑或而在於貴位，心所欲進，意在於公，非是爲私，故進无咎
	九五：「飛龍在天，大人造也。」		此亦人事言之。飛龍在天，猶聖人之在王位。造，爲也，唯大人能爲之而成就也
	上九：「亢龍有悔，盈不可久也。」		此亦人事言之。九五是盈也，盈而不已，則至上九，而致亢極有悔恨也。故云盈不可久也
	用九：「用九，天德不可爲首也。」		
坤	初六：「履霜堅冰，陰始凝也。馴致其道，至堅冰也。」		積馴履霜，必至于堅冰，以明人事有爲，不可不制其節度
	六二：「六二之動，直以方也。不習无不利，地道光也。」		因自然之性以明人事
	六三：「含章可貞，以時發也。或從王事，知光大也。」		全以人事明之
	六四：「括囊无咎，愼不害也。」		施其謹愼，不與物競，故不被害也
	六五：「黃裳元吉，文在中也。」		釋所以「黃裳元吉」之義，以其文德在中故也。既有中和，又奉臣職，通達文理，故云「文在中」，言不用威武也
	上六：「龍戰于野，其道窮也。」	陰盛，陽將與之戰	
	用六：「用六永貞，以大終也。」		
屯	初九：「雖磐桓，志行正也。以貴下賤，大得民也。」		初九雖盤桓不進，非苟求宴安，志欲以靜息亂，故居處貞也；非是苟貪逸樂，唯志行守正也。……屯難之世，民思其主之時，既能以貴下賤，所以大得民心也
	六二：「六二之難，乘剛也。十年乃字，反常也。」		有畏難者，以其乘陵初剛，不肯從之，故有難也。……十年之後，屯難止息，得反常者

	六三：「即鹿无虞，以從禽也。君子舍之，往吝窮也。」		若無虞官以從逐於禽，亦不可得也。……若往，則有悔吝窮苦也
	六四：「求而往，明也。」		求初而往婚媾，明識初與二之情狀，知初納己，知二不害己志，是其明矣
	九五：「屯其膏，施未光也。」		九五既居尊位當恢弘博施，唯繫應在二，而所施者褊狹
	上六：「泣血漣如，何可長也？」		窮困泣血，何可久長也
蒙	初六：「利用刑人，以正法也。」		以利用刑人者，以正其法制，不可不刑矣。
	九二：「子克家，剛柔接也。」		以陽居於卦內，接待群陰，是剛柔相接，故克幹家事也
	六三：「勿用取女，行不順也。」		所以勿用取此女者，以女行不順故也
	六四：「困蒙之吝，獨遠實也。」		實謂九二之陽也。九二以陽故稱實也。六三近九二；六五近上九，又應九二。唯此六四既不近二，又不近上，故云「獨遠實」也
	六五：「童蒙之吉，順以巽也。」		
	上九：「利用禦寇，上下順也。」		所宜利爲物禦寇者，由上下順從故也

　　由上表可知，解說《乾》之爻辭，《小象》取初九「潛龍勿用」全句、九二選「見龍在田」而不取「利見大人」、九三擇「終日乾乾」不釋「夕惕若厲，无咎」、九四添一「進」字釋全句、九五解「飛龍在天」而不釋「利見大人」、上九用全句及「用九」釋「群龍無首」，即未全釋者有四條爻辭，全解者有二條爻辭。解說《坤》之爻辭，《小象》詳解初六全句、六二解「直方、不習无不利」而不解「大」、六三釋全句、六四釋「括囊无咎」而不釋「无譽」、六五解全句、上六釋「龍戰于野」二不解「其血玄黃」及「用六」釋全句，即全釋者、擇要釋者各三。《屯》《蒙》的情況亦類似，餘卦亦仿此。此種解說爻辭大誼的方式，有後啓漢儒之功，如《漢書·儒林傳》載：「丁寬……作《易說》三萬言，訓故舉大誼而已，今《小章句》是也。」〔註289〕又載：「費直……長於卦筮，亡章句，徒以《彖》《象》《繫辭》十篇文言解說《上

────────────────

〔註289〕〔漢〕班固撰，〔唐〕顏師古注《漢書》卷八十八，中華書局，1962 年版，第 3597～3598 頁。

下經》。」〔註290〕可見，《象傳》對於漢儒解說《周易》經文在體例、內容上的啟發、引導作用。

（二）考察爻位，教戒以中正之大義

《小象》作者重視考察爻位是否居中得正，並依據爻辭之義，教戒稽疑者或習《易》者言行要中正。此與樂教之思想一致。《尚書·舜典》載：

> 帝曰：「夔，命汝典樂，教冑子：直而溫，寬而栗，剛而無虐，簡而無傲。詩言志，歌永言，聲依永，律和聲，八音克諧，無相奪倫，神人以和。」〔註291〕

是樂教重視教冑子中正之德行。《周禮·春官·大司樂》亦載：「以樂德教國子中、和、祗、庸、孝、友。」〔註292〕詩教亦以教人溫柔敦厚爲歸趣。此是王官或釋《易》者對明主的道德期待，借助闡釋《周易》經文，實際上亦是表達《小象》作者的政治訴求。所以以重卦中的二、五之位，《小象》多次申說其「中正」之思想。統而記之，《小象》明確論述「中正」或得其當位之義的《傳》文有：

1.《小象上》：

> 《坤·六五》之「黃裳元吉，文在中也」、《需·九二》之「需于沙，衍在中也。雖小有言，以終吉也」、《需·九五》之「酒食貞吉，以中正也」、《訟·九五》之「訟元吉，以中正也」、《師·九二》之「在師中吉，承天寵也。王三錫命，懷萬邦也」、《師·六五》之「長子帥師，以中行也。弟子輿尸，使不當也」、《比·九五》之「顯比之吉，位正中也。舍逆取順，失前禽也。邑人不誡，上使中也」、《小畜·九二》之「牽復在中，亦不自失也」、《履·九二》之「幽人貞吉，中不自亂也」、《履·九五》之「夬履貞厲，位正當也」、《泰·九二》之「包荒得尚于中行，以光大也」、《泰·六五》之「以祉元吉，中以行願也」、《否·九五》之「大人之吉，位正當也」、《同人·九五》之「同人之先，以中直也。大師相遇，言相克也」、《大有·

〔註290〕〔漢〕班固撰，〔唐〕顏師古注《漢書》卷八十八，中華書局，1962 年版，第 3602 頁。

〔註291〕〔漢〕孔安國傳，〔唐〕孔穎達疏《尚書正義》卷三，阮元《十三經注疏 1》，藝文印書館，2013 年版，第 46 頁下。

〔註292〕〔漢〕鄭玄注，〔唐〕賈公彥疏《周禮注疏》卷二十二，阮元《十三經注疏 3》，藝文印書館，2013 年版，第 337 頁下。

九二》之「大車以載，積中不敗也」、《謙·六二》之「鳴謙貞吉，中心得也」、《豫·六二》之「不終日貞吉，以中正也」、《豫·六五》之「六五貞疾，乘剛也。恒不死，中未亡也」、《隨·九五》之「孚于嘉吉，位正中也」、《蠱·九二》之「幹母之蠱，得中道也」、《臨·六四》之「至臨无咎，位當也」、《臨·六五》之「大君之宜，行中之謂也」、《噬嗑·六五》之「貞厲无咎，得當也」、《復·六五》之「敦復无悔，中以自考也」、《大畜·九二》之「輿說輹，中无尤也」及《離·六二》之「黃離元吉，得中道也」；

2.《小象下》：

《恒·九二》之「九二悔亡，能久中也」、《遯·九五》之「嘉遯貞吉，以正志也」、《大壯·九二》之「九二貞吉，以中也」、《晉·六二》之「受茲介福，以中正也」、《蹇·六四》之「往蹇來連，當位實也」、《蹇·九五》之「大蹇朋來，以中節也」、《解·九二》之「九二貞吉，得中道也」、《損·九二》之「九二利貞，中以爲志也」、《夬·九二》之「有戎勿恤，得中道也」、《姤·九五》之「九五含章，中正也。有隕自天，志不舍命也」、《萃·六二》之「引吉无咎，中未變也」、《萃·九五》之「萃有位，志未光也」、《困·九二》之「困于酒食，中有慶也」、《困·九五》之「劓刖，志未得也。乃徐有說，以中直也。利用祭祀，受福也」、《井·九五》之「寒泉之食，中正也」、《鼎·六五》之「鼎黃耳，中以爲實也」、《震·六五》之「震往來厲，危行也。其事在中，大无喪也」、《艮·六五》之「艮其輔，以中正也」、《歸妹·六五》之「帝乙歸妹，不如其娣之袂良也。其位在中，以貴行也」、《巽·九二》之「紛若之吉，得中也」、《巽·九五》之「九五之吉，位正中也」、《兌·九五》之「孚于剝，位正當也」、《渙·九五》之「王居无咎，正位也」、《節·九五》之「甘節之吉，居位中也」、《中孚·九二》「其子和之，中心願也」、《中孚·九五》之「有孚攣如，位正當也」、《既濟·六二》之「七日得，以中道也」及《未濟·九二》之「九二貞吉，中以行正也」。

可見，以「中正」「當位」爲說的爻辭主要集中在爻位二與五，其具體的情況爲：《小象上》九二有8處，六二有3處，六四有1處，六五有7處，九五有7處；《小象下》九二有9處，六二有3處，九五有11處，六五有4處，六四

有 1 處。凡計 54 處，其中，二與五爲 52 處，四有 2 處。二與五之爻在今本
《周易》六十四卦中凡計有 128 處，以「中正」、「當位」說解釋二、五爻辭
的占比爲 40.625%。由此觀之，可知《小象》創說的原則，即以「中正」、「當
位」而推明人事之吉利情況，此與《大象》所推尙的德義相呼應。而與「當
位」相反者，即爲「不當位」，其從相反的方面反襯出「中正」與「當位」之
於人之吉凶的至關重要的意義。以「不當位」解說爻辭的《小象》之文主要
有 19 處：

> 《小象上》：《需・上六》之「不速之客來，敬之終吉。雖不當
> 位，未大失也」、《履・六三》之「眇能視，不足以有明也。跛能履，
> 不足以與行也。咥人之凶，位不當也。武人爲于大君，志剛也」、《否・
> 六三》之「包羞，位不當也」、《臨・六三》「甘臨，位不當也。既憂
> 之，咎不長也」及《噬嗑・六三》之「遇毒，位不當也」；
>
> 《小象下》：《大壯・六五》之「喪羊于易，位不當也」、《晉・
> 九四》之「鼫鼠貞厲，位不當也」、《睽・六三》之「見輿曳，位不
> 當也。无初有終，遇剛也」、《解・九四》之「解而拇，未當位也」、
> 《夬・九四》之「其行次且，位不當也。聞言不信，聰不明也」、《萃・
> 九四》之「大吉无咎，位不當也」、《困・九四》之「來徐徐，志在
> 下也。雖不當位，有與也」、《震・六三》之「震蘇蘇，位不當也」、
> 《豐・九四》之「豐其蔀，位不當也。日中見斗，幽不明也。遇其
> 夷主，吉行也」、《旅・九四》之「旅於處，未得位也。得其資斧，
> 心未快也」、《兌・六三》之「來兌之凶，位不當也」、《中孚・六三》
> 之「或鼓或罷，位不當也」、《小過・九四》之「弗過遇之，位不當
> 也。往厲必戒，終不可長也」及《未濟・六三》之「未濟征凶，位
> 不當也」。

由此可見，《小象》以「位不當」解說的爻辭主要集中在六三、九四，具體的
情況爲：六三有 9 處，九四有 8 處，六五有 1 處，上六有 1 處。顯然，六
三、九四「位不當」的原因甚爲鮮明：六三以陰居陽，九四以陽居陰，皆履
非其正。

（三）推爻辭之意，以是否「失常、失道」解之

《小象》推斷爻辭蘊含的微言大義，以其是否符合常道、是否法事物發
展之道等準繩考量爻辭的歸旨。若爻辭之文符合「天道、地道、人道」之道，

即予以揭出。《小象》此類主要的解說之文有以下數處：

　　《乾·九三》之「終日乾乾，反復道也」、《坤·初六》之「履
霜堅冰，陰始凝也。馴致其道，至堅冰也」、《坤·六二》之「六二
之動，直以方也。不習无不利，地道光也」、《坤·上六》之「龍戰
于野，其道窮也」、《屯·初九》之「雖磐桓，志行正也。以貴下賤，
大得民也」、《需·初九》之「需于郊，不犯難行也。利用恒无咎，
未失常也」、《師·六四》之「左次无咎，未失常也」、《泰·六四》
之「翩翩不富，皆失實也。不戒以孚，中心願也」、《否·六二》之
「大人否亨，不亂群也」、《同人·六二》之「同人于宗，吝道也」、
《隨·初九》之「官有渝，從正吉也。出門交有功，不失也」、《隨·
九四》之「隨有獲，其義凶也。有孚在道，明功也」、《蠱·九二》
之「幹母之蠱，得中道也」、《觀·初六》之「初六童觀，小人道也」、
《觀·六三》之「觀我生進退，未失道也」、《剝·六三》之「剝之
无咎，失上下也」、《復·六四》之「中行獨復，以從道也」、《復·
上六》之「迷復之凶，反君道也」、《大畜·上九》之「何天之衢，
道大行也」、《頤·六二》之「六二征凶，行失類也」、《頤·六三》
之「十年勿用，道大悖也」、《坎·初六》之「習坎入坎，失道凶也」、
《離·六二》之「黃離元吉，得中道也」、《恒·九三》之「不恒其
德，无所容也」、《明夷·初九》之「君子于行，義不食也」、《明夷·
上六》之「初登于天，照四國也；後入于地，失則也」、《家人·九
三》之「家人嗃嗃，未失也。婦子嘻嘻，失家節也」、《睽·九二》
之「遇主于巷，未失道也」、《解·九二》之「九二貞吉，得中道也」、
《益·九五》之「有孚惠心，勿問之矣。惠我德，大得志也」、《夬·
九二》之「有戎勿恤，得中道也」、《姤·初六》之「繫于金柅，柔
道牽也」、《艮·初六》之「艮其趾，未失正也」、《漸·九三》之「夫
征不復，離群醜也。婦孕不育，失其道也。利用禦寇，順相保也」、
《歸妹·九二》之「利幽人之貞，未變常也」、《歸妹·六三》之「歸
妹以須，未當也」、《節·九二》之「不出門庭，凶，失時極也」、《節·
六四》之「安節之亨，承上道也」、《節·上六》之「苦節貞凶，其
道窮也」、《中孚·初九》之「初九虞吉，志未變也」、《中孚·上九》
之「翰音登于天，何可長也」、《小過·上六》之「弗遇過之，已亢

也」、《既濟・上六》之「濡其首厲，何可久也」、《未濟・初六》之
「濡其尾，亦不知極也」及《未濟・上九》之「飲酒濡首，亦不知
節也」，等等。

是《小象》讚述《乾・九三》之君子自強且遵循道義而行，闡明《坤・初六》
事物變化發展積微成著之理，又揭示《坤・上六》陰盛極而困窘之道，以戒
王者。《屯・初九》則從陰陽爻位的角度解說眾陰從陽的象數意義，並以「大
得民心」顯出「以貴下賤」的求賢之道。《需・初九》則解釋王官製撰「利用
恒无咎」之判語的原因，即初九未失常道，爲能遵循常道而行者。從上述引
文可知，以「未失常」、「未失道」解爻辭者除《需・初九》外，還有《師・
六四》《觀・六三》《睽・九二》《漸・九三》。而與「未失常」、「未失道」者
相反者，即爲「失常」、「失道」、「失正」、「失則」、「未當」、「失時」、「失節」、
「失度」等等，可詳見上引之文，不再作贅述。

（四）依上下卦象，以是否順、光大、慶、喜、乘等解說爻辭

以「是否順」解說爻辭之義的《小象》之文有：

《蒙・六三》之「勿用取女，行不順也」、《蒙・六五》之「童
蒙之吉，順以巽也」、《蒙・上九》之「利用禦寇，上下順也」、《需・
六四》之「需於血，順以聽也」、《臨・九二》之「咸臨吉无不利，
未順命也」、《頤・六五》之「居貞之吉，順以從上也」、《咸・六二》
之「雖凶居吉，順不害也」、《明夷・六二》之「六二之吉，順以則
也」、《家人・六二》之「六二之吉，順以巽也」、《家人・六四》之
「富家大吉，順在位也」、《升・六四》之「王用亨于岐山，順事也」、
《革・上六》之「君子豹變，其文蔚也。小人革面，順以從君也」、
《漸・九三》之「夫征不復，離群醜也。婦孕不育，失其道也。利
用禦寇，順相保也」、《漸・六四》之「或得其桷，順以巽也」及《渙・
初六》之「初六之吉，順也」。

以「是否光大」解說爻辭的《小象》之文有：

1. 光大者

《坤・六二》之「六二之動，直以方也。不習无不利，地道光
也」、《坤・六三》之「含章可貞，以時發也。或從王事，知光大也」、
《泰・九二》之「包荒得尚于中行，以光大也」、《頤・六四》之「顛
頤之吉，上施光也」及《渙・六四》之「渙其群元，吉，光大也」。

2. 未光者

《屯·九五》之「屯其膏，施未光也」、《噬嗑·九四》之「利
艱貞吉，未光也」、《咸·九四》之「貞吉悔亡，未感害也。憧憧往
來，未光大也」、《晉·上九》之「維用伐邑，道未光也」、《夬·九
五》之「中行无咎，中未光也」、《萃·九五》之「萃有位，志未光
也」、《震·九四》之「震遂泥，未光也」及《兌·上六》之「上六
引兌，未光也」。

以是否「有喜、有慶」解說爻辭者有：

1.「有喜」者

《賁·六五》之「六五之吉，有喜也」、《大畜·六四》之「六
四元吉，有喜也」及《升·九二》之「九二之孚，有喜也」。

2.「有慶」者

《履·上九》之「元吉在上，大有慶也」、《大畜·六五》之「六
五之吉，有慶也」、《頤·上九》之「由頤厲吉，大有慶也」、《晉·
六五》之「失得勿恤，往有慶也」、《睽·六五》之「厥宗噬膚，往
有慶也」、《困·九二》之「困於酒食，中有慶也」、《豐·六五》之
「六五之吉，有慶也」及《兌·九四》之「九四之喜，有慶也」。

以「乘剛」解說爻辭之義者，凡計有四處：

《屯·六二》之「六二之難，乘剛也。十年乃字，反常也」、《噬
嗑·六二》之「噬膚滅鼻，乘剛也」、《困·六三》之「據无蒺藜，
乘剛也。入于其宮，不見其妻，不祥也」及《震·六二》之「震來
厲，乘剛也」。

此外，值得指出的是，《小象》雖較有體系地解說了今本《周易》的爻辭，但
其與經文眞義之疏離者亦不少。

其一，《小象》以「位不當」所解者，雖遵循了其創作《小象》貫入「中
正」思想的原則，但所解者亦有郢書燕說之弊。如《需·上六》，上六以陰居
陰，是爲身正，且有吉利之象，然《小象》卻以「雖不當位，未大失也」強
說之，且其「未大失也」於爻辭亦無所屬繫，故《小象》此說實屬欠安。又
如《履·六三》，其以「位不當」解「咥人之凶」，此意可通，然將「眇能視，
跛能履」釋爲「眇能視，不足以有明也。跛能履，不足以與行也」，則有悖爻
辭之本意，未能體認王官運思之精妙。其實，王官製撰「眇能視，跛能履」

乃是反襯身體健全的武人的盲目自大、蠻橫失禮。「武人爲于大君」，其德行不符合君王之形象，履非其正，凶事將至，宜以「位不當」釋之，而《小象》卻以「志剛也」解之，亦有不分主次之弊。又如《否‧六三》，即使「羞」可解讀爲「羞辱」，六三爲☷之極，而☷爲地，爲均，是容納事物之大者，是有《坤‧六三》「含章可貞」之義，準此，則《否》之「包羞」當與《泰》之「包荒」同爲褒義，而不宜以「位不當也」釋之。又如《噬嗑‧六三》，「噬腊肉，遇毒」乃是占筮之前所發生之事，是占筮的事由，《小象》卻以之爲「位不當」之結果，王弼《注》因襲之，其云：「處下體之極，而履非其位，以斯食物，其物必堅。豈唯堅乎？將遇其毒。」〔註293〕此說益不可通。

其二，經文胳合《周禮》，《小象》之文有曲解其義者。如《大過‧九五》云：「枯楊生華，老婦得其士夫，无咎无譽。」其本意是比士夫年輕之老婦得圓其婚姻，此爲無過失亦無有讚譽之舉。如前文所述，此符合《周禮》特殊時期的「殺禮」精神。然《小象》卻稱此舉爲「老婦士夫，亦可醜也」，有悖爻辭本意。

其三，不顧爻辭本義，自行己意者。如《同人‧初九》云：「同人于門，无咎。」爻辭本義即是與人和同於門內，而不是門外，亦不是出門；而《小象》將之解爲「出門同人，又誰『咎』也」。顯然，「同人于門」義趣與「出門同人」分路。又如《同人‧上九》云：「同人于郊，无悔。」《小象》云：「同人于郊，志未得也。」依《同人》之卦辭「同人于野，亨，利涉大川，利君子貞」，「郊」和「野」意義互通，而「野」亨，「郊」志未得，即不亨，故兩者意相背。可見《小象》之文所解欠安。

三、《象傳》成形之年代

由上述諸例觀之，《周易》爻辭作者與《小象》作者所處並非同一時代，《小象》作者雖與王官一樣重視在經典中貫穿以「中正」之思想，有以《周易》爲教本的創作意識，但顯然《小象》作者對《周易》爻辭的本意已有所陌生。此亦可知王官之學與私學所傳承之內容的差異性。《小象》當屬於私學傳承的體系，其爲爲孔子後學祖孔子之思想而作，此諒爲可信之說。《漢書‧藝文志》載：

〔註293〕〔魏〕王弼注，〔唐〕孔穎達疏《周易注疏》卷四，日本足利學校遺跡圖書館後援會影印南宋初年刊本，1973 年版，第 243 頁第 30 葉前。

昔仲尼沒而微言絕，七十子喪而大義乖。故《春秋》分爲五，《詩》
分爲四，《易》有數家之傳〔註294〕。

準此，戰國時期，習《易》者眾多，其分爲數家，而《小象》當爲其中一家
所作，其是司馬遷之先人欲正其名者〔註295〕。《史記‧儒林傳》載：

自魯商瞿受《易》孔子，孔子卒，商瞿傳《易》，六世至齊人田
何，字子莊。而漢興，田何傳東武人王同子仲，子仲傳菑川人楊何
〔註296〕。

商瞿所傳之《易》，主要爲《易傳》，即孔子祖述官學《周易》的部分。此是
私學《周易》的傳承路徑，其保持了從未斷裂的傳承鏈條。商瞿記錄並傳承
了孔子所授之《易》說，《史記‧仲尼弟子列傳》載：

商瞿，魯人，字子木。少孔子二十九歲。孔子傳《易》於瞿，
瞿傳楚人馯臂子弘，弘傳江東人矯子庸疵，疵傳燕人周子家豎，豎
傳淳于人光子乘羽，羽傳齊人田子莊何，何傳東武人王子中同，同
傳菑州人楊何。何元朔中以治《易》爲漢中大夫〔註297〕。

司馬貞《索隱》云：「自商瞿傳《易》至楊何，凡八代相傳。」〔註298〕《易》
說傳承之人在司馬遷之時尚可考知。司馬遷或依其父司馬談之見，或據傳《易》
者口耳相傳之說，以此而正《易傳》傳承之人。當然，口耳相傳之中有信息
失真的成分，如同對傳《易》之人的記載，《漢書‧儒林傳》則載爲：

自魯商瞿子木受《易》孔子，以授魯橋庇子庸。子庸授江東馯
臂子弓。子弓授燕周醜子家。子家授東武孫虞子乘。子乘授齊田何

〔註294〕〔漢〕班固撰，〔唐〕顏師古注《漢書》卷三十，中華書局，1962 年版，第
1701 頁。

〔註295〕《史記‧太史公自序》載：「太史公曰：『先人有言：自周公卒五百歲而有孔
子，孔子卒後至於今五百歲，有能紹明世，正《易傳》，本《詩》《書》《禮》
《樂》之際？』意在斯乎！意在斯乎！小子何敢讓焉。」（〔漢〕司馬遷撰、
〔宋〕裴駰集解、〔唐〕司馬貞索隱、〔唐〕張守節正義《史記》第 10 冊卷一
百三十，中華書局，2013 年版，第 3974 頁）是司馬遷以正《易傳》爲時代
所賦予之文化使命，所以將孔門所傳之《小象》繫於孔子，以讚述孔子之於
中國文化的豐功偉績。

〔註296〕〔漢〕司馬遷撰、〔宋〕裴駰集解、〔唐〕司馬貞索隱、〔唐〕張守節正義《史
記》第 10 冊卷一百二十一，中華書局，2013 年版，第 3771 頁。

〔註297〕〔漢〕司馬遷撰、〔宋〕裴駰集解、〔唐〕司馬貞索隱、〔唐〕張守節正義《史
記》第 7 冊卷六十七，中華書局，2013 年版，第 2672 頁。

〔註298〕〔漢〕司馬遷撰、〔宋〕裴駰集解、〔唐〕司馬貞索隱、〔唐〕張守節正義《史
記》第 7 冊卷六十七，中華書局，2013 年版，第 2673 頁。

子裝。及秦禁學，《易》爲筮卜之書，獨不禁，故傳受者不絕也。漢
興，田何以齊田徙杜陵，號杜田生，授東武王同子中、雒陽周王孫、
丁寬、齊服生，皆著《易傳》數篇。同授淄川楊何，字叔元，元光
中徵爲太中大夫〔註299〕。

《史記》《漢書》所載傳《易》之人的籍貫、姓名有所差異，但顯然他們應皆
爲同一人。《漢書》所載爲後出之論，或爲後出轉精之優，又得知其所記、所
傳及所作之《易》說皆爲《易傳》。其中，所傳者當有《小象》。習《易》者
據自己對《周易》經文及經孔門所傳承的《易》說，各有損益。由此觀之，《易
傳》的各個文本的內容的生成情況較爲複雜，但其最晚的內容的生成時間當
於西漢初年。

綜上所述，《大象傳》是王官思想的反映，其作者當係以周公等人爲首的
王官集體，其內容與「制禮作樂」的主導思想有密切的關係，具有王官之學
的性質。所以，王官對《大象傳》的生成有最爲重要的貢獻。孔子及其弟子
根據所見所聞，搜集外流的官學之《易》說內容，並整理成篇，加以研習，
傳授予喜《易》之弟子如商瞿者，對《大象傳》的傳播有著不可否認之功。《小
象傳》則比《大象傳》晚出，爲孔子後學依據孔子之思想所闡發爻辭之義而
成，是先秦至漢初最爲系統地解說《周易》爻辭之義的論著。其文本的生成
依據作者之意，擇要闡釋爻辭之大義，以推明人事，以彰顯以筮救政的王官
制轉《周易》之歸旨；在闡釋的思想及原則上，其貫穿著「中正」「當位」、
守常、守道、以順爲正等思想，雖亦存在有悖爻辭之本義者，但總體上反映
了西漢之前解說《周易》爻辭的最高水平與成就，對西漢《易》學有著最直
接的巨大影響。從《史記》《漢書》兩部正史對《易》之傳承以及對《易傳》
之記載，可基本判定《小象傳》雖在漢初有所損益，但其基本的內容及思想
當在西漢之前業經形成。

小　結

《周易》筮典生成後，王官將之帶出王朝，使之行於各諸侯國，此對
《周易》的廣泛流播以及言說《周易》之風的形成有最爲直接的作用。《易

〔註299〕〔漢〕班固撰，〔唐〕顏師古注《漢書》卷八十八，中華書局，1962 年版，
　　　　第3597 頁。

傳》正是在言說《周易》卦爻辭之意蘊的基礎上得以生成。《周易》的卦爻
辭，蘊含著可供義理發揮與闡釋想像的言說空間，有可供讀者言說的文本「留
白性」，讀《易》者、解筮者由此而行以己意，形成了言說《周易》的解說
文，即《易傳》。整體而言，《易傳》系統性不強，有零散之弊，然其思想並
無雜蕪之病，而是散而不亂；若分而論之，構成《易傳》的《文言》《象傳》
《象傳》《繫辭上》、《繫辭下》《說卦》《序卦》《雜卦》卻各具體系及歸趣。
各級卜官、筮人、史官以及言說《周易》之論者，皆爲《易傳》的生成作出
了貢獻。從《繫辭》所載「子曰」可知儒家引《易》、解《易》及用《易》的
三個重要方面，其是孔子的習《易》體認，是《繫辭》與儒家存在著密切關
係的重要例證。

　　《易傳》中，《說卦》是產生最早的文本。《說卦》因革《八索》而成文，
最後編定者可能爲魯國。從內容上看《說卦》內容留存有夏、殷《二易》的
遺文剩義，說明了其一部分內容成文之早。比勘《說卦》文本與傳世文獻、
出土文獻（如清華簡《筮法》），可初步推定，《說卦》的生成既有「周因殷禮」
的因素，如承繼了經卦取象的原理。又有「周更殷命」、「三代不相襲」的創
新因素，如《說卦》對《筮法》爻象內容有所揚棄，在今本《易傳》裏有《筮
法》爻象的痕跡，由此可窺一斑。

　　《象傳》分爲解釋卦體結構及闡發一卦大義的《大象傳》，以及解說《周
易》各卦爻辭的《小象傳》，其來源各自。《大象傳》源自王官，其作者雖不
能確指，但應與以周公等人爲首的王官集體有著密切的關係。所以，《大象傳》
爲王官之學，王官是其製撰者。相較於《大象傳》的官學色彩，《小象傳》則
是私學的《易》學成果。《小象傳》爲孔子後學所作，是最早解說《周易》爻
辭之義的著述，體現了西漢之前解說《周易》爻辭的最高學術成就。其文本
的生成，依據《小象傳》作者之意，主要以四種方式解說爻辭：（1）擇要解
義，闡明人事之理；（2）考察爻位，教戒以中正之大義；（3）推爻辭之意，
以是否「失常、失道」解之；（4）依上下卦象，以是否順、光大、慶、喜、
乘等解說爻辭。值得指出的是，《小象傳》所解亦有悖於爻辭本義者，此是受
《小象傳》作者解《易》的思想所影響。儘管如此，但並未削弱《小象傳》
的學術價值。

結論與展望

　　今本《周易・繫辭》所見關於《易》卦生成的傳說，將《易》卦的根源確定在伏羲時代，此與中國文明的階段相聯繫。伴隨著生產工具的改進，中國先民的生產力發展到了一定的階段。此時，少部分能人成爲智慧型的社會管理者，他們善於總結與吸收先人所積累的各種生存技巧、智慧，其中便有由先民長期的稽疑實踐中形成的八卦數占體系。此數占體系反映了其時先民因長期結繩記數所形成的發達的象數思維。在伏羲時代，漢字數字從節省記數中產生，是最初的文字，並形成了漢字數字卦體系。此體系體現著數與象的對應關係，是一個表意豐富的符號系統。隨後，由三個漢字數字組成的《易》卦包羅了「天、地、人」的觀念以及由此而形成一個成熟的知識體系，成爲各類數占中的主流。又隨著古民社會生活範圍的拓寬，中國古民的象數思維能力的益加發達，稽疑活動的內容亦更爲豐富，稽疑的技術隨之趨向精細化。而三個漢字數字組成的八卦體系，向六十四卦重卦體系的流變，適應了古民的稽疑需要。天、地、人的關係解說體系在此過程中得以體系化，陰陽等重要概念亦隨之被表出。總之，三代之前的八卦、六十四卦以及其口頭解說體系的成熟，是三代《易》書得以生成的基礎；《繫辭》所載古民的用卦之事，直接指明了《三易》推尙實用的文本思想。

　　夏之《連山》、殷之《歸藏》因革《易》占的重卦體系，成爲王朝之官學，爲王官所司。鈎沉傳世文獻的有關信息，以及考探出土文獻的情況，可知在殷之末世周族所用的仍是原始的八卦占筮法，且並非其主要的稽疑方式，龜卜乃是周族所寶重的稽疑的主要方式。《周易》學史中值得闡明的是，周文王

在拘於羑里之時，將「小邦周」之八卦筮法追改爲六十四重卦體系，且於諸如《乾》之六爻下寫入爻辭，此在《周易》學史中具有重要的開創性意義，即開筮典《易》書被繫以爻辭之先例。周代王官續作《周易》爻辭的思想原則與周文王的作意一脈相承，其所具有的憂患意識、教戒意義爲王官所因襲。周公旦對《周易》文本的生成亦有重要貢獻：一是他保藏了周文王所重六十四卦及其所撰寫的零散文辭；二是在周文王重卦體系的基礎上，增廣文辭，並可能增加了解說之辭，《易象》之書得以生成，而《易象》對《周易》的生成有首創之功。由此觀之，《史記・周本紀》所載周文王「蓋益《易》之八卦爲六十四卦」之說可信從。

在《周易》各文本構件的生成過程中，《周易》六十四卦對《連山》《歸藏》的卦名體系有所揚棄，其命名方法主要有四種：一是以事物所處之狀態名卦，有 24 個卦以此方式命名，其反映了事物變化、發展、消亡的各個階段及其態勢；二是以人的行爲、品質名卦，有 18 個卦以此方式命名，體現了名卦者重視以人事名卦的運思特點，其以卦名爲卦之主題，以點睛之筆，以人事歸類命名卦。三是以卦體的象之所用名卦，反映了名卦者尚用的思想原則。四是以物象名卦的卦凡計有 11 個，其直接以卦畫所展示的物象之義而命名卦。《周易》卦辭體系留存有夏之《連山》、殷之《歸藏》生成義例的痕跡，如以王者占筮的典型事例爲文。然而今本《周易》卦辭更顯出創新的意識。在長期的稽疑活動中，筮人、史官保存了大量的繇辭文檔，以待編撰一部周代之筮典。王官在提煉、選編及潤色繇辭文例之時，特意刪汰了筮卜的本事，以使《周易》卦辭彰顯理論性與概括性。總體而言，《周易》卦辭按其主題或中心詞的異同，可分爲九類：第一類是以「元亨利貞」爲主題，第二類是以「利、不利涉大川」爲主題，第三類是以人事吉凶爲主題，第四類是以卦畫上下體之陰陽來往情況編撰卦辭，第五類是以占筮原則爲中心寫就卦辭，第六類是以動物之象寫作卦辭，第七類是以「利不利有攸往」爲提示辭，第八類是以「利貞」爲判詞，第九類是以「亨」爲中心詞。在此基礎上，可考論《周易》爻辭的生成義例，其主要有三種：一是依卦象製辭，二是參稽之卦之象撰辭；三是依據稽疑經驗，直宣判語。

今本《周易》卦辭、爻辭體系的生成，並異彩紛呈，其與西周的稽疑體制關係密切。西周晚期，專事筮卜的王官在職業使命感的感召之下，以《易象》及所積累的占筮典例爲基礎，吸收《連山》《歸藏》的養分，又從歸類、

整理的筮卜文籍之中，去粗取精，擇其典要，因仍周文王所創造的爻辭撰寫之法，以因象繫辭、緣事生辭、計占撰詞、隱其判詞及綜合各撰文之法，編撰出了《周易》爻辭體系，生成了有周一代之筮典。而探尋《周易》文本生成、修編以及流播等情況的先秦文獻，《左傳》《國語》所見與《周易》爻辭相關的筮例最值得寶重，其的意義在於：一是使我們知曉《周易》主卦、之卦的表達形式，並由此考知今本《周易》爻辭生成的一個主要方面，即王官考探主卦、之卦之象而撰寫爻辭；二是《左傳》筮例所載與今本《周易》爻辭相同者，爲我們提供了重要的信息，其表明在當時這些爻辭已經被寫入《周易》，並保持了較爲穩定的文本傳播狀態；而所見與今本《周易》爻辭相似者，其可能留存有爻辭原初之面貌；三是不假占筮而稱引《周易》之爻辭，使我們得知言《易》之風在春秋中後期興起，此極大地助力《周易》經典地位確立。

今本《周易》卦序的生成，與《易象》關係密切。《易象》保存了周文王所重的六十四卦體系及周文王所繫之爻辭，亦有由以周公旦爲核心的王官隊伍的整理、編纂而成的文辭，而且其必有卦序的排列。顯然，《易象》是在周初整理歷史文籍及周人文檔典籍之時得以生成，其植根於王官集體制禮作樂的環境，所以其卦序具有禮制的色彩。可以初步推知：《易象》以《乾》《坤》爲首。《乾》冠於《易象》六十四卦之首位，更替殷易《歸藏》之《坤》，此是周公旦等人的卦序編排。對於周人而言，以《乾》爲首，蘊含著頗深的政治用意：一是《乾》於方位，爲西北，而周地處西北，周文王有「西伯」之稱，故《乾》可象徵周族；二是以《乾》爲首，有統《坤》之義，寄託著周革殷命之寓意，又有居安思危的教戒的文本信息，對告誡子孫有重要的積極意義。因《乾》所包含的意義，又及經周文王之繫辭，顯露出新義。「憂患致遠」之思想成爲《乾》之旨趣，並統領了卦序的運思與布局。同時，卦序作爲《易象》的一個重要組成部分，其與《詩》《書》《禮》《樂》編書之旨一致，閃爍著德義之光，是王官之學。《易象》爲今本《周易》卦序生成提供了重要借鑒。今本《周易》卦序的生成，王官的編撰思想是其主腦，即突出憂患意識的意義以及王官勸誡王者的用意，所以王官因革了《易象》的卦序排列的思想原則，以「尚變」的運思，在以傳承文化典籍的職官使命的鞭策之下，精心製撰了今本《周易》卦序的基本框架，最終生成了今本卦序。其生成主要原則有三條：一是鄰卦的排列原則，主要爲「二二相耦，非覆即變」；二是

以王官作意排列鄰卦的先後；三是由卦序框架安插餘卦。今本卦序有其貫穿的思想主線，體現著筮人教戒王者的思想，具有非常重要的思想史意義。歷史上雖然存在著多種重卦卦序，諸如馬王堆帛書《周易》卦序、京房卦序、孟喜卦氣卦序，等等，但其多出於創造某種知識體系的私意，與傳統經學經緯的卦序之義彰顯的「德義精神」難以鈎貫，亦難以探尋其貫穿卦序的思想主線。其他卦序因未能結合卦與卦之間的象數、卦義、卦爻辭等方面展示的意蘊進行卦序的排列，所以在經學的範圍內，重排的卦序始終未能成為主流的卦序文本，由此更反襯出今本卦序的思想價值。

　　《周易》筮典生成後，進入春秋時期，王官失守其業，客觀上有利於典籍在社會上的流通，如有周史者將之帶出王朝，此有利於《周易》行於各諸侯國，此對《周易》之篇章的流播以及言說《周易》之風的形成有重要的推動作用。今本《周易·易傳》是在言說《周易》卦爻辭之意蘊的基礎上產生。《易傳》本質上是解說《周易》卦畫體系、卦名之義、卦辭體系、爻辭體系以及筮法等著述。整體觀之，《易傳》體統性不強，有零散之弊，然其思想並無雜蕪之病，而是散而不亂；若分而論之，構成《易傳》的《文言》《象傳》《象傳》《繫辭上》《繫辭下》《說卦》《序卦》《雜卦》卻各有體系及歸趣。卜官、筮人、史官以及言私學中言說《周易》者如孔子、孔子後學等人，皆為《易傳》的生成作出了貢獻，也即：《易傳》是官學、私學相互作用、相互疊加的成果。於私學而言，從《繫辭》所載「子曰」，可知儒家引《易》、解《易》及用《易》的三個重要方面，其是以孔子為代表的儒家的習《易》體認，是《繫辭》與儒家存在著不可否認的關係的重要例證。

　　《易傳》中，《說卦》是生成最早的文本。《說卦》因革《八索》而成文，最後編定者可能為魯國。從內容上看《說卦》內容留存有夏之《連山》、殷之《歸藏》的遺文剩義，是其一部分內容成文甚早的顯證。比勘《說卦》文本與傳世文獻、出土文獻如清華簡《筮法》者，可初步推定：一方面，《說卦》的生成既有「周因殷禮」的因素，如承繼了經卦取象的原理；另一方面，又有「周革殷命」、「三代不相襲」的創新因素，如《說卦》對《筮法》爻象內容有所揚棄。《象傳》亦是淵源各自，《大象傳》的部分，來自王官，意在解說一卦的上下經卦結構，以及詮釋一卦之教戒意義。《象傳》的《小象傳》比《大象傳》晚出，其意在解說《周易》各卦爻辭的微言大義，是有體系地解說《周易》爻辭最早的著述，反映著私學言說《周易》的學術思想，亦體現

出西漢之前解說《周易》爻辭的最高學術成就。《小象傳》解說爻辭自成體系，其主要以四種方式解說爻辭：一是擇要解義，闡明人事之理；二是考察爻位，教戒以中正之大義；三是推爻辭之意，以是否「失常、失道」解之；四是依上下卦象，以是否順、光大、慶、喜、乘等解說爻辭。雖然《小象傳》亦存在自行己意，所解有悖《周易》爻辭本意者，然其解說思想與方法一以貫之，爲《周易》在經典中大放異彩有重要的貢獻。

今本《周易·易傳》的生成並非是一個人的成果，《十翼》的各個部分出自不同的人，作於西漢之前不同的時期，此是《十翼》生成的文本分期。同樣，今本《周易》的卦辭、爻辭體系的生成，亦有各自的文本分期。卦辭、爻辭的生成有著時代的差異性，其最後被專門從事稽疑工作的王官所統一編輯，雖有統一潤色的程序，但原本卦辭、爻辭的文本風格與特色仍被保留了下來。基於此等認識，我們可進一步探尋《周易》卦辭、爻辭生成的文本分期問題。

《周易》卦辭、爻辭的文本分期，從其作作者的角度而言，即是其生成的各個時期創作者身份、地位及處境不同的問題。如前文所述，周文王、周公旦在《周易》卦辭、爻辭的前期生成中有著不可抹殺的貢獻。此與傳世文獻如《史記》《漢書》的記載相符，亦與先秦典籍如《論語》的記載有關聯性。《論語·子罕》載：

> 子畏於匡，曰：「文王既沒，文不在茲乎？天之將喪斯文也，後
> 死者不得與於斯文也；天之未喪斯文也，匡人其如予何？」[註1]

孔子自比周文王，以爲周文王所知曉之文化典籍已爲己所繼承[註2]，即孔子肯定了周文王對周代文王的重要貢獻。《逸周書·世俘》載：「武王……告於

[註1] 〔魏〕何晏等注，〔宋〕邢昺疏《論語注疏》卷九，阮元《十三經注疏8》，藝文印書館，2013年版，第77頁下。

[註2] 劉寶楠《正義》云：「文、武之道，皆存方策，夫子周遊，以所得典籍自隨，故此指而言之。文在茲，即道在茲。」（〔清〕劉寶楠《論語正義》卷十，高流水點校，中華書局，1990年版，第328頁）是將「文」釋爲「典籍」或「承載道的典籍」。楊伯峻則將「文」解讀爲「一切文化遺產」（楊伯峻《論語》，中華書局，2006年版，第100頁）又據《逸周書·諡法》云：「經緯天地曰文；道德博聞曰文；學勤好問曰文；慈惠愛民曰文；愍民惠禮曰文，錫民爵位曰文。」（《逸周書彙校集注》（修訂本）下冊卷六，黃懷信、張懋鎔、田旭東集注，上海古籍出版社，2007年版，第635～637頁）孔子與周文王所同者當應爲「道德博聞」「學勤好問」，也即周文王曾對「小邦周」文化的發展與進步起過重要的作用與影響。

周廟曰：『古朕聞文考修商人典，以斬紂身，告於天於稷。」〔註3〕此「文考」即周文王〔註4〕，是周武王以爲周文王修習商人之典冊，且將其傳教於周武王。《史記‧周本紀》：「西伯蓋即位五十年。其囚羑里，蓋益《易》之八卦爲六十四卦。」〔註5〕是周文王習殷之筮典《歸藏》，並將「小邦周」較爲原始的八卦筮法增益爲重卦體系。此爲周文王對周代文化的一大貢獻，所以文王功績爲孔子所讚述。如前文所論，《乾》《坤》兩卦的爻辭當作於周文王拘於羑里之時，其所體現的特質爲其他爻辭所無有，將言辭繫於卦爻之下，此開創了筮典有爻辭的先例。其他卦辭、爻辭的生成年代則需作具體的分析。總體而言，經初步的考察，今本《周易》卦辭、爻辭的文本的生成有五個時期：第一個時期，八經卦的幾個卦的卦辭的生成時期，其基本的內容形成於周文王拘於羑里之前；第二個時期，《乾》《坤》等卦的爻辭的生成時期，這些爻辭的基本內容形成於周文王拘於羑里之時；第三個時期，是周文王征伐諸侯各國之時所產生的卦辭、爻辭；第四個時期，以周公爲核心的周王朝之王官整理前代文獻、制禮作樂的時期，此個時期周公等人整理並保存了周文王拘於羑里之時所創作的爻辭，編纂成《易象》一書；第五個時期，從周公等人的制禮作樂至西周末年，是專門從事卜筮及文獻保存傳承的史官階層創作、積累以及編寫今本《周易》卦辭、爻辭素材的時期，在西周末年的動亂時期，在保存周代文化及典籍的職業使命感的召喚下，卜筮、史官等王官階層編纂成了今本《周易》一書。

（一）八經卦卦辭與其重卦爻辭的生成時期

八經卦《乾》《坤》《習坎》《離》《震》《艮》《巽》《兌》的卦辭在今本《周易》卦辭系統中最先生成，在其重卦爻辭系統中亦爲最早生成的部分。八經卦的卦辭的用詞或經過後世的改易、潤色及損益，但其一部分內容應當保持

〔註3〕《逸周書彙校集注》（修訂本）上冊卷四，黃懷信、張懋鎔、田旭東集注，上海古籍出版社，2007年版，第442頁。

〔註4〕《尚書‧泰誓下》載：「予克受，非予武，惟朕文考無罪；受可予，非朕文考有罪，惟予小子無良。」孔安國《傳》云：「推功於父，言文王無罪於天下，故天祐之，人盡其用。」孔穎達《疏》云：「其意言勝非我功，敗非我父咎。」（〔漢〕孔安國傳，〔唐〕孔穎達疏《尚書正義》卷一，阮元《十三經注疏1》，藝文印書館，2013年版，第157頁上）《尚書‧武成》篇云：「我文考文王，克成厥功。」是「文考」謂文王。

〔註5〕〔漢〕司馬遷撰、〔宋〕裴駰集解、〔唐〕司馬貞索隱、〔唐〕張守節正義《史記》卷四，中華書局，2013年版，第154頁。

了其原本之特色，以體現周初八卦筮法的本色。

《乾》的卦辭「元、亨、利、貞」並未承繼《歸藏》卦辭的內容。王家臺秦簡《歸藏》，《乾》卦被稱為「天目」或「天」，其稱：「☰天目〔註6〕，朝＝不利爲草木，賛＝僸下……」〔註7〕兩卦卦畫相同，卦名有異，卦辭亦不同。此與《禮記‧禮運》孔子之宋得《坤》《乾》兩卦，並用它們來闡說殷代文化禮制的記載可相互印證，即《周易‧乾》卦辭與殷代《歸藏‧乾》相異，孔子才能比較商周兩代禮制之異同，而從孔子之言來看，兩者的確有所不同。由此觀之，則《周易‧乾》卦辭並不源自秦簡《歸藏》。秦簡《歸藏》是殷代《歸藏》的異本，其大部分內容當承自殷代《歸藏》，或者兩者的卦辭風格是一致的。準此，則《周易‧乾》卦辭則本屬「小邦周」原來八卦筮法的卦辭，亦應是韓宣子歎美之《易象》之中的《乾》的卦辭。今本《周易》的《乾》卦辭亦是直承自《易象》。若在將來《易象》或類似《易象》的文獻能夠出土，將爲我們此推論提供明證。

《坤》之卦辭云：「利牝馬之貞。」《離》之卦辭云：「畜牝牛吉。」此兩處卦辭言畜養母馬、母牛。馬車、牛車是古代主要的交通工具。在《說卦》裏，提及的動物之象中，馬的各種特徵呈現得最爲多樣，由此亦可見馬在古代的重要作用。而牛屬於大牲〔註8〕，爲太牢的主要部分，是祭祀鬼神的重要供品〔註9〕。此外，馬、牛還是王者賞賜臣的禮物。《坤》《離》這部分卦辭應

〔註6〕 天目，廖名春稱：「從已披露的秦簡《歸藏》54個卦名看，有53個卦名都是在卦畫之後，『曰』字之前。只有乾卦卦名後無『曰』字，而代之以『目』。因此，筆者頗疑簡文書寫有誤，『曰』、『目』形近，書手錯將『曰』字寫成『目』字。如果這一推測能成立的話，那麼，《周易》的乾卦秦簡《歸藏》就是作『天』了。」（廖名春《王家臺秦簡〈歸藏〉管窺》，《周易研究》2001年第2期，第18頁）蔡運章稱：「從秦簡《歸藏》已披露的53卦的內容看，有52個在卦名和卦辭間都有『曰』字相連。況且，金文『曰』字令鼎銘作『ㄖ』，虢季子白盤作『ㄖ』，都與『目』字的構形相近，容易混淆。」（蔡運章《秦簡〈寡〉〈天〉〈蠱〉諸卦解詁──兼論〈歸藏易〉的若干問題》，《中原文物》2005年第1期，第44頁）。疑廖氏、蔡氏所言是。

〔註7〕 王明欽《王家臺秦墓竹簡概述》，艾蘭、邢文編《新出簡帛研究》，文物出版社，2004年版，第30頁。

〔註8〕 《萃》卦辭有「用大牲吉」之語，虞翻曰：「《坤》爲牛，故曰『大牲』。」（〔唐〕李鼎祚《周易集解》卷九，《景印文淵閣四庫全書》經部第7冊，臺灣商務印書館，1986年版，第750頁下）

〔註9〕 《詩經‧周頌‧清廟之什‧我將》云：「我將我享，維羊維牛，維天其右之。……伊嘏文王，既右饗之。」（〔漢〕毛亨傳，〔漢〕鄭玄傳，〔唐〕孔穎達疏《毛

當屬於「小邦周」的八卦筮法中原有的卦辭，淵源甚早。

準上，我們初步推斷，《乾》《坤》《離》三卦的卦辭的全部或部分內容來源於原本「小邦周」的八卦筮法。

（二）《乾》《坤》等卦的爻辭的生成時期

依據本書相關章節所述，《乾》《坤》的爻辭呈現出不同於其他爻辭的異質，如《乾‧九三》所云之「君子終日乾乾，夕惕若厲」，體現出作者極其謹小慎微的精神狀態，此與周文王的品性相契。《大雅‧文王之什‧大明》云：「維此文王，小心翼翼。」〔註 10〕此是周文王品性之證。然而，由於文獻的不足徵，除了《乾》《坤》兩卦爻辭可推定為周文王拘於羑里之時所作外，還有哪些卦辭、爻辭為周文王所製撰，迄今尚難以考知，此有待以後之出土文獻的佐證。

（三）周文王征伐諸侯各國之時所產生的卦辭、爻辭

《震》之卦辭云：「震，亨。震來虩虩，笑言啞啞。震驚百里，不喪匕鬯。」此當是周文王征伐諸侯各國之時，周文王之臣所製撰的卦辭。其更易了「小邦周」原本八卦筮法的卦辭。《詩經‧大雅‧蕩之什‧召旻》載：「昔先王受命，有如召公，日闢國百里，今也日蹙國百里。」《箋》云：「先王受命，謂文王、武王時也。」〔註 11〕又據《白虎通義‧封公侯》載：「諸侯封不過百里，象雷震百里，所潤雲雨同也。雷者，陰中之陽也，諸侯象也。」〔註 12〕由此觀之，「日闢國百里」即是周文王征伐諸侯之國而鎮服之。《史記‧周本紀》云：

> 西伯陰行善，諸侯皆來決平。於是虞、芮之人有獄不能決，乃如周。入界，耕者皆讓畔，民俗皆讓長。……遂還，俱讓而去。諸侯聞之，曰：「西伯蓋受命之君。」明年，伐犬戎。明年，伐密須。明年，敗耆國。……明年，伐邘。明年，伐崇侯虎。而作豐邑，自

詩正義》卷十九之二，阮元《十三經注疏 2》，藝文印書館，2013 年版，第 717 頁下）是以牛、羊享祭周文王。

〔註 10〕〔漢〕毛亨傳，〔漢〕鄭玄傳，〔唐〕孔穎達疏《毛詩正義》卷十六之二，阮元《十三經注疏 2》，藝文印書館，2013 年版，第 541 頁上。

〔註 11〕〔漢〕毛亨傳，〔漢〕鄭玄傳，〔唐〕孔穎達疏《毛詩正義》卷十八之五，阮元《十三經注疏 2》，藝文印書館，2013 年版，第 699 頁下。

〔註 12〕〔清〕陳立《白虎通疏證》卷四，吳則虞點校，新編諸子集成本，中華書局，1994 年版，第 139～140 頁。

岐下而徙都豐。明年，西伯崩。〔註13〕

此言周文王征伐諸侯之事〔註14〕，其威勢恰與《震》之卦辭「震來虩虩」「震驚百里」相一致，此種征伐的威懾力在《詩經》裏體現得更爲淋漓。《詩經·大雅·文王之什·皇矣》載：

> 密人不恭，敢距大邦，侵阮、徂、共。王赫斯怒，爰整其旅，以按徂旅。以篤於周祜，以對于天下。……帝謂文王：「詢爾仇方，同爾兄弟，以爾鈎援，與爾臨衝，以伐崇墉。」臨衝閑閑，崇墉言言。執訊連連，攸馘安安。是類是禡，是致是附，四方以無侮。臨衝茀茀，崇墉仡仡。是伐是肆。是絕是忽，四方以無拂。

是《皇矣》之詩充分地體現了征戰的殘酷及諸侯國的傷亡的慘重，由此而勾勒出師旅震驚諸侯之國的威勢，以致「殷之祖伊聞之，懼，以告帝紂」〔註15〕。周文王之筮人隨軍而占筮，筮而觀其形勢，最後撰其卦辭。準上，則《震》之卦辭作於周文王征伐諸侯、威震四方之時。又根據卦辭推論《震》之爻辭，其內容與思想與卦辭所表一致，所以《震》爻辭亦當在產生於周文王征伐的時代。

（四）以周公為核心的周王朝之王官整理前代文獻、制禮作樂的時期

周初，對前代及周代先祖所創作的文籍的較大規模的整理，當在周公制禮作樂之時。《禮記·明堂位》載：「武王崩，成王幼弱，周公踐天子之位，以治天下。六年，朝諸侯於明堂，制禮作樂，頒度量，而天下大服。」〔註16〕周公旦是否踐履過天子之位，在此暫存不論，但以周公旦爲首的王官曾經整理過前代留存的文籍，並以之爲基礎，制作禮制及重建文化體制，當是可信之事。在這個時期，周公等人將周文王創作的卦辭、爻辭進行整理，並更新了周人八卦筮法的卦辭，將筮人新創造的卦辭、爻辭亦加以編撰。此可解決《易》學史中學者關於卦辭、爻辭誰作的問題。孔穎達在《周易正義》卷前

〔註13〕〔漢〕司馬遷撰、〔宋〕裴駰集解、〔唐〕司馬貞索隱、〔唐〕張守節正義《史記》卷四，中華書局，2013年版，第152～153頁。

〔註14〕〔漢〕毛亨傳，〔漢〕鄭玄傳，〔唐〕孔穎達疏《毛詩正義》卷十六之四，阮元《十三經注疏2》，藝文印書館，2013年版，第571頁上～574頁上。

〔註15〕〔漢〕司馬遷撰、〔宋〕裴駰集解、〔唐〕司馬貞索隱、〔唐〕張守節正義《史記》卷四，中華書局，2013年版，第153頁。

〔註16〕〔清〕孫希旦《禮記集解》中冊卷三十一，沈嘯寰、王星賢點校，中華書局，1989年，第842頁。

《論卦辭、爻辭誰作》一節中總結了兩種意見，其云：「其《周易》繫辭，凡有二說：一說所以卦辭、爻辭並是文王所作。……二以爲驗爻辭多是文王後事。」〔註17〕此兩種意見皆有合理之處，即指出了有一部分卦辭是周文王之時產生的，有一部分卦辭是周文王之後生成的。所以孔穎達所述學術紛爭的問題本質在於學者未能意識到今本卦辭、爻辭創作的分期問題。

在這個時期，一些今本《周易》的卦辭、爻辭得以整理並添加進編纂的《易象》之中。《明夷》爻辭就是在這個時期被選編入周公等人編撰的《易象》。馬融、陸績等先儒認爲「《明夷·六五》：『箕子之明夷。』武王觀兵之後，箕子始被囚奴，文王不宜豫言『箕子之明夷』。」〔註18〕此爲正解。《明夷》之爻辭的主旨即是言及社會政治的黑暗，由此推之，《明夷·六五》之爻辭當作於箕子被奴之後。此事重大，其意味著殷代政治的秩序徹底陷入崩潰，君臣離心離德。周公或筮人以重卦筮法稽疑此事，揆商、周之情勢而作此爻辭。〔註19〕

《明夷·九三》之爻辭亦當作於周革殷命之後的稽疑活動。宋儒項安世云：「九三者，湯與武王之事也。」〔註20〕又解「不可疾，貞」之「貞」爲「今朕必往致天之罰，貞也」。〔註21〕此是周人革殷命之後征伐南國之時所創作。〔註22〕《禮記·樂記》載：「夫《武》，始而北出，再成而滅商，三成而南，四成而南國是疆，五成而分周公左、召公右，六成復綴，以崇天子。」〔註23〕

〔註17〕〔魏〕王弼注，〔唐〕孔穎達等正義《周易正義》，阮元《十三注疏1》，藝文印書館，2013年版，第6頁。

〔註18〕〔魏〕王弼注，〔唐〕孔穎達等正義《周易正義》，阮元《十三注疏1》，藝文印書館，2013年版，第6頁。

〔註19〕宋儒李杞云：「當周公之時，則箕子之明夷。可知故周公繫之於六五之爻，以明箕子之貞。」（李杞《用易詳解》卷七，景印文淵閣四庫全書》經部第9冊，臺灣商務印書館，1986年版，第457頁上）此說或然。

〔註20〕〔宋〕項安世《周易玩辭》卷七，《景印文淵閣四庫全書》經部第14冊，臺灣商務印書館，1986年版，第330頁下。

〔註21〕〔宋〕項安世《周易玩辭》卷七，《景印文淵閣四庫全書》經部第14冊，臺灣商務印書館，1986年版，第332頁上。

〔註22〕宋儒耿南仲云：「其事則文王之事也，所謂以蒙大難者也。夫文王小心順事者也，其曰『南狩』何也？大明之德自我而顯，大武之事自我而開，謂之『南狩』，不亦宜乎？」（〔宋〕耿南仲《周易新講義》卷五，《景印文淵閣四庫全書》經部第9冊，臺灣商務印書館，1986年版，第671頁下）是以周文王作此爻辭，其實不然。

〔註23〕孫希旦云：「《武》舞爲六表，而東西列之。其在西者，自南而北；其在東者，

此「三成而南」，依清儒孫希旦之說，即是征服青州、兗州。所以《明夷・九三》之爻辭當作於征伐兩國之前。筮者告誡武王，征伐切勿急於求成，要舉正義之師，出師有名。所以以「南狩」而獲獵物首級爲喻，意謂雖出師必勝，但亦要講究策略，即：「不可疾」，方爲「貞」。

《明夷・六四》之爻，宋儒鄭剛中云：「諸家皆以六四爲微子之爻。〔註24〕……或問：下卦爲內，上卦爲外，四之比三也，乃下入於《離》，何以爲出？曰：即微子言之，商其室也，不處於室而之門庭，是爲出之象。」〔註25〕此論協於情理，其言殷末社會政治的黑暗，紂王眾叛親離的處境當在可信之列。尋《明夷・六四》之意，所言當是周武王等人征伐殷王之前的祭祀及稽疑情境，筮人預言將獲得殷之賢者的心意。

顯然，具體哪些卦辭、爻辭爲此個時期所編撰，需作細緻的考察，此是我們下一步的研究計劃與目標。

此外，第五個時期是以專職的筮官階層積累、篩選、潤色卦辭、爻辭的階段，此是一個非常重要的《周易》文本生成階段。此課題將是我們進一步深化研究《周易》文本生成的新工作。

行文至此，這篇將近47萬字的論文將劃上一個句號。由於時間匆促，《周易》文本的生成研究又是一個工作量浩大、難度甚大的課題，此文只是爲下一研究階段略作鋪墊，其不完善之處必然不少，如對各個卦名系統深入的對比研究，卦辭、爻辭的文本生成分期問題、《易傳》中的《繫辭》《序卦》《雜

自北而南。始而北出者，自西之第一表至西之第二表，象武王始出伐紂，至孟津而大會諸侯也。紂都朝歌，在周之東北，故曰『北出』。再成而滅商者，自西之第二表至西之第三表，象武王渡河，至牧野而克商也。三成而南者，自西之第三表至東之第一表，象武王既克商，而旋師南向也。南國，謂青、兗二州之諸侯，在紂都之南，未服於周者也……」（〔清〕孫希旦《禮記集解》下冊卷三十八《樂記》第十九之二，沈嘯寰、王星賢點校，中華書局，1989年版，第1024頁）是孫氏以爲「南國」即青州、兗州。今從之。

〔註24〕宋儒朱震云：「其微子去商之事乎？上六極暗，將亡其意，豈願亡哉！去暗就明，亡者復存，則獲明夷之心意矣。」（〔宋〕朱震《漢上易傳》卷四，《景印文淵閣四庫全書》經部第11冊，臺灣商務印書館，1986年版，第128頁下）耿南仲云：「六四於九三非同體而稱左腹者，心德之同，雖疏而親，微子去商而歸周。是也。」（〔宋〕耿南仲《周易新講義》卷五，《景印文淵閣四庫全書》經部第9冊，臺灣商務印書館，1986年版，第672頁上）等等，皆以爲此爻意爲微子棄暗投明。

〔註25〕〔宋〕鄭剛中《周易窺餘》卷九，《景印文淵閣四庫全書》經部第11冊，臺灣商務印書館，1986年版，第507頁上～下。

卦》等文本的生成過程等等，尚需作進一步的研究。這些問題，我將在下一
個研究階段作進一步的研究與回答。

參考文獻

古籍

經部

1. 〔周〕卜子夏舊題《子夏易傳》,《景印文淵閣四庫全書》經部第 7 冊,臺灣商務印書館,1986 年版。

2. 〔漢〕鄭玄注、〔唐〕賈公彥疏《周禮注疏》,明朝嘉靖李元陽福建刻,明隆慶二年(1568 年)重修刊本。

3. 〔漢〕鄭玄注、〔唐〕賈公彥疏《儀禮注疏》,《十三經注疏》,清同治十年(1871 年),廣東書局重刊武英殿本。

4. 〔漢〕揚雄《方言》,〔晉〕郭璞注,《四部叢刊初編》第 64 冊,上海商務印書館,1929 年版。

5. 〔漢〕劉熙《釋名》,《四部叢刊初編》第 65 冊,上海商務印書館,1929 年版。

6. 〔漢〕鄭玄撰,〔宋〕王應麟編《周易鄭康成注》,《景印文淵閣四庫全書》經部第 7 冊,臺灣商務印書館,1986 年版。

7. 〔漢〕鄭玄撰、〔宋〕王應麟輯,〔清〕惠棟考補《增補鄭氏周易》,《景印文淵閣四庫全書》經部第 7 冊,臺灣商務印書館,1986 年版。

8. 〔漢〕鄭玄注《周易乾鑿度》卷上,《景印文淵閣四庫全書》經部第 53 冊,臺灣商務印書館,1986 年版。

9. 〔漢〕鄭玄注、〔唐〕賈公彥疏《儀禮》卷八,《景刊唐開成石經》第 1 冊,中華書局,1997 年版。

10. 〔漢〕桓譚《新輯本桓譚新論》,朱謙之校輯,中華書局,2009 年版。

11. 〔漢〕毛亨傳、〔漢〕鄭玄箋、〔唐〕孔穎達疏、〔唐〕陸德明音釋《毛詩

注疏》，朱傑人、李慧鈴整理，上海古籍出版社，2013 年版。

12. 〔漢〕孔安國傳，〔唐〕孔穎達疏《尚書正義》，阮元《十三經注疏1》，
　　藝文印書館，2013 年版。

13. 〔漢〕毛亨傳，〔漢〕鄭玄傳，〔唐〕孔穎達疏《毛詩正義》，阮元《十三
　　經注疏2》，藝文印書館，2013 年版。

14. 〔漢〕鄭玄注，〔唐〕賈公彥疏《周禮注疏》，阮元《十三經注疏3》，藝
　　文印書館，2013 年版。

15. 〔漢〕鄭玄注，〔唐〕孔穎達疏《禮記注疏》，阮元《十三經注疏5》，藝
　　文印書館，2013 年版。

16. 〔漢〕何休解詁、〔唐〕徐彥疏《春秋公羊傳注疏》，阮元《十三經注疏
　　7》，藝文印書館，2013 年版。

17. 〔漢〕許慎撰，〔宋〕徐鉉校定《說文解字》，中華書局，2013 年版。

18. 〔漢〕何休注《春秋公羊傳》，《十三經古注7》，中華書局，2014 年版。

19. 〔魏〕王弼注，〔唐〕孔穎達疏《周易兼義》，《十三經注疏》，明嘉靖李
　　元陽福建刻、明隆慶二年（1568 年）重修刊本。

20. 〔魏〕王弼注，〔唐〕孔穎達疏《周易注疏》，武英殿本《十三經注疏》，
　　清同治十年（1871 年）廣東書局重刊本。

21. 〔魏〕王弼注，〔唐〕孔穎達疏《周易注疏》，日本足利學校遺跡圖書館
　　後援會影印南宋初年刊本 1973 年版。

22. 〔魏〕王弼注，〔唐〕孔穎達等正義《周易正義》，阮元《十三經注疏》
　　上冊，上海古籍出版社，1997 年版。

23. 〔魏〕王弼注，〔唐〕孔穎達疏《周易正義》，盧光明、李申整理，呂紹
　　綱審定，北京大學出版社，2000 年版。

24. 〔魏〕王弼注《老子道德經注校釋》，樓宇烈校釋，中華書局，2008 年
　　版。

25. 〔魏〕王弼撰《周易注》，樓宇烈校釋，中華書局第 2011 年版。

26. 〔魏〕王弼注，〔唐〕孔穎達等正義《周易正義》，阮元《十三注疏1》，
　　藝文印書館，2013 年版。

27. 〔魏〕何晏等注，〔宋〕邢昺疏《論語注疏》，阮元《十三經注疏8》，藝
　　文印書館，2013 年版。

28. 〔魏〕王弼注，〔唐〕孔穎達疏《南宋初刻本周易注疏》，郭彧彙校，上
　　海古籍出版社，2014 年版。

29. 〔魏〕王弼《周易注》，《十三經古注》，中華書局，2014 年版。

30. 〔吳〕陸績撰，〔明〕姚士粦輯《陸氏易解》，《景印文淵閣四庫全書》經
　　部第 7 冊，臺灣商務印書館，1986 年版。

31. 〔吳〕陸璣《毛詩草木鳥獸蟲魚疏》，《景印文淵閣四庫全書》經部第 70 冊，商務印書館，1986 年版。

32. 〔晉〕杜預注，〔宋〕林堯叟注，〔明〕王道焜、趙如源《左傳杜林合注》，《景印文淵閣四庫全書》經部第 171 冊，臺灣商務印書館，1986 年版。

33. 〔晉〕杜預注，〔唐〕孔穎達等正義《春秋左傳正義》，武英殿本《十三經注疏》，清同治十年（1871 年）廣東書局重刊本。

34. 〔晉〕杜預注，〔唐〕孔穎達等正義《春秋左傳正義》，《十三經注疏 6》，藝文印書館，2013 年版。

35. 〔晉〕郭璞注，〔宋〕邢昺疏《爾雅注疏》，《十三經注疏 8》，藝文印書館，2013 年版。

36. 〔唐〕李鼎祚《周易集解》，明刻胡毛同校本，《哈佛燕京圖書館藏經部典籍彙編》本。

37. 〔唐〕李鼎祚《周易集解》，王雲五《叢書集成初編》本，上海商務印書館，1935 年版。

38. 〔唐〕李鼎祚《周易集解》，《景印文淵閣四庫全書》經部第 7 冊，臺灣商務印書館，1986 年版。

39. 〔唐〕史徵《周易口訣義》，《景印文淵閣四庫全書》經部第 8 冊，臺灣商務印書館，1986 年版。

40. 〔唐〕郭京《周易舉正》，《景印文淵閣四庫全書》經部第 8 冊，臺灣商務印書館，1986 年版。

41. 〔唐〕李鼎祚《周易集解》，王鶴鳴、殷子和整理，中央編譯出版社，2011 年版。

42. 〔唐〕陸德明《經典釋文》，上海古籍出版社，2013 年版。

43. 〔唐〕孔穎達《禮記正義》上冊，影印南宋越刊八行本，安平秋、楊忠主編《重要文獻——影印經學要籍善本叢刊》，北京大學出版社，2014 年版。

44. 〔唐〕李鼎祚《周易集解》，王豐先點校，中華書局，2016 年版。

45. 〔宋〕陸佃《埤雅》，清康熙乾隆間刊本，哈佛燕京圖書館經部典籍彙編。

46. 〔宋〕李昉等撰《太平御覽》，清嘉慶十二年（1807）歙鮑氏校宋板刻本。

47. 〔宋〕魏了翁《周易要義》，《四部叢刊續編》第 5 冊，上海商務印書館，1934 年版。

48. 〔宋〕黎靖德編《朱子語類》，王星賢點校，中華書局，1985 年版。

49. 〔宋〕胡瑗撰，〔宋〕倪天隱述《周易口義》，《景印文淵閣四庫全書》經部第 8 冊，臺灣商務印書館，1986 年版。

50. 〔宋〕張載《橫渠易說》，《景印文淵閣四庫全書》經部第 8 冊，臺灣商務印書館，1986 年版。

51. 〔宋〕蘇軾《東坡易傳》，《景印文淵閣四庫全書》經部第 9 冊，臺灣商務印書館，1986 年版。

52. 〔宋〕程頤《伊川易傳》，《景印文淵閣四庫全書》經部第 9 冊，臺灣商務印書館，1986 年版。

53. 〔宋〕張根《吳園周易解》，《景印文淵閣四庫全書》經部第 9 冊，臺灣商務印書館，1986 年版。

54. 〔宋〕耿南仲《周易新講義》，《景印文淵閣四庫全書》經部第 9 冊，臺灣商務印書館，1986 年版。

55. 〔宋〕沈該《易小傳》，《景印文淵閣四庫全書》經部第 10 冊，臺灣商務印書館，1986 年版。

56. 〔宋〕鄭剛中《周易窺餘》，《景印文淵閣四庫全書》經部第 11 冊，臺灣商務印書館，1986 年版。

57. 〔宋〕都絜《易變體義》，《景印文淵閣四庫全書》經部第 11 冊，臺灣商務印書館，1986 年版。

58. 〔宋〕張浚《紫岩易傳》，《景印文淵閣四庫全書》經部第 10 冊，臺灣商務印書館，1986 年版。

59. 〔宋〕朱震《漢上易傳》，《景印文淵閣四庫全書》經部第 11 冊，臺灣商務印書館，1986 年版。

60. 〔宋〕朱熹《原本周易本義》，《景印文淵閣四庫全書》經部第 12 冊，臺灣商務印書館，1986 年版。

61. 〔宋〕林栗《周易經傳集解》，《景印文淵閣四庫全書》經部第 12 冊，臺灣商務印書館，1986 年版。

62. 〔宋〕程迥《周易章句外編》，《景印文淵閣四庫全書》經部第 12 冊，臺灣商務印書館，1986 年版。

63. 〔宋〕趙彥肅《復齋易說》，《景印文淵閣四庫全書》經部第 13 冊，臺灣商務印書館，1986 年版。

64. 〔宋〕楊簡《楊氏易傳》，《景印文淵閣四庫全書》經部第 14 冊，臺灣商務印書館，1986 年版。

65. 〔宋〕項安世《周易玩辭》，《景印文淵閣四庫全書》經部第 14 冊，臺灣商務印書館，1986 年版。

66. 〔宋〕楊萬里《誠齋易傳》，《景印文淵閣四庫全書》經部第 14 冊，臺灣商務印書館，1986 年版。

67. 〔宋〕徐總幹《易傳燈》,《景印文淵閣四庫全書》經部第 15 冊,臺灣商務印書館,1986 年版。

68. 〔宋〕馮椅《厚齋易學》,《景印文淵閣四庫全書》經部第 16 冊,臺灣商務印書館,1986 年版。

69. 〔宋〕李心傳《丙子學易編》,《景印文淵閣四庫全書》經部第 17 冊,臺灣商務印書館,1986 年版。

70. 〔宋〕王宗傳《童溪易傳》,《景印文淵閣四庫全書》經部第 17 冊,臺灣商務印書館,1986 年版。

71. 〔宋〕李過《西溪易說》,《景印文淵閣四庫全書》經部第 17 冊,臺灣商務印書館,1986 年版。

72. 〔宋〕趙以夫《易通》,《景印文淵閣四庫全書》經部第 17 冊,臺灣商務印書館,1986 年版。

73. 〔宋〕鄭汝諧《易翼傳》,《景印文淵閣四庫全書》經部第 18 冊,臺灣商務印書館,1986 年版。

74. 〔宋〕李杞《用易詳解》,景印文淵閣四庫全書》經部第 9 冊,臺灣商務印書館,1986 年版。

75. 〔宋〕《周易輯聞》卷五,《景印文淵閣四庫全書》經部第 19 冊,臺灣商務印書館,1986 年版。

76. 〔宋〕方實孫《淙山讀周易》,《景印文淵閣四庫全書》經部第 19 冊,臺灣商務印書館,1986 年版。

77. 〔宋〕朱元升《三易備遺》,《景印文淵閣四庫全書》經部第 20 冊,臺灣商務印書館,1986 年版。

78. 〔宋〕俞琰《周易集說》,《景印文淵閣四庫全書》經部第 21 冊,臺灣商務印書館,1986 年版。

79. 〔宋〕丁易東《周易象義》,《景印文淵閣四庫全書》經部第 21 冊,臺灣商務印書館,1986 年版。

80. 〔宋〕雷思齊《易圖通變》,《景印文淵閣四庫全書》經部第 21 冊,臺灣商務印書館,1986 年版。

81. 〔宋〕史浩《尚書講義》,《景印文淵閣四庫全書》經部第 56 冊,臺灣商務印書館,1986 年版。

82. 〔宋〕王安石《周官新義》,《景印文淵閣四庫全書》經部第 91 冊,臺灣商務印書館,1986 年版。

83. 〔宋〕王與之《周禮訂義》,《景印文淵閣四庫全書》經部第 93 冊,臺灣商務印書館,1986 年版。

84. 〔宋〕李如圭《儀禮集釋》,《景印文淵閣四庫全書》經部第 103 冊,臺灣商務印書館,1986 年版。

85. 〔宋〕呂祖謙《左氏傳續説》,《景印文淵閣四庫全書》經部第 152 冊,臺灣商務印書館,1986 年版。

86. 〔宋〕張有《復古編》,《景印文淵閣四庫全書》經部第 225 冊,臺灣商務印書館,1986 年版。

87. 〔宋〕歐陽修《歐陽修全集》第 3 冊卷七十六《易童子問》,李逸安校點,中華書局,2001 年版。

88. 〔宋〕呂祖謙《古易音訓》,《續修四庫全書》經部第 2 冊,上海古籍出版社,2002 年版。

89. 〔宋〕朱熹《周易本義》,廖名春點校,中華書局,2009 年版。

90. 〔宋〕程頤《周易程氏傳》,王孝魚點校,中華書局,2011 年版。

91. 〔宋〕郭雍《郭氏傳家易説》,《武英殿聚珍版叢書》第 2 冊,紫禁城出版社,2012 年版。

92. 〔宋〕朱震《漢上易傳》,徐尚定整理,九州出版社,2012 年版。

93. 〔元〕保巴《周易原旨》,《景印文淵閣四庫全書》經部第 22 冊,臺灣商務印書館,1986 年版。

94. 〔元〕吳澄《易纂言》,《景印文淵閣四庫全書》經部第 22 冊,臺灣商務印書館,1986 年版。

95. 〔元〕胡炳文《周易本義通釋》,《景印文淵閣四庫全書》經部第 24 冊,臺灣商務印書館,1986 年版。

96. 〔元〕錢義方《周易圖説》,《景印文淵閣四庫全書》經部第 26 冊,臺灣商務印書館,1986 年版。

97. 〔元〕董眞卿《周易會通》,《景印文淵閣四庫全書》經部第 26 冊,臺灣商務印書館,1986 年版。

98. 〔元〕陳應潤《周易爻變易緼》,《景印文淵閣四庫全書》經部第 27 冊,臺灣商務印書館,1986 年版。

99. 〔元〕吳澄《易纂言》,《景印文淵閣四庫全書》經部第 22 冊,臺灣商務印書館,1986 年版。

100. 〔元〕龍仁夫《周易集傳》,《景印文淵閣四庫全書》經部第 25 冊,臺灣商務印書館,1986 年版。

101. 〔元〕梁寅《周易參義》,景印文淵閣四庫全書》經部第 27 冊,臺灣商務印書館,1986 年版。

102. 〔元〕黃超然《周易發例》,《續修四庫全書》經部第 2 冊,上海古籍出版社,2002 年版。

103. 〔元〕吳澄《易纂言外翼》,《四庫提要著錄叢書》經部第 120 冊,北京出版社,2012 年版。

104. 〔明〕蔡清《易經蒙引》,《景印文淵閣四庫全書》經部第 29 冊,臺灣商務印書館,1986 年版。

105. 〔明〕黃道周《易象正》,《景印文淵閣四庫全書》經部第 35 冊,臺灣商務印書館,1986 年版。

106. 〔明〕董守諭《卦變考略》,《景印文淵閣四庫全書》經部第 49 冊,臺灣商務印書館,1986 年版。

107. 〔明〕林希元《易經存疑》,《景印文淵閣四庫全書》經部第 30 冊,臺灣商務印書館,1986 年版。

108. 〔明〕熊過《周易象旨決錄》,《景印文淵閣四庫全書》經部第 31 冊,臺灣商務印書館,1986 年版。

109. 〔明〕陳士元《易象鈎解》,《景印文淵閣四庫全書》經部第 31 冊,臺灣商務印書館,1986 年版。

110. 〔明〕張次仲《周易玩辭困學記》,《景印文淵閣四庫全書》經部第 36 冊,臺灣商務印書館,1986 年版。

111. 〔明〕傅遜《春秋左傳屬事》,《景印文淵閣四庫全書》經部第 169 冊,臺灣商務印書館,1986 年版。

112. 〔明〕劉濂《易象解》,《四庫全書存目叢書》經部第 4 冊,齊魯書社,1997 年版。

113. 〔明〕薛甲《易象大旨》,《四庫全書存目叢書》經部第 5 冊,齊魯書社,1997 年版。

114. 〔明〕陳言《易疑》,《四庫全書存目叢書》經部第 9 冊,齊魯書社,1997 年版。

115. 〔明〕劉宗周《周易古文鈔》,《四庫全書存目叢書》經部第 17 冊,齊魯書社,1997 年版。

116. 〔明〕朱升《周易旁注》,《續修四庫全書》經部第 4 冊,上海古籍出版社,2002 年版。

117. 〔明〕鄧夢文《八卦餘生》,《續修四庫全書》經部第 5 冊,上海古籍出版社,2002 年版。

118. 〔明〕季本《易學四門》,《續修四庫全書》經部第 5 冊,上海古籍出版社,2002 年版。

119. 〔明〕來知德《周易集注》,胡眞校點,上海古籍出版社,2013 年版。

120. 〔清〕萬希槐輯《十三經證異》,湖北官書局活字本,1923 年版。

121. 〔清〕王引之《經義述聞》,萬有文庫本,商務印書館,1935 年版。

122. 〔清〕朱駿聲《六十四卦經解》,中華書局,1953 年版。

123. 〔清〕嚴可均校輯《全上古三代秦漢三國六朝文(一)》,中華書局,1958

年版。

124. 〔清〕焦循《雕菰樓經學叢書‧易章句》,《清代稿本百種彙刊》經部第
21 冊,臺北:文海出版社,1974 年版。

125. 〔清〕郝懿行《爾雅義疏》,上海古籍出版社,1983 年版。

126. 〔清〕董增齡《國語正義》,巴蜀書社,1985 年版。

127. 〔清〕顧炎武撰,〔清〕黃汝成集釋《日知錄集釋》,上海古籍出版社,
1985 年版。

128. 〔清〕黃宗炎《周易象辭》,《景印文淵閣四庫全書》經部第 40 冊,臺灣
商務印書館,1986 年版。

129. 〔清〕黃宗炎《周易尋門餘論》,《景印文淵閣四庫全書》經部第 40 冊,
臺灣商務印書館,1986 年版。

130. 〔清〕毛奇齡《仲氏易》,《景印文淵閣四庫全書》第 41 冊,臺灣商務印
書館,1986 年版。

131. 〔清〕王宏《周易筮述》,《景印文淵閣四庫全書》經部第 41 冊,臺灣商
務印書館,1986 年版。

132. 〔清〕張烈《讀易日鈔》,《景印文淵閣四庫全書》經部第 42 冊,臺灣商
務印書館,1986 年版。

133. 〔清〕查慎行《周易玩辭集解》,《景印文淵閣四庫全書》經部第 47 冊,
臺灣商務印書館,1986 年版。

134. 〔清〕朱軾《周易傳義合訂》,《景印文淵閣四庫全書》經部第 47 冊,臺
灣商務印書館,1986 年版。

135. 〔清〕胡煦《周易函書約注》,《景印文淵閣四庫全書》經部第 48 冊,臺
灣商務印書館,1986 年版。

136. 〔清〕陳法《易箋》,《景印文淵閣四庫全書》經部第 49 冊,臺灣商務印
書館,1986 年版。

137. 〔清〕晏斯盛《學易初津》,《景印文淵閣四庫全書》經部第 49 冊,臺灣
商務印書館,1986 年版。

138. 〔清〕王又樸《易翼述信》,《景印文淵閣四庫全書》經部第 50 冊,臺灣
商務印書館,1986 年版。

139. 〔清〕潘思矩《周易淺釋》,《景印文淵閣四庫全書》經部第 51 冊,臺灣
商務印書館,1986 年版。

140. 〔清〕程廷祚《大易擇言》,《景印文淵閣四庫全書》經部第 52 冊,臺灣
商務印書館,1986 年版。

141. 〔清〕翟均廉《周易章句證異》,《景印文淵閣四庫全書》經部第 53 冊,
臺灣商務印書館,1986 年版。

142. 〔清〕連斗山《周易辨畫》,《景印文淵閣四庫全書》經部第 53 冊,臺灣商務印書館,1986 年版。

143. 〔清〕趙繼序《周易圖書質疑》,《景印文淵閣四庫全書》經部第 53 冊,臺灣商務印書館,1986 年版。

144. 〔清〕秦蕙田《五禮通考》,《景印文淵閣四庫全書》經部第 135 冊,臺灣商務印書館,1986 年版。

145. 〔清〕惠棟《惠氏春秋左傳補注》,《景印文淵閣四庫全書》經部第 181 冊,臺灣商務印書館,1986 年版。

146. 〔清〕惠棟《九經古義》,《景印文淵閣四庫全書》經部第 191 冊,臺灣商務印書館,1986 年版。

147. 〔清〕梁國治《欽定音韻述微》,《景印文淵閣四庫全書》經部第 240 冊,臺灣商務印書館,1986 年版。

148. 〔清〕洪亮吉《春秋左傳詁》,李解民點校,中華書局,1987 年版。

149. 〔清〕杭辛齋《學易筆談初集》《學易筆談二集》《易楔》《愚一錄易說訂》《沈氏改正撰著法》《易數偶得》《讀易雜識》,據研幾社鉛印本影印,天津市古籍書店,1988 年版。

150. 〔清〕孫希旦《十三經清人注疏‧禮記集解》,中華書局,1989 年版。

151. 〔清〕劉寶楠《論語正義》,高流水點校,中華書局,1990 年版。

152. 〔清〕李道平《周易集解纂疏》卷二,潘雨廷點校,中華書局,1994 年版。

153. 〔清〕劉廣唐《讀易搜》,《四庫全書存目叢書》經部第 17 冊,齊魯書社,1997 年版。

154. 〔清〕舒亮《易大象說錄》上卷,《四庫全書存目叢書》經部第 30 冊,齊魯書社,1997 年版。

155. 〔清〕姜兆錫《周易述蘊》卷之一,《四庫全書存目叢書》經部第 33 冊,齊魯書社,1997 年版。

156. 〔清〕程廷祚《易通》,《四庫全書存目叢書》經部第 37 冊,齊魯書社,1997 年版。

157. 〔清〕錢大昕《潛研堂文集》卷四,《嘉定錢大昕全集》第 9 冊,江蘇古籍出版社,1997 年版。

158. 〔清〕陳懋侯《知非齋易釋》,《續修四庫全書》經部第 38 冊,上海古籍出版社,2002 年版。

159. 〔清〕俞樾《群經平議》,《續修四庫全書》經部第 178 冊,上海古籍出版社,2002 年版。

160. 〔清〕段玉裁《說文解字注》,《續修四庫全書》經部第 207 冊,上海古

籍出版社，2002 年版。

161. 〔清〕吳任臣《字彙部》，《續修四庫全書》經部第 233 冊，上海古籍出版社，2002 年版。

162. 〔清〕乾隆十三年敕撰《欽定儀禮義疏》，《文津閣四庫全書》經部第 36 冊，商務印書館景印 2005 年版。

163. 〔清〕胡煦《周易函書》，程林點校，中華書局，2008 年版。

164. 〔清〕朱彝尊《經義考》，林慶彰新校，上海古籍出版社，2010 年版。

165. 〔清〕嚴可均《唐石經校文》，賈貴榮輯《歷代石經研究資料輯刊》第 7 冊，北京圖書館出版社，2005 年版。

166. 〔清〕王朝璩《唐石經考正》，賈貴榮輯《歷代石經研究資料輯刊》第 7 冊，北京圖書館出版社，2005 年版。

167. 〔清〕黃以周《禮書通故》第 2 冊，中華書局，2007 年版。

168. 〔清〕惠棟《周易述》，鄭萬耕點校，中華書局，2007 年版。

169. 〔清〕胡煦《周易函書》，程林點校，中華書局，2008 年版。

170. 〔清〕黃宗羲《易學象數論》，鄭萬耕點校，中華書局，2010 年版。

171. 〔清〕毛奇齡《春秋占筮書》，《四庫提要著錄叢書》經部第 44 冊，北京出版社，2011 年版。

172. 〔清〕趙在翰輯《七緯》，鍾肇鵬、蕭文郁點校，中華書局，2012 年版。

173. 〔清〕孫詒讓《周禮正義》，王文錦、陳玉霞點校，中華書局，2013 年版。

174. 〔清〕李光地《康熙御纂周易折中》，劉大鈞整理，巴蜀書社，2014 年版。

史部

1. 《竹書紀年》，《四部叢刊》史部第 86 冊。

2. 《逸周書彙校集注》（修訂本），黃懷信、張懋鎔、田旭東集注，上海古籍出版社，2007 年版。

3. 〔漢〕劉向集錄《戰國策箋證》，范祥雍箋證，上海古籍出版社，2006 年版。

4. 〔漢〕司馬遷撰、〔宋〕裴駰集解、〔唐〕司馬貞索隱、〔唐〕張守節正義《史記》，中華書局，2013 年版。

5. 〔漢〕班固撰，〔唐〕顏師古注《漢書》，中華書局，1962 年版。

6. 〔晉〕皇甫謐撰，〔清〕宋鳳翔集校《帝王世紀》，《續修四庫全書》史部第 301 冊，上海古籍出版社，2002 年版。

7. 〔晉〕袁宏《後漢紀》，《景印文淵閣四庫全書》史部第 303 冊，臺灣商

務印書館，1986 年版。

8. 〔南朝宋〕范曄撰，〔唐〕李賢等注《後漢書》，中華書局，1965 年版。

9. 〔唐〕魏徵、令狐德棻《隋書》，中華書局，1973 年版。

10. 〔唐〕房玄齡等《晉書》，中華書局，1974 年版。

11. 〔後晉〕劉昫等撰《舊唐書》卷四十六，中華書局，1975 年版。

12. 〔宋〕王堯臣《崇文總目》，〔清〕鮑廷爵輯，《後知不足齋叢書》本，清
    光緒中常熟鮑氏刊本。

13. 〔宋〕歐陽修、宋祁《新唐書》，中華書局，1975 年版。

14. 〔宋〕陳振孫《直齋書錄解題》，徐小蠻、顧美華點校，上海古籍出版
    社，1987 年版。

15. 〔宋〕馬端臨《文獻通考》，上海師範大學古籍所、華東師範大學古籍研
    究所點校，中華書局，2011 年版。

16. 〔宋〕羅泌《路史》，《四庫提要著錄叢書》史部第 191 冊，北京出版社，
    2012 年版。

17. 〔清〕張廷玉《明史》，中華書局，1974 年版。

18. 〔清〕趙爾巽《清史稿》，中華書局，1977 年版。

19. 〔清〕朱彝尊《經義考》，《景印文淵閣四庫全書》史部第 677～680 冊，
    臺灣商務印書館，1986 年版。

20. 〔清〕顧實《漢書藝文志講疏》，上海古籍出版社，2009 年版。

21. 〔清〕朱彝尊《經義考》，林慶彰等新校，上海古籍出版社，2010 年版。

22. 陳國慶《漢書藝文志注釋彙編》，中華書局，1983 年版。

子部

1. 〔漢〕應劭《風俗通義》，《四部叢刊初編》子部第 45 冊，上海商務印書
   館，1936 年版。

2. 〔漢〕賈誼《新書》，閻振益、鍾夏校注，《新編諸子集成》，中華書局，
   2000 年版。

3. 〔魏〕王弼注《老子道德經注校釋》，樓宇烈校釋，《新編諸子集》本，
   中華書局，2008 年版。

4. 〔宋〕黎靖德編《朱子語類》卷七十一，王星賢點校，中華書局，1986
   年版。

5. 〔宋〕黎靖德編《朱子語類》，鄭明等校點，朱傑人、嚴佐之、劉永翔主
   編《朱子全書》，上海古籍出版社、安徽教育出版社，2002 年版。

6. 〔宋〕王應麟撰，〔清〕竇元坼等注《困學紀聞》，欒保群、田松青、呂
   宗力校點，上海古籍出版社，2008 年版。

7. 〔宋〕高承《事物紀原》,《文津閣四庫全書》子部第 305 冊,商務印書館,2005 年版。

8. 〔晉〕王嘉《拾遺記》,〔梁〕蕭綺錄、〔明〕吳琯校,《四庫提要著錄叢書》子部第 242 冊,北京出版社,2012 年版。

9. 〔元〕陰勁弦、〔元〕陰復春編《韻府群玉》,《景印文淵閣四庫全書》子部第 951 冊,臺灣商務印書館,1986 年版。

10. 〔清〕郝懿行《山海經箋統》,海王邨古籍從刊本,中國書店,1991 年版。

11. 〔清〕蘇輿《春秋繁露義證》,鍾哲點校,《新編諸子集成》本,中華書局,1992 年版。

12. 〔清〕陳立《白虎通疏證》,吳則虞點校,新編諸子集成本,中華書局,1994 年版。

13. 〔清〕孫詒讓《墨子閒詁》,孫啓治點校,中華書局,2001 年版。

14. 高明《帛書老子校注》,中華書局,1996 年版。

15. 張玉春、金國泰《老子注譯》,鳳凰出版社,2011 年版。

集部

1. 〔清〕阮元《揅經室集》,張元濟主編《四部叢刊》集部第 180 冊,商務印書館,1936 年版。

2. 〔宋〕李劉撰、〔明〕孫雲翼箋注《四六標準》,《景印文淵閣四庫全書》集部第 1177 冊,臺灣商務印書館,1986 年版。

3. 〔清〕阮元《揅經室集》,鄧經元點校,中華書局,1993 年版。

4. 〔宋〕洪興祖《楚辭補注》,中華書局,2015 年版。

其他古籍

1. 〔清〕馬國翰《玉函山房輯佚書》,光緒九年,長沙娜嬛館館補校刊。

2. 〔清〕廖平《六譯館叢書》第 17 冊《易說》,四川存古書局,1921 年版。

3. 〔清〕廖平《六譯館叢書》第 27 冊《知聖篇》,四川存古書局,1921 年版。

4. 〔清〕皮錫瑞《經學通論》,中華書局,1954 年版。

5. 〔清〕李漁《閒情偶寄》,《中國古典戲曲論著集成》第 7 冊,中國戲劇出版社,1959 年版。

6. 〔清〕永瑢等撰《四庫全書總目》,王伯祥斷句,中華書局,1965 年版。

7. 〔清〕崔述《崔東壁遺書·洙泗考信錄》,顧頡剛編訂,上海古籍出版社,1983 年版。

8. 〔清〕于鬯《香草校書》,《清代學術筆記叢刊》,中華書局,1984 年版。

9. 〔清〕馬國翰《玉函山房輯佚書》,廣陵書社,2004 年版。

10. 〔清〕康有爲《康有爲全集》第一集《新學僞經考》,姜義華、張榮華編校,國家清史編纂委員會文獻叢刊,中國人民大學出版社,2007 年版。

近人、今人論著

1. 梁啓超《古書眞僞及其年代》,上海中華書局,1936 年版。

2. 章太炎《章太炎全集》第四冊《太炎文錄初編》,上海人民出版社編,上海人民出版社,1985 年版。

3. 郭沫若《青銅時代》,科學出版社,1957 年版。

4. 高亨《周易古經通説》,中華書局,1958 年版。

5. 王國維《觀堂集林》,中華書局,1959 年版。

6. 湖南省博物館、中國科學院考古研究所《長沙馬王堆一號漢墓》下集,文物出版社,1973 年版。

7. 馬衡編《漢石經集存》,藝文印書館,1976 年版。

8. 李鏡池《周易探源》,中華書局,1978 年版。

9. 張立文《周易思想研究》,湖北人民出版社,1980 年版。

10. 顧頡剛《古史辨》,上海古籍出版社,1981 年版。

11. 尚秉和《周易尚氏學》,中華書局,1981 年版。

12. 中國社會科學院考古研究所編《殷周金文集成》,中華書局,1984 年版。

13. 劉大鈞《周易概論》,齊魯書社,1986 年版。

14. 余嘉錫《四庫提要辯證》,中華書局,1986 年版。

15. 屈萬里《先秦漢魏易例述評》,臺灣學生書局,1988 年版。

16. 黃暉《論衡校釋》,中華書局,1990 年版。

17. 張舜徽《漢書藝文志通釋》,湖北教育出版社,1990 年版。

18. 湖北省荊沙鐵路考古隊《包山楚簡》,文物出版社,1991 年版。

19. 廖名春、康學偉、梁韋弦《周易研究史》,湖南出版社,1991 年版。

20. 張立文《帛書周易注譯》,中州古籍出版社,1992 年版。

21. 傅舉有等《馬王堆漢墓文物》,湖南出版社,1992 年版。

22. 劉玉建《傳統文化溯源——中國古代龜卜文化》,廣西師範大學出版社,1992 年版。

23. 郭沫若《郭沫若論〈易經〉》,蔡尚思主編《十家論易》,嶽麓書社,1993 年版。

24. 顧頡剛《顧頡剛論〈易經〉》，蔡尚思主編《十家論易》，嶽麓書社，1993年版。

25. 李鏡池《李鏡池論〈易經〉》，蔡尚思主編《十家論易》，嶽麓書社，1993年版。

26. 聞一多《聞一多論〈易經〉》，蔡尚思主編《十家論易》，嶽麓書社，1993年版。

27. 熊十力《熊十力論〈易經〉》，蔡尚思主編《十家論易》，嶽麓書社，1993年版。

28. 馮友蘭《馮友蘭論〈易經〉》，蔡尚思主編《十家論易》，嶽麓書社，1993年版。

29. 薛學潛《薛學潛論〈易經〉》，蔡尚思主編《十家論易》，嶽麓書社，1993年版。

30. 劉子華《劉子華論〈易經〉》，蔡尚思主編《十家論易》，嶽麓書社，1993年版。

31. 蔡尚思《蔡尚思〈易經〉》，蔡尚思主編《十家論易》，嶽麓書社，1993年版。

32. 中國科學院圖書館整理《續修四庫全書總目提要》，中華書局，1993年版。

33. 劉光本《周易古筮考通釋》，尚秉和原著，山西古籍出版社，1994年版。

34. 朱伯崑《易學哲學史》，華夏出版社，1995年版。

35. 黃玉順《易經古歌考釋》，巴蜀書社，1995年版。

36. 林安梧《儒學與中國傳統社會之哲學省察——以「血源性縱貫軸」爲核心的理解與詮釋》，臺北幼獅文化事業公司，1996年版。

37. 李學勤《走出疑古時代》，遼寧大學出版社，1997年版。

38. 金景芳《〈周易·繫辭傳〉新編詳解》，遼海出版社，1998年版。

39. 何寧《淮南子集釋》，《新編諸子集成》，中華書局，1998年版。

40. 胡宣厚主編《甲骨文合集釋文》，中國社會科學出版社，1999年版。

41. 彭邦炯、謝濟、馬季凡《甲骨文合集補編》第5冊，語文出版社，1999年版。

42. 楊慶中《二十世紀中國易學史》，人民出版社，2000年版。

43. 馬承源主編《上海博物館藏戰國楚竹書壹》，上海古籍出版社，2001年版。

44. 中國社會科學院考古研究所編《殷周金文集成釋文》第2冊，香港中文大學出版社，2001年版。

45. 胡宣厚、郭沫若等編《甲骨文合集》第1冊，中華書局，2001年版。

46. 潘雨廷《易學史發微》，復旦大學出版社，2001 年版。

47. 徐元誥《國語集解》，王樹民、沈長雲點校，中華書局，2002 年版。

48. 廖名春釋文《馬王堆帛書周易經傳釋文》，《續修四庫全書》經部第 1 冊，上海古籍出版社，2002 年版。

49. 陳來《古代思想文化的世界——春秋時代的宗教、倫理與社會思想》，生活・讀書・新知三聯書店，2002 年版。

50. 河南省文物考古研究所《新蔡葛陵楚墓》，大象出版社，2003 年版。

51. 姜廣輝《中國經學思想史》，中國社會科學出版社，2003 年版。

52. 程石泉《易學新探》，上海古籍出版社，2003 年版。

53. 韓自強《阜陽漢簡〈周易〉研究》，上海古籍出版社，2004 年版。

54. 李尚信、施維整理《周易圖釋精典》，巴蜀書社，2004 年版。

55. 曹瑋主編《周原出土青銅器》第 2 冊，巴蜀書社，2005 年版。

56. 于雪棠《〈周易〉與中國上古文學》，北京師範大學出版社，2005 年版。

57. 張濤《秦漢易學思想研究》，中華書局，2005 年版。

58. 王邦雄、岑溢成、楊祖漢、高柏園《中國哲學史》，臺北：里仁書局，2005 年版。

59. 黃慶萱《周易縱橫談》，廣西師範大學出版社，2006 年版。

60. 李學勤《周易溯源》，巴蜀書社，2006 年版。

61. 沈有鼎《沈有鼎集》，中國社會科學出版社，2007 年版。

62. 祁潤興《周易義理學》，上海古籍出版社，2007 年版。

63. 楊樹達《周易古義》，上海古籍出版社，2007 年版。

64. 高懷民《先秦易學史》，廣西師範大學出版社，2007 年版。

65. 李尚信《卦序與解卦理路》，巴蜀書社，2008 年版。

66. 黃侃《黃侃手批白文十三經》，上海古籍出版社，2008 年版。

67. 方向東《大戴禮記彙校集解》，中華書局，2008 年版。

68. 張政烺《馬王堆帛書周易經傳校讀》，中華書局，2008 年版。

69. 張麗珠《中國哲學史三十講》，臺北：里仁書局，2008 年版。

70. 徐芹庭《經學源流——中國易學史（上、下）》，中國書店，2008 年版。

71. 徐芹庭《易圖源流——中國易經圖書學史》，中國書店，2008 年版。

72. 楊伯峻《春秋左傳注》，中華書局，2009 年版。

73. 李學勤《中國古代文明研究》，華東師範大學出版社，2009 年版。

74. 唐明邦《周易評注》，中華書局，2009 年版。

75. 錢穆《中國學術書思想史論叢》，生活・讀書・新知三聯書店，2009 年版。

76. 丁四新《楚竹書與漢帛書周易校注》，上海古籍出版社，2011 年版。

77. 南懷瑾、徐芹庭《周易今注今譯》，重慶出版社，2011 年版。

78. 傅亞庶《孔叢子校釋》，中華書局，2011 年版。

79. 張政烺《論易叢稿》，中華書局，2012 年版。

80. 林忠軍《易學源流與現代闡釋》，上海古籍出版社，2012 年版。

81. 連邵名《帛書〈周易〉疏證》，中華書局，2012 年版。

82. 黃壽祺、張善文《周易譯注》，上海古籍出版社，2012 年版。

83. 吳鎮烽編著《商周青銅器銘文暨圖象集成》，上海古籍出版社，2012 年版。

84. 周振甫《周易譯注》，中華書局，2012 年版。

85. 于豪亮《馬王堆帛書〈周易〉釋文校注》，上海古籍出版社，2013 年版。

86. 賴貴三《臺灣易學人物志》，里仁書局，2013 年版。

87. 李學勤主編《清華大學藏戰國竹簡（肆）》，中西書局，2013 年版。

88. 王洪霞《經學大語境下的胡瑗易學》，中國社會科學出版社，2013 年版。

89. 丁山《中國古代宗教與神話考》，上海書店出版社，2013 年版。

90. 蕭秉琦《中國文明起源新探》，人民出版社，2013 年版。

91. 濮茅左主編《上海博物館藏楚竹書〈周易〉》，中西書局，2014 年版。

92. 廖名春《〈周易〉經傳與易學史新論（修訂版）》，中國人民大學出版社，2014 年版。

93. 王俊龍《〈周易〉經傳數理研究》，人民出版社，2015 年版。

94. 陳居淵《周易今古文考證》，商務印書館，2015 年版。

95. 黃黎星《先秦易筮研究》，人民出版社，2015 年版。

96. 王化平、周燕《萬物皆有數：數學卦與先秦易筮研究》，人民出版社，2015 年版。

博士學位論文

1. 呂書寶《滿眼風物入卜書——《易經》攝象明理探微》，東北師範大學博士學位論文，2003 年。

2. 楊愷鈞《〈周易〉管理思想研究》，復旦大學博士學位論文，2004 年。

3. 陳碧《〈周易〉象數美學思想研究》，武漢大學博士學位論文，2005 年。

4. 陳仁仁《上海博物館藏戰國楚竹書〈周易〉研究——兼論早期易學相關問題》，武漢大學博士學位論文，2005 年。

5. 曾凡朝《楊簡易學思想研究》，山東大學博士學位論文，2006 年。

6. 張國洪《吳澄的象數義理之學》，山東大學博士學位論文，2006 年。

7. 房震三《楚竹書周易彩色符號研究》，安微大學博士學位論文，2006 年。

8. 蘭甲雲《周易古禮研究》，湖南大學博士學位論文，2007 年。

9. 李尚信《今、帛、竹書〈周易〉卦序研究》，山東大學博士學位論文，2007年。

10. 〔新加坡〕陳壯雄《「方陣」卦序的構擬及〈周易〉初始形態研究》，吉林大學博士學位論文，2007 年。

11. 張汝金《解經與弘道——《易傳》之形上學研究》，山東大學博士學位論文，2007 年。

12. 楊天才《〈周易正義〉研究》，福建師範大學博士學位論文，2007 年。

13. 劉震《帛書〈易傳〉卦爻辭研究》，山東大學博士學位論文，2007 年。

14. 孫愛雲《〈周易〉對中醫學理論建構的影響》，山東中醫藥大學博士學位論文，2008 年。

15. 李建國《〈周易〉與〈黃帝內經〉學術思想的比較研究》，廣州中醫藥大學博士學位論文，2009 年。

16. 趙文源《朱子〈易〉注考源》，浙江大學博士學位論文，2009 年。

17. 徐瑞《〈周易〉符號結構論》，山東大學博士學位論文，2010 年。

18. 孫喜豔《〈周易〉美學的生命精神》，蘇州大學博士學位論文，2010 年。

19. 焦傑《〈易〉〈禮〉〈詩〉對婦女的定位——西周至兩漢主流婦女觀》，陝西師範大學博士學位論文，2010 年。

20. 趙娟《論〈周易〉的時間觀念——一個文化史的視角》，復旦大學博士學位論文，2012 年。

21. 楊生照《易道形而上學何以可能？——以「象」爲中心的〈周易〉思想研究》，華東師範大學博士學位論文，2012 年。

22. 王緒琴《氣本與理本——張載與程頤易學哲學比較》，南開大學博士學位論文，2012 年。

23. 劉江岩《天人之際與神人之間——以〈易經〉和〈聖經〉爲中心的宗教文化探索》，中央民族大學博士學位論文，2012 年。

24. 石維德《運用〈易經〉思維探析少陰陽虛證治》，南京中醫藥大學博士學位論文，2014 年。

25. 李長庚《〈文心雕龍〉與〈易〉卦關係探微》，西北大學博士學位論文，2015 年。

論文集

1. 陳鼓應主編《道家文化研究》第 18 輯《出土文獻專號》，生活・讀書・新知三聯書店，2000 年版。

2. 劉大鈞總主編《百年易學菁華集成·〈周易〉象數》，上海科學技術文獻
   出版社，2010 年版。

3. 劉大鈞總主編《百年易學菁華集成·易學史》，上海科學技術文獻出版
   社，2010 年版。

4. 劉大鈞總主編《百年易學菁華集成·〈周易〉與術數》，上海科學技術文
   獻出版社，2010 年版。

5. 劉大鈞總主編《百年易學菁華集成·〈周易〉與中國文化》，上海科學技
   術文獻出版社，2010 年版。

6. 劉大鈞總主編《百年易學菁華集成·〈周易〉與自然科學》，上海科學技
   術文獻出版社，2010 年版。

7. 劉大鈞總主編《百年易學菁華集成·出土易學文獻》，上海科學技術文獻
   出版社，2010 年版。

8. 劉大鈞總主編《百年易學菁華集成·〈周易〉經傳》，上海科學技術文獻
   出版社，2010 年版。

9. 劉大鈞總主編《百年易學菁華集成·〈周易〉哲學》，上海科學技術文獻
   出版社，2010 年版。

期刊論文、論文集所析出之論文

1. 章絳《孔子作易駁論》，原載《國粹學報》1910 年第 64 期；亦載於章太
   炎《章太炎全集》第四冊《太炎文錄初編·孔子作易駁論》，上海人民出
   版社編，上海人民出版社，1985 年版；轉載於劉大鈞總主編《百年易學
   菁華集成·〈周易〉經傳》，上海科學技術文獻出版社，2010 年版。

2. 劉師培：《〈連山〉〈歸藏〉考》，《中國學報》1915 年第 2 期。

3. 胡懷琛《八卦爲上古數目字說》，《東方雜誌》1927 年第 24 卷第 21 期。

4. 林義光《〈周易〉卦名釋義》，《清華學報》1928 年第 1 期第 5 卷。

5. 顧頡剛《〈周易〉卦爻辭中的故事》，《燕京學報》1929 年第 6 期。

6. 〔日本〕本田成之《作易年代考》，《先秦經籍考》，上海商務印書館，
   1931 年版。

7. 〔日本〕內藤虎次郎《易疑》，《先秦經籍考》，上海商務印書館，1931
   年版。

8. 余永梁《易卦爻辭的時代及其作者》，《歷史語言研究所集刊》1931 年第
   1 本第 1 冊。

9. 劉節《漢〈熹平石經周易〉殘字跋三原於氏藏》，《燕京學報》1932 年第 11
   期。

10. 陸侃如《論卦爻辭的年代》，《清華週刊》1932 年第 37 卷第 9 期。

11. 〔日本〕宇野哲人《易十翼質疑》，羅霈霖譯，《國立中山大學文史學研究所月刊》1934 年第 1 期第 3 卷。

12. 李源澄《讀易志疑》，《學術世界》1935 年第 1 卷第 3 期。

13. 〔美〕顧立雅《釋天》，《燕京學報》1935 年第 18 期。

14. 靳德峻《本田成之君〈作易年代考〉辨正及作易年代重考》，《新東方》1940 年第 1 卷第 1 期。

15. 蔡介民《〈周易〉源流考》，《國民雜誌》1941 年第 1 卷第 8 期。

16. 劉鈺《關於易經卦畫起源之研究》，《求眞雜誌》1946 年第 1 卷第 8 期。

17. 屈萬里《〈周易〉卦爻辭成於周武王時考》，《文史哲》1950 年第 1 期。

18. 李漢三《〈周易〉卦爻辭時代考》，《建設》1955 年第 3 卷第 11 期。

19. 陳溫桂《易卦的來歷》，《燕京學報》1950 年第 39 期。

20. 屈萬里《易卦源於龜卜考》，《中央研究院歷史語言研究所集刊》第 27 本，臺北精華印書館，1956 年版。

21. 李學勤《談安陽小屯以外出土的有字甲骨》，《文物參考資料》1956 年第 1 期。

22. 岑仲勉《易卦爻表現著上古的數學知識》，《中山大學學報》（社會科學版）1956 年第 1 期。

23. 唐蘭《在甲骨文中所見的一種已經遺失的中國古代文字》，《考古學報》1957 年第 3 期。

24. 馮友蘭《〈易傳〉的哲學思想》，《哲學研究》1960 年第 7～8 期。

25. 南京博物院《江蘇邳縣四户鎮大墩子遺址發掘報告》，載《考古學報》1964 年第 2 期。

26. 山西省文物管理委員會、山西省考古研究所《山西長治分水嶺戰國第二次發掘》，《考古》1964 年第 3 期。

27. 南京博物院《江蘇邳縣劉林新石器時代遺址第二次發掘》，載《考古學報》1965 年第 2 期。

28. 高文策《試論易的成書年代與發源地域》，載 1961 年 6 月 2 日《光明日報》，轉載於劉大鈞總主編《百年易學菁華集成·〈周易〉經傳》第二冊，上海科學技術文獻出版社，2010 年版。

29. 黃壽祺《〈易〉的思想內容的發展及〈易經〉和〈易傳〉的關係》，《福建師範學院學報》1962 年第 1 期。

30. 平心《關於〈周易〉的性質及歷史内容和製作時代》，《學術月刊》1963 年第 7 期。

31. 〔日〕户田豐三郎《〈周易〉「象」「繫」兩傳的形成》，劉文獻譯，《書目季刊》1971 年第 5 卷第 4 期。

32. 朱學瓊《周易象象傳例補》,《書目季刊》1972 年第 7 卷第 1 期。

33. 湖南省博物館等《長沙馬王堆一號漢墓發掘簡報》,文物出版社,1972 年版。

34. 〔中國香港〕蒙傳銘《〈周易〉成書年代考》,〔中國香港〕《中文大學學報》1975 年第 3 卷第 1 期。

35. 汪寧生《八卦起源》,《考古》1976 年第 4 期。

36. 浙江省文物管理委員會、浙江省博物館《河姆渡遺址第一期發掘報告》,《《考古學報》1978 年第 1 期。

37. 董作賓《新獲卜辭寫本後記》,《安陽發掘報告第一至四期》,臺北南天書局有限公司,1978 年版。

38. 徐芹庭《論孔子與易之關係兼評歐陽修錢玄同之誤說》,《孔孟月刊》1978 年第 16 卷第 10 期。

39. 張政烺《試釋周初青銅器銘文中的易卦》,《考古學報》1980 年第 4 期。

40. 張亞初、劉雨《從商周八卦數字卦談筮法的幾個問題》,《考古》1981 年第 2 期。

41. 王世舜、韓慕君《試論〈周易〉產生的年代》,《齊魯學刊》1981 年第 2 期。

42. 劉節《〈易象〉和〈魯春秋〉》,《學術研究》1981 年第 2 期。

43. 林炯陽《〈周易〉卦辭爻辭之作者》,《易經研究論集》,臺灣黎明文化事業股份有限公司,1981 年版;亦轉載於劉大鈞總主編《百年易學菁華集成·〈周易〉經傳》第 3 冊,上海科學技術文獻出版社,2010 年版。

44. 王開府《〈周易〉經傳著作問題初探》,《易經研究論集》,臺灣黎明文化事業股份有限公司,1981 年版;亦轉載於劉大鈞總主編《百年易學菁華集成·〈周易〉經傳》第 3 冊,上海科學技術文獻出版社,2010 年版。

45. 詹秀惠《〈周易〉卦爻辭之著作年代》,《易經研究論集》,臺灣黎明文化事業股份有限公司,1981 年版;亦轉載於劉大鈞總主編《百年易學菁華集成·〈周易〉經傳》第 3 冊,上海科學技術文獻出版社,2010 年版。

46. 饒宗頤《殷代易卦及有關占卜諸問題》,《文史》第 20 輯,1983 年版。

47. 張善文《周易》卦爻辭詩歌辨析,《文學遺產》1984 年第 1 期。

48. 張政烺《帛書六十四卦跋》,《文物》1984 年第 3 期。

49. 張政烺《易辨——近幾年根據考古探討〈周易〉問題的綜述》,唐明邦等編《周易縱橫錄》,湖北人民出版社,1986 年版。

50. 林繼平《論〈易傳〉思想之形成——從〈周易〉原為卜筮之書談起》,《東方雜誌》1986 年第 5 期第 20 卷。

51. 樓宇烈《易卦爻象原始》,《北京大學學報》1986 年第 1 期。

52. 徐錫臺《數與周易關係的探討》，唐明邦等編《周易縱橫錄》，湖北人民出版社，1986 年版。

53. 葉國慶《八卦所含之數字性》，黃壽祺、張善文編《周易研究論文集》（第一輯），北京師範大學出版社，1987 年版。

54. 蕭漢明《〈雜卦〉論》，《周易研究》1988 年第 2 期。

55. 耿成鵬《孔子與〈周易〉關係考辨》，《中州學刊》1988 年第 2 期。

56. 河南文物研究所《河南舞陽賈湖新石器時代遺址第二至第六次發掘報告》，《文物》1989 年第 1 期。

57. 於載洛《〈序卦〉與卦序》，《孔子研究》1989 年第 2 期。

58. 陳鼓應《〈易傳・繫辭〉所受老子思想的影響——兼論〈易傳〉乃道家系統之作》，《哲學研究》1989 年第 1 期。

59. 李學勤《「五十以學易」考辨》，《中國文化與中國哲學》，三聯書店，1990 年版。

60. 陳鼓應《〈易傳・繫辭〉所受莊子思想之影響》，《哲學研究》1991 年第 4 期。

61. 胡自逢《易學通信（一）》，《周易研究》1992 年第 2 期。

62. 李申《發揮派與本義派——易學方法論兩派述評》，《哲學研究》1992 年第 1 期。

63. 郭志成《先天八卦卦序與京房易八宮內卦序排列關係證》，《社會科學戰線》1993 年第 6 期。

64. 錢耕森、張增田《〈周易〉成書年代考》，《大易集要》，齊魯書社，1994 年版。

65. 劉德銀《江陵王家臺 15 號秦墓》，《文物》1995 年第 1 期。

66. 葉福翔《〈周易〉思想綜合分析——兼論〈周易〉成書年代及作者》，《周易研究》1995 年第 4 期。

67. 李家浩《王家臺秦簡「易占」爲〈歸藏〉考》，《傳統文化與現代化》1997 年第 1 期。

68. 吳前衡《春秋〈易〉文本》，《周易研究》1997 年第 1 期。

69. 劉大鈞《今帛本卦序與先天方圖「卦氣」說的在探索》，劉大鈞主編《象數易學研究（第二輯）》，齊魯書社，1997 年版。

70. 顧伯敘《〈序卦〉研究》，劉大鈞主編《象數易學研究（第二輯）》，齊魯書社，1997 年版。

71. 金景芳《論〈周易〉的實質及其產生的時代與原因》，《傳統文化與現代化》1998 年第 3 期。

72. 張清宇《六十四卦方圖和周易卦序分析》，《哲學研究》1998 年第 7 期。

73. 王興業《三論〈歸藏易〉》,《周易研究》1999 年第 2 期。

74. 李尚信《今本〈周易〉六十四卦卦序的基本骨架》,《周易研究》1999 年第 4 期。

75. 李尚信《〈序卦〉卦序中的陰陽平衡互補與變通配四時思想》,《周易研究》2000 年第 3 期。

76. 王寧《秦墓〈易占〉與〈歸藏〉之關係》,《考古與文物》2000 年第 1 期。

77. 邢文《秦簡〈歸藏〉與〈周易〉用商》,《文物》2000 年第 2 期。

78. 林忠軍《王家臺秦簡〈歸藏〉出土的易學價值》,《周易研究》2001 年第 2 期。

79. 廖名春《王家臺秦簡〈歸藏〉管窺》,《周易研究》2001 年第 2 期。

80. 金春峰《恐懼修省與觀象進德——〈周易·大象〉成書之時代與思想特色》,《周易研究》2001 年第 3 期。

81. 趙英希《論今本〈周易〉卦序編纂的象數依據》,《陝西教育學院學報》2002 年第 1 期。

82. 鄭萬耕《卦爻符號系統的演變及其意義》,《中國哲學史料》2002 年第 4 期。

83. 靳青萬《釋「傳說」——兼探結繩記事的内部運作機制)》,《文史哲》2002 年第 5 期。

84. 鄭吉雄《從經典詮釋傳統論二十世紀〈易〉詮釋的分期與類型》,黃俊傑編《中國經典詮釋傳統（一）：通論編》,臺北：喜瑪拉雅基金會,2002 年版。

85. 李旭升《古文字中的易卦材料》,劉大鈞主編《象數易學研究（第 3 輯)》,巴蜀書社,2003 年版。

86. 路德斌《從「性」「命」概念的演化看〈易傳〉的著作年代及思想淵源》,《周易研究》2003 年第 2 期。

87. 王新春《卜筮與〈周易〉》,《周易研究》2003 年第 6 期。

88. 王俊龍《析其數之理,賞其序之美——今本〈周易〉卦序排列數學規律再探》,《周易研究》2003 年第 3 期。

89. 李學勤《新發現西周筮數的研究》,《周易研究》2003 年第 5 期。

90. 廖名春《長安西仁村陶拍數字卦解讀》,《周易研究》2003 年第 5 期。

91. 王明欽《王家臺秦墓竹簡概述》,艾蘭、邢文編《新出簡帛研究》,文物出版社,2004 年版。

92. 程二行、彭公璞《〈歸藏〉非殷人之易考》,《中國哲學史》2004 年第 2 期。

93. 鄭吉雄《20 世紀初〈周易〉經傳分離説的形成》,《大易集奧》,上海古籍出版社,2004 年版。

94. 李尚信《楚竹書〈周易〉中的特殊符號與卦序問題》,《周易研究》2004 年第 3 期。

95. Stephen Field.Some Oberbations on Milfoil Divination.艾蘭、邢文編《新出簡帛研究》,文物出版社,2004 年版。

96. 蔡運章《秦簡〈寡〉〈天〉〈蠶〉諸卦解詁》,《中原文物》2005 年第 1 期。

97. 趙中偉《〈周易〉卦序詮釋意涵的轉化與發展——以今本〈周易〉〈帛書周易〉及〈戰國楚竹書周易〉爲例》,《新出土文獻與先秦思想重構》,臺灣書房出版有限公司,2007 年版。

98. 蘇永利《從六十四卦排序看不同的易學思想》,《周易研究》2008 年第 1 期。

99. 李尚信:《帛書〈周易〉卦序與宇宙論》,《中國哲學史》2009 年第 1 期。

100. 陳道生《重論八卦的起源——結繩、八卦、二進法、易圖的新探討》,劉大鈞主編《百年易學菁華集成·〈周易〉經傳壹》,上海科學技術文獻出版社,2010 年版。

101. 姜廣輝《〈周易〉卦名探原》,《哲學研究》2010 年第 10 期。

102. 邢文《數字卦與周易形成的若干問題》,載吉雄主編《周易經傳文獻新詮》,臺大出版中心 2010 年版。

103. 鄭吉雄《論〈易經〉非占筮記錄》,《周易研究》2012 年第 2 期。

104. 林忠軍《試論易學象數起源與〈周易〉文本形成》,《哲學研究》2012 年第 10 期。

105. 韓高年、楊蘭芳:《〈周易〉「分經」體例考論》,《中國文學研究》(輯刊)2013 年第 1 期。

106. 董延壽、史善剛《〈易經〉創作時代之辯證》,《哲學研究》2013 年第 2 期。

107. 陳仁仁《李尚信卦序與解卦研究的成就與不足》,《周易研究》2013 年第 4 期。

108. 楊效雷、張金平:《陝西淳化西周陶罐筮數易卦新探》,《周易研究》2013 年第 4 期。

109. 李學勤《清華簡〈筮法〉與數字卦問題》,《文物》2013 年第 8 期。

110. 廖名春《清華簡〈筮法〉篇與〈說卦傳〉》,《文物》2013 年第 8 期。

111. 韓高年《春秋卜、筮制度與解說文的生成》,《文學遺產》2013 年第第 6 期。

112. 馬楠《清華簡〈筮法〉二題》,深圳大學學報(人文社會科學版)2014

年第 1 期。

113. 李守奎《清華簡〈筮法〉文字與文本特點略說》,《深圳大學學報（人文社會科學版）》2014 年第 1 期。

114. 張克賓《論清華簡〈筮法〉卦位圖與四時吉凶》,《周易研究》2014 年第 2 期。

115. 程燕《談清華簡〈筮法〉中的『坤』字》,《周易研究》2014 年第 2 期。

116. 林忠軍《清華簡〈筮法〉筮占法探微》,《周易研究》2014 年第 2 期。

117. 王化平《讀清華簡〈筮法〉隨筍》,《周易研究》2014 年第 3 期。

118. 梁韋弦《有關清華簡〈筮法〉的幾個問題》,《周易研究》2014 年第 4 期。

119. 陳明遠、金岷彬《結繩記事・木石複合工具的繩索和穿孔技術》,《社會科學論壇》2014 年第 6 期。

120. 陳贇《〈易傳〉對天地人三才之道的認識》,《周易研究》2015 年第 1 期。

121. 子居《清華簡〈筮法〉解析（修訂稿下）》,《周易研究》2015 年第 1 期。

122. 侯乃峰《釋清華簡〈筮法〉的幾處文字與卦爻取象》,《周易研究》2015 年第 2 期。

123. 劉大鈞《讀清華簡〈筮法〉》,《周易研究》2015 年第 2 期。

124. 黃克劍《先秦「形而上」之思探要》,《哲學研究》2015 年第 4 期。

125. 金春峰《從邏輯與歷史的統一解答〈周易〉古經的一些問題——讀〈易〉札記》,《周易研究》2015 年第 4 期。

126. 劉保貞《卦爻辭的形成與〈周易〉的哲理化》,《周易研究》2015 年第 4 期。

127. 史東雨、史善剛《論炎黃時代的八卦原始形態》,《哲學研究》2015 年第 11 期。